DUAL OLYMPIC CITY
见证 中国双奥

孙晶岩 著

中国出版集团有限公司
China Publishing Group Co., Ltd.
研究出版社

图书在版编目 (CIP) 数据

见证中国双奥 / 孙晶岩著. -- 北京：研究出版社，2023.6
ISBN 978-7-5199-1475-2

Ⅰ.①见… Ⅱ.①孙… Ⅲ.①奥运会-北京-摄影集
Ⅳ.①G811.21-64

中国国家版本馆CIP数据核字(2023)第069643号

出 品 人：赵卜慧
出版统筹：丁　波
责任编辑：朱唯唯

见证中国双奥

JIANZHENG ZHONGGUO SHUANG AO

孙晶岩　著

研究出版社　出版发行

（100006　北京市东城区灯市口大街100号华腾商务楼）
北京中科印刷有限公司印刷　新华书店经销
2023年6月第1版　2023年8月第2次印刷
开本：710毫米×1000毫米　1/16　印张：19.75　彩插：6
字数：300千字
ISBN 978-7-5199-1475-2　定价：78.00元
电话（010）64217619　64217652（发行部）

版权所有·侵权必究
凡购买本社图书，如有印制质量问题，我社负责调换。

目录 Contents

引子 / 001

第一章 | CHAPTER 01
体育健儿迎双奥

力拔九鼎 / 009
双旗手高亭宇 / 009
外柔内刚隋文静 / 016
我是你的金桥 / 025
"四朝元老"齐广璞 / 032
"双金王"任子威 / 036
一鸣惊人苏翊鸣 / 041
国旗班赠送的五星红旗 / 046
三亿人上冰雪 / 047

五星五环两相映 / 051
体操王子的传奇人生 / 051
训练场上的郭晶晶 / 056

I

从奥运冠军到奥运"村官" / 058

跨越时空访杨扬 / 062

"吊环王"陈一冰 / 069

冰上圆舞曲 / 070

中国首位冰雪项目世界冠军 / 072

春节,在延庆赛区见证国家雪车雪橇队训练 / 074

命运交响曲 / 079

中国首位残奥会冠军 / 084

残疾运动员高山滑雪 / 085

第二章 | CHAPTER 02
双奥建筑靓北京

双奥建筑扮靓双奥之城 / 091

国家体育场("鸟巢") / 095

春节访问"鸟巢"工地 / 095

在奥运博物馆给政协委员宣讲双奥 / 097

采访双奥的记者证 / 098

国家游泳中心("水立方") / 100

一片冰心"水立方" / 101

"水立方"竣工纪念章 / 107

"水立方"大事记 / 108

"水立方"港澳台侨同胞捐资共建北京奥运场馆纪念碑碑文 / 109

"水立方"观摩票 / 109

国家速滑馆("冰丝带") / 111

"冰丝带"的总设计师 / 112

中国冰雪纪念徽章 / 114

北京冬季奥林匹克公园 / 116

三高炉畅读书店宣讲《中国冬奥》 / 117

秀池改造 / 118

"四块冰" / 121

首钢滑雪大跳台 / 121

西十筒仓 / 123

五棵松棒球场 / 126

延庆赛区国家高山滑雪中心("雪飞燕")和国家雪车雪橇中心("雪游龙") / 128

张家口赛区滑雪大跳台("雪如意") / 130

奥运场馆的赛后再利用 / 133

营造北京历史文化名城的格局 / 137

第三章 | CHAPTER 03
华夏热土多国器

中国饮食文化的冬奥使者 / 147

电键使我破解了他的人生履历 / 149

金光鲜草 丰厚元龟 / 150

跻身国际团餐巨头之列 / 152

走进平谷冷链食品加工基地 / 155

听总厨讲金丰团餐的故事 / 156

送餐像打仗一样紧张 / 158

非遗、宫廷美食进冬奥 / 159

55位著名书画家为奥运会办书画展 / 163

醉里挑灯看圣火,地球同做一个梦 / 164

丹心跳跃五连环,痴情热望奥运会 / 167

全民健身 / 172

III

我与冬奥人的友谊 / 182

祈福中国　平安奥运 / 185

打造奥运绿色安全食品 / 185

跟随奥运安保副总指挥探访奥运场馆安全保卫 / 187

中国登山队队长王勇峰赠送给我的奥运火炬登顶珠峰纪念盘 / 193

福娃爸爸韩美林 / 196

人人都爱冰墩墩 / 201

吴为山为奥运之父顾拜旦塑像 / 203

冬奥会京张高铁列车票 / 207

亲历双奥志愿者招募大会 / 209

高山滑雪裁判的故事 / 213

奥林匹克的中国盛典 / 221

奥运会开幕式是文化体育盛宴的第一道大餐 / 221

张艺谋和他的五虎上将 / 224

中国将向世界展现什么 / 227

北京冬奥会的开闭幕式精彩纷呈 / 234

历届奥运会纪念章 / 235

第四章 | CHAPTER 04

国际友人与双奥

萨马兰奇父子与北京奥运情缘 / 241

美国老杜的东方情结 / 250

大兵成了"十佳优秀志愿者" / 250

北京街头的"啄木鸟" / 253

奥地利维也纳大学孔子学院院长谈中国文化和体育 / 258

搭建中加冰雪友谊桥梁 / 261

首钢园采访加拿大制冰师吉米 / 265
春节，我与四国制冰师在延庆赛区 / 267
马来西亚拿督的冬奥情缘 / 272
两个"大马"是冥冥中的缘分 / 273
把密苑做成北京的后花园 / 274
把国际奥委会官员请到崇礼 / 275
给崇礼带来机器的轰鸣 / 277
漫松园的畅谈 / 278
面对国际奥委会考评团的精彩回答 / 280
精彩绝伦的冰雪盛宴 / 282

挪威人的脚下长着滑雪板 / 283
美国单板之王肖恩·怀特的故事 / 284

第五章 | CHAPTER 05
奥运精神兴国运

在彭州营救地震婴儿 / 291
北京市劳动模范向卧龙灾区捐赠药品 / 297
奥运精神带你走出心理阴影 / 300
陪同四川抗震救灾英雄少年参观"鸟巢""水立方" / 302
春节，我和奥运冠军在德阳板房学校 / 304
孩子，我多想看到你的笑脸 / 307
冬奥冠军关心汶川灾区孩子参与冰雪运动 / 311

尾声 / 313
后记 / 317

引 子

2008年夏天，北京举办了一场无与伦比的奥运会，让世界认识了中国；2022年冬天，奥运会再次莅临北京，在"鸟巢"点燃了奥运圣火，这是中国与世界的冰雪之约。

"双奥之城"闪耀着灿烂的光芒。短短十几年，"双奥之城"发生了新变化，北京已经进入全球创新型城市前列。壬寅虎年春节，在北京什刹海、颐和园冰场，游客络绎不绝，尽情嬉戏；北京周边各大雪场，人山人海，一票难求。在北京冬奥会、冬残奥会的带动下，中国已经有3.46亿人参与冰雪运动。北京正在成为国际奥林匹克文化传播重镇，搭建起文化交流互鉴的新舞台。奥林匹克运动也向人们发出"更高、更快、更强、更团结"的呼唤。

我是一个喝北京的水长大的作家，在北京生活了50多年，对养育自己的城市充满感情，能够成为"双奥作家"是上苍赐予我的机遇。两个奥运，从"同一个世界，同一个梦想"到"一起向未来"，从2008年北京奥运会开幕式的"大脚印"到2022年北京冬奥会开幕式的"一片雪花",我亲眼见证了双奥给北京带来的变化,亲眼见证了中国与奥运的相互成就,更加有幸书写伟大的奥林匹克精神,向世人展示拼搏、自信、奋进的中国。

双奥之城,未来之光。

孙晶岩于北京

2023年2月

第一章
CHAPTER 01

体育健儿迎双奥

作者采访北京冬奥会速度滑冰冠军高亭宇

苏翊鸣训练照（苏翊鸣提供）　　　　　　　　　　齐广璞

训练时疲惫不堪的郭晶晶　　　　　　　　　训练间隙浑身是伤的郭晶晶

作者2007年采访中国奥运金牌第一人许海峰

作者采访奥运体操冠军李宁

作者与中国第一枚冬奥金牌获得者杨扬合影

作者采访韩聪

作者与隋文静

作者与北京冬奥会自由式滑雪女子空中技巧金牌得主徐梦桃

作者采访冬奥会速度滑冰亚军王曼丽

作者与北京冬奥会钢架雪车铜牌得主闫文港

第一章　体育健儿迎双奥

▍力拔九鼎

北京冬奥会，中国体育代表团已获得北京冬奥会7大项、15分项、98小项的参赛资格，完成了7大项15分项"全项目参赛"的任务。与平昌冬奥会5大项、12分项、53小项相比，共计多了冰球、雪橇2个大项，冰球、雪橇、北欧两项3个分项，速度滑冰女子5000米等45个小项。在代表团人数方面，我们共有176名运动员参加北京冬奥会，与平昌冬奥会82名运动员参赛相比多了94名参赛运动员。可以自豪地说，我们圆满完成了"全项目参赛"的任务。在举世瞩目的北京冬奥会上，中国冰雪健儿一举夺得9枚金牌、4枚银牌、2枚铜牌，位列奖牌榜第三，金牌数和奖牌数均创历史新高，向全国人民交出了这份沉甸甸的答卷。这9枚金牌究竟是如何取得的呢？

双旗手高亭宇

2022年9月30日上午，国家短道速滑、速度滑冰、冰壶、花样滑冰集训队以及国家体育总局冬季运动管理中心全体职工在首都体育馆驻地举行了升旗仪式。升旗手是北京冬奥会男子500米速度滑冰冠军高亭宇，护旗手是男子速度滑冰运动员宁忠岩、女子短道速滑运动员张楚桐。看到队员们精神焕发且深情地仰望着冉冉升起的五星红旗，我的心中涌出了深深的感动。

我是在2020—2021赛季全国速度滑冰冠军赛上见到高亭宇的，当时我在现场作采访，与运动员住在一栋楼上。比赛那天，高亭宇像闪电一般掠过冰场主席台向前滑行，我望着他的背影，期待他创造奇迹，万万没有想到他在300米弯道处摔跤了，随着"咚"的一声巨响，我的心紧紧地揪了起来，看到他与稳拿的冠军失之交臂，替他捏了一把汗。走出滑冰场，我与他的教练刘广彬聊天，得知他们都是黑龙江省伊春人，高亭宇是他心爱的弟子，二人情同父子。刘广彬那天围着一条红围巾，可我分明感受到他的心情是灰色的。

北京冬奥会开幕式上，我欣喜地看到高亭宇出任中国体育代表团旗手，心想他的成绩一定出彩了，因为当旗手的人必须竞赛成绩优异。

1997年12月15日，高亭宇出生在黑龙江省伊春市南岔县，7岁开始学习滑冰，在学校住了两年，锻炼了独立生活能力。伊春的冬天异常寒冷，没有室内冰场，只能到室外冰场滑，而滑冰必须轻装，到了冰场就冻僵了，手冻得裂开口子，他也不为所动，风雨无阻地训练。有一天，一个阿姨对他母亲说："我认识哈尔滨冰场的教练，您应该带孩子上哈尔滨看看室内的好冰场。"

母亲立刻买了火车票带儿子去了哈尔滨冰场，冰城好大啊，中央大街好宽啊，松花江好美啊。这趟哈尔滨之行让高亭宇开阔了眼界，他想回到家乡好好训练，好好学习，争取当一个优秀的滑冰运动员。

可万万没想到，回到伊春，等待他的却是无情的"风雪"，有人告诉他："高亭宇，你被开除学籍了。"原来，学校以他私自外出为由取消了他的学籍，堵住了他的滑冰之路。这个打击太残酷了，一所小学跟孩子较什么劲啊？母亲不死心，2007年给他报考了牡丹江体育学校，这是培养短道速滑教练李琰和冬奥会女子速度滑冰亚军王曼丽的福地，谢天谢地，刘德光教练接纳了他。母亲要送他去体校，他说什么也不肯："妈，从伊春到牡丹江老远了，有800多公里，坐火车要一整天，您送我来回一趟一要花时间、二要花钱，火车票加上请人吃饭，咱家要花多少钱啊？"

母亲担心地说："亭宇，你才9岁，从来没有单独走过这么远的路。"

他执拗地说："妈，我是男孩儿，我能行！"

于是，9岁的高亭宇独自坐上了开往牡丹江的火车。望着车窗外的风景，既有独自闯天下的兴奋，也有远离亲人即将客居他乡的恐惧，整整晃荡了一天，才到达牡丹江。十多个队友挤在一个小房间里，每天重复训练。体校的队友家都在牡丹江市周围，他的家最远，周末别人都回家了，他孤独地在体校待着，委屈地哭了。他想念伊春的家人，可是，由于路途遥远，只能在每年的春节回家看望父母。节假日，面对空荡荡的体校，他像一只孤雁在徘徊。他深知学习滑冰的不易，便玩命训练。刘德光教练对他要求很严，不仅教他滑冰，而且还管他上文化课，一日三餐都要关照。

2011年，不满14岁的高亭宇以优异的成绩被选入黑龙江省队，他终于从牡丹江来到了哈尔滨，这座9岁时令他大开眼界的城市给了他向往，也给了他磨难。无论在省队还是后来进了国家队，他一直师从刘广彬教练。他在队里成绩最差，训练总是最后一名，看不到希望和未来，他一度想放弃体育去上学。刘广彬爱才心切，给他做心理疏导，鼓励他，让他做好每一秒、每一天。刘广彬教练训练非常严格，话少，真是心有灵犀一点通，只需一个动作、一个眼神，高亭宇就能明白教练的意思。为了保持肌肉记忆，他每天重复静蹲、单脚支撑、侧蹬后引、滑行、重心移动，每个动作每天要做十几组甚至几十组。体育是公平的，你付出了多少，成绩就会给你回报。几年后，在乌鲁木齐举行的第十三届全国冬季运动会速度滑冰青年男子500米决赛中，他获得了金牌。

没有天赋当不了运动员，只有天赋不去努力当不了世界冠军。高亭宇有体育天赋，更相信踏实苦练。他的肌肉爆发力好，起跑速度快，适合滑500米。刘广彬教练认准了高亭宇是块拿冠军的料，把他招到哈尔滨体育学院继续深造。

在采访哈尔滨体育学院体育科学研究院研究员严力时，我得知我国目前有黑龙江冰上训练基地、北京首钢滑冰馆和北京首都体育馆三座智能冰场，用于中国运动员备战冬奥会。智能冰场是利用计算机的视觉技术来采集运动员的重要运动参数，其最大的优点是运动员身上不需要佩戴任何装置，这样既减少运动员的束缚性，又使数据更加准确。2014年，科技人员开始研发智能冰场，综合所有数据，更客观地来评价运动员滑行比赛的一些状态。通过这些参数采集，解决了一些非常关键的问题。比如，短道速滑运动员高速滑行时会被离心力甩出去，这个离心力大小会因为不同运动员、不同速度、不同滑行路线半径而有所不同，需要精确测量。

哈尔滨冰上训练基地滑冰馆安装了智慧冰场设备，一个运动员以1000米的速度滑冰从G点到H点，56米区间内发生降速，滑行速度慢，通过智慧冰场系统数据分析，蹬冰效果分析图显示左右脚蹬冰产生速度的效果不一致，左脚优于右脚，这使运动员和教练员一下子茅塞顿开，明确了制约成绩提高的关键和下一阶段训练的方向。

智慧冰场是基于早期数字冰场，针对运动员滑行过程中的薄弱环节，集成多学科、先进科技而自主研发的一套体育科技监控系统。2009年至2018年，智慧冰场助力高亭宇在全国第十三届冬运会上获得冠军。

运动员"走出去"非常重要，高亭宇进入国家队后曾在加拿大训练。从2013年起，高亭宇连续三四年白天看技术录像，大量重复训练，连晚上做梦都在滑冰。在2016—2017赛季国际滑联速度滑冰世界杯哈尔滨站男子500米第二次A组比赛中，高亭宇获得银牌；2017年亚冬会在日本札幌开赛，高亭宇在速度滑冰男子500米比赛中获得金牌，刷新了亚洲纪录。

平昌冬奥会前，高亭宇在青年组比赛，有优秀潜质但是并不拔尖，严力通过数字冰场测速、DARTFISH视频分析等手段对高亭宇与世界高手的技战术特点进行比较，肯定了高亭宇的优点，即起跑技术合理、节省体能、发挥稳定、蹲屈前弓角度好、直线蹬冰效果好、速度快、身体协调性好、心理素质好以及状态稳定，但也寻找到了与其他高水平运动员在专项力量和体能方面的差距。

严力对我说："高亭宇这个运动员肯定出成绩，可弯道力量差，怎么解决这个问题，科研设备知道他的蹬冰速度和力度是多大。"

严力与刘广彬教练不断反复探讨总结出：高亭宇入弯道点的选择、步伐控制以及入弯道与出弯道点右腿蹬冰的果断性和力量需要加强，弯道滑行技术的合理性和滑行路线的经济性需要提升。利用高科技对运动员的动作进行数据分析，科技助力冬奥，找出症结后教练有针对性地训练。我观察过严力和科技人员做拉皮筋的动作，拉皮筋是弯道专项力量训练，至少需要3个人进行，教练给运动员拽着皮筋，高亭宇奋力蹬冰，加强腿部力量训练。这是一项针对性极强的训练，有效的专项力量训练方案提高了运动员的专项能力。

大量的体能测试数据，从中国体育科学科研角度来说，是十分宝贵的。根据生理生化的测试，严力得知高亭宇肌肉发达的程度和营养支持状况，提出如何训练和加强营养的建议，刘广彬教练如法炮制，两三个月后高亭宇的成绩突飞猛进，用一年时间备战平昌冬奥会，在平昌冬奥会上，高亭宇不负众望获得季军。

与世界顶尖级选手还有差距，究竟是继续拼搏还是退役，高亭宇也曾想过放弃，可他觉得对不起刘广彬教练，为了陪自己，刘教练长年累月无暇陪伴亲人、照顾家庭，十分辛苦，他不忍心拖累师傅。可是，刘广彬不放弃，始终鼓励他、支持他，相信他一定会攀登高峰。刘广彬与科研人员密切沟通，有的放矢地指导弟子攻坚克难。

智慧冰场与数字冰场相比，在速度的精准性、采样频率和滑行轨迹描述方面有了质的飞跃。我在实验室观察着运动员的数据，突然有了这样的感悟：体育科研人员好比核磁共振医生，教练员好比外科主刀医生，运动员好比病人，科技是催化剂，有了设备很快就明确诊断出运动员得了什么病，为什么肚子疼，外科医生就明白应该在哪儿开刀，教练员就有的放矢地指导运动员怎么滑冰。

2018年平昌冬奥会，高亭宇夺得中国男子速度滑冰第一块奖牌，以往中国男子在冬奥会速度滑冰上没有得到过奖牌，高亭宇实现了"零"的突破。

2021年3月，高亭宇从北京坐一天大巴车到哈尔滨，国家队点对点训练，他不顾旅途劳累，在哈尔滨住了几宿就参加2020—2021赛季全国速度滑冰冠军赛。哈尔滨的冰场比较冷，我穿着毛衣坐在主席台，而运动员只穿一件运动服比赛。我亲眼看到高亭宇滑500米，在300米的弯道处摔了一跤，错失冠军。

我问严力研究员为什么会出现这种情况。他说："高亭宇比赛状态很差,以前100米跑九秒五几,这次跑了九秒七几,他滑冰时在弯道摔跤了,血液监测显示他的体能、肌肉力量处于低谷期。"

摔跤只是冰山一角,科研人员通过监测知道运动员的竞技状况,亡羊补牢,犹未为晚,经过科学训练,高亭宇很快就东山再起,获得2020—2021赛季速度滑冰项目世界杯分站赛冠军。

回到北京,高亭宇开始备战冬奥会。体脂率是指人体内脂肪重量在人体总体重中所占的比例,男性的体脂率正常范围为15%～18%,他的体脂率为24%。为了减少体脂率,他吃水煮菜、少吃肉、控制饭量,饿了就喝水,加强肌肉锻炼,两个月后,身高1米80的高亭宇体重为74公斤,体脂率下降到11%,不减体重单纯减体脂率是很难的,可为了冬奥会他做到了。

国家体育总局冬季运动管理中心领导选定高亭宇担任北京冬奥会中国代表团旗手,他知道旗手魔咒,中国运动员参加奥运会42年没有一个开幕式旗手在当届比赛中夺得冠军。他也怕被这个魔咒圈住,但是既然领导决定了,他责无旁贷。他个子高,与女旗手钢架雪车运动员赵丹出场了,在鸟巢高举中国国旗挥舞着,他要打破这个魔咒。

速度滑冰男子中短距离要延续世界杯分站赛的良好势头,乘胜追击,在"冰丝带"上演一场"速度与激情"。

顶尖级运动员都有一个团队,很多团队中都有外国教练,而高亭宇的团队都是中国人,刘广彬是他的教练,刘广会是他的器材师,负责他的冰刀鞋、磨冰刀、调整冰刀角度,冰刀的角度差一根头发丝的距离他都能感觉到。冬奥会前刘广会将冰刀前后左右地拧,高亭宇一遍又一遍地试,整整调了两三个月,终于有一天,他觉得相对舒服了才罢休。剑客与剑是心灵相通的伙伴,滑冰运动员与冰刀是休戚与共的朋友,冰刀鞋穿在脚上就是身体的外延,高亭宇一遍又一遍擦拭着冰刀,那是他上战场的武器。

刘氏兄弟是中国冰雪的佼佼者,刘广彬曾是全运会速度滑冰冠军,哥哥刘广会曾是全运会速度滑冰第三名,还有康复师、营养师,大家拧成一股绳,志在夺冠。刘广彬和高亭宇这对师徒一直在"死磕",每一个动作、每一个细节都要琢磨,如何提高0.2秒?他要用实力说话,教练的精准指导、器材师的冰刀鞋调试、康复师的治疗、营养师的餐饮,以及科技人员的冰场助力器、牵引器、高科技滑冰服,冬季运动管理中心领导的鼓励,都在助力高亭宇攀登高峰。他很自律,在比赛前把微信等社交软件删掉,不与外界联系,一门心思专注比赛。

比赛期间受伤似乎是高亭宇的魔咒,北京冬奥会男子速度滑冰比赛的前一天训练,他的左腿韧带和肌肉拉伤,走路一瘸一拐。平昌冬奥会和哈尔滨2020—2021全国速度滑冰冠军赛上他都摔了跤,难道命运就是要跟这个伊春男孩儿过不去吗?教练急得火烧火燎,医生按摩、针灸保守治疗到子夜,他一宿都没有睡好,总是有人来看他,团队为他捏了一把汗,也一宿没有睡觉。

比赛前夜他住在北京亚运村奥体中心,后半夜迷迷糊糊几乎没合眼,第二天白天去奥体中心的场馆锻炼了一会儿,与队友在院子里散步,望着英东游泳馆,他的心没着没落。下午,他来到国家速滑馆,5点左右与各国劲旅展开了真刀真枪的较量。

他的滑冰服类似于鲨鱼皮泳衣,鲨鱼皮泳衣可以大大减少水流的摩擦力,使身体周围的水流更高效地流过,他的滑冰服能够减少风阻,衣服紧才能减少风阻,所以他的红黑相间的滑冰服勒得特别紧。他的强项是起跑好,可是细心的人会发现在北京冬奥会上,高亭宇起跑的第一步、第二步比平时慢。他是开幕式旗手,五星红旗在他心中,为了祖国的荣誉,他在腿肌肉拉伤的情况下玩命滑行,脚下的冰太爽了,"冰丝带"场馆太美了,风呼呼地从身边掠过,观众的目光在为他祝福,他终于以34秒32的成绩打破冬奥会纪录,赢得了冠军。不到一年,他就完成了从哈尔滨冰上训练基地的惨痛摔跤到北京冬奥会男子500米速度滑冰豪迈夺冠的转变,发挥出真实水平。夺冠后整个团队都哭了,刘广彬紧紧地拥抱着高亭宇,泪眼婆娑。

比赛结束,高亭宇立刻拉开滑冰服的拉链,露出了结实的胸肌。他不是玩酷,而是滑冰服太紧了,勒得他难受。等待其他运动员比赛时,他无力地躺在防护垫上,腿钻心般疼痛。

回到驻地,一片欢呼声,后半夜还有人打电话向他表示祝贺,这个项目相当于百米赛跑,以往没有中国人的地位,但是高亭宇打破魔咒了!北京冬奥会闭幕式，他再次担任旗手，喜气洋洋地驮着冬奥冠军徐梦桃出场，赢得一片掌声。

运动员隔离期过后，3月，高亭宇先回到河北看望妈妈，又回到伊春老家看望爸爸。2022年5月，高亭宇积极做公益，为黑龙江省和吉林省捐赠价值20万元的口罩、方便面等防疫物资。

2022年9月30日，高亭宇和任子威、齐广璞、韩聪、隋文静一道作为运动员的优秀代表出席在人民大会堂举行的国庆招待会，他们高兴地在人民大会堂前合影。高亭宇写道："愿以寸心寄华夏，且将岁月赠山河，愿以吾辈之青春，捍卫盛世之中华，祝福祖国生日快乐！"

高亭宇在我的笔记本上留言：做自己！

短短的三个字可以看出他的性格，话不多，惜字如金。我端详着他的脸，没有自负、自赏、自傲，还是那样谦恭、坦诚、率真，甚至还有一丝腼腆。他白色的T恤衫上画着天蓝色卡通形象，我和他天南海北地聊天，聊到他9岁一个人坐火车到牡丹江时调侃道："幸亏当时没碰到人贩子拐走你。"

他幽默地说："还很幸运，没被拐走。"

高亭宇是中国唯一的奥运会开闭幕式双旗手，中国第一位男子速度滑冰冬奥会冠军，也是中国队9枚金牌中唯一一枚破纪录的奖牌获得者。

他给母亲寄去面膜和泡脚药，让母亲美容、每天泡脚。他还是当年那个懂得责任的暖男，丝毫没有变，9岁就知道分担家庭的负担，体贴父母；他还是那个把国家荣誉看得重于泰山的男子汉，尊重教练，埋头训练。一个把五星红旗装在心里，懂得责任、孝顺的人必定成大器！

外柔内刚隋文静

2022年2月19日，首都体育馆创造了奇迹：在花样滑冰双人滑自由滑比赛中，隋文静/韩聪完成了优美的翔舞，以239.88分的总成绩荣获冠军。这是继申雪/赵宏博之后，中国花样滑冰队收获的第二枚冬奥会金牌。

花样滑冰双人滑必须心心相印，配合默契，他们为爱、为梦想而拼，作为东道主在家门口压轴出场参赛，须顶住压力，用平常心从容面对国际大赛，才能创造奇迹。他们所选用的曲目是《忧愁河上的金桥》，这个曲目曾经见证了他们获得芬兰世锦赛的冠军。桥与河的故事，讲的是扶持与陪伴。他俩完全融入音乐中，双人滑除了技术和专业的展示，也需要融入表演者自己的人生经历，情景交融，心灵相通。唯有全心热爱，才可以抵抗孤独；唯有真诚相助，才能互相成就。他们完美演绎了什么是扶持和友谊，永不放弃，为了心中的梦想而拼搏，金牌实至名归。

1995年7月18日，一个女婴出生在黑龙江哈尔滨市香坊区，父亲是焊工，母亲在铁路工作，这对年轻的夫妻在冰城相识相爱，这个呱呱坠地的女婴就是他们爱情的结晶。小姑娘属猪，木猪年，巨蟹座，也是夏天开始的第一个星座，热情似火。她遗传了父母优良的基因，皮肤白净，浓眉大眼，受到全家人的喜爱。她的奶奶姓那，是满族，爷爷是汉族，家人给她起名为文静，意思是女孩子要文文静静。

隋文静的家庭充满了爱，爷爷、奶奶、爸爸、妈妈、姑姑都特别疼爱她，虽然家里不富裕，但是家庭特别温暖，家长对她的爱好总是倾其所有竭尽全力支持。她从小就对艺术充满了向往，5岁时她站在家里的窗台上唱歌跳舞，全家人目不转睛地盯着她，一个劲儿地鼓掌。掌声给这个俊俏的小丫头带来极大的自信。妈妈看女儿喜欢跳舞，便勒紧裤腰带给她报了舞蹈班，对于舞蹈的一切她都有一颗求知若渴的心。

哈尔滨的孩子是幸运的，每所学校都有冰雪课，她8岁开始学滑冰。她一上冰就有感觉，滑冰和舞蹈都是她的最爱，但是学业很重，她必须在滑冰和舞蹈间做出选择，而她义无反顾地选择了滑冰。她觉得花样滑冰兼顾了滑冰和舞蹈的元素，所以学得特别用功。花样滑冰运动员因为需要长时间的训练和专业学习，所以生活照顾上需要有人陪伴，因此妈妈辞职，全心全意地陪伴女儿、照顾女儿。父亲带女儿练功，做俯卧撑、仰卧起坐，让女儿锻炼身体，并鼓励她："闺女，要想成功，你一定要坚持下去！"

父母从来不给女儿压力，但是小文静不待扬鞭自奋蹄，不甘平庸。鲇鱼效应是指鲇鱼在搅动小鱼生存环境的同时，也激活了小鱼的求生能力。小时候曾经喜欢一个男孩,他钢琴弹得特别好,很有艺术范儿,她就去学小提琴,想和他并排站在一起。她觉得喜欢一个人的境界就是要使自己变得更好。正是在这种朦朦胧胧的情愫中,她的小提琴拉得像模像样。

隋文静原来也学习过体操,后来看到赵宏博和申雪的花样滑冰,一下子就被迷住了,便下定决心走花样滑冰之路。

2007年,哈尔滨花样滑冰队的栾波教练慧眼识珠,钦定韩聪与隋文静搭档参加双人滑。当年的韩聪机敏细腻,隋文静灵气逼人,两人的身高体型很般配,在栾波教练的指导下,进步飞快。那时候,韩聪是大哥哥,经验丰富,隋文静是小妹妹,韩聪经常帮助隋文静,再加上小文静的刻苦认真,她快速地从一个不会滑的小女孩变成了花滑佼佼者。隋文静表现力强,有性格,在冰场上能够找到自己,国外优秀的花样滑冰运动员很会展现自我。隋文静虽然个子不高,但是她的表情和动作能让你在一群人中第一眼就发现她,一下子就成为焦点,这对不被人看好的组合发展势头强劲。当年,赵宏博和申雪在冰场上崭露头角风光无限时,中国花样滑冰队姚家军有三驾马车,有庞清/佟健、张丹/张昊相伴,一对组合失误了还有其他组合可以替补,而隋文静和韩聪没有同期势均力敌的人可以相伴同行,只能靠自己拼搏。2012年,首次参加成年组世界大赛的隋文静/韩聪便获得了四大洲花样滑冰锦标赛双人滑冠军,成为中国双人滑历史上第三对闯入"200分俱乐部"的选手,而他们也是当时"200分俱乐部"中唯一一对以青年组选手身份拿到超过200分成绩的组合。

2013年,隋文静和韩聪一起被选调到花样滑冰国家队,师从赵宏博教练。当时,她的体重是80斤,花样滑冰的规律是女队员不能太高、体重不能重,娇小玲珑型的女士易于男伴做托举和空中捻转。所以隋文静就必须控制自己的身体条件,加强力量训练。这对组合练得非常艰苦,很快就显示出独特的魅力,像海燕一样在冰场翱翔,在花样滑冰世界大赛中所向披靡,2014年,隋文静/韩聪再度获得四大洲花样滑冰锦标赛双人滑冠军。

2015年,隋文静/韩聪获得世界花样滑冰锦标赛双人滑亚军。同年,夺得世界花样滑冰大奖赛首站比赛的双人滑冠军。2017年2月18日,隋文静/韩聪以历史最高分225.03分夺得四大洲花样滑冰锦标赛双人滑冠军。

2017年3月30日，在芬兰赫尔辛基举行的2017年花样滑冰世锦赛上，隋文静/韩聪获得双人滑第一的好成绩，并以232.06分的总分首次加冕世界冠军，成为继申雪/赵宏博、庞清/佟健之后，中国的第三对双人滑世界冠军。十年的搭档，她和韩聪不是亲人胜似亲人，彼此互相扶持、互相成就。

任何光环背后都伴随着汗水和心血，她不能跑步，总是崴脚，髋关节软，坐久了髋关节不舒服。这就是常年作为运动员积累的伤病所带来的影响，她的韧带折了四五根，脚趾骨碎了，没有软骨。平昌冬奥会的前一天，她在训练时左脚第二趾骨疲劳性骨折，疼痛难忍，第二天就要比赛了，骨折就够糟心了，偏偏又赶上生理期提前。她外柔内刚，表面看起来文文静静很柔弱，但是内心却非常刚强，拼搏的精神使她变得无比坚强，坚决不放弃比赛。在训练场上她对韩聪说："转身、节奏、可以、特别好、没事、慢……"凭着顽强的毅力，他们在平昌冬奥会的赛场上做出优美的花样滑冰动作，以0.43分之差屈居亚军。站在领奖台上，隋文静流出了热泪，她不甘心，她和韩聪相约："四年后，咱们北京再战！"

平昌冬奥会一结束，她就做了脚部手术，伤筋动骨一百天，这次手术使她错过了大半个赛季。卧床、加强营养使她的体重迅速飙升，韩聪到医院看望她时，从床上举起体重不复以往的舞伴，他脸红脖子粗感到很吃力。当隋文静萌生退意时，是韩聪坚定不移地安慰她、鼓励她、支持她，使她战胜了伤病，顽强地进行康复训练。因为热爱滑冰，所以一定要从黑暗中走出来。

在一次表演赛中，韩聪独自上场做了一个人的托举的表演，当他推着隋文静坐着轮椅走上冰场时，全场响起了经久不息的掌声。再一次回到冰场，隋文静感到凤凰涅槃般的重生，她发现卧床使自己几乎失去了肌肉力量，她咬牙决定不管多困难，都要从头再来。

一波未平一波又起，隋文静的脚伤刚刚好转，韩聪的髋关节又出现伤痛。2020年4月，韩聪做了髋关节手术，在困难的日子里，隋文静一遍又一遍地鼓励韩聪："哥，坚强，咱俩一定要走出低谷，在家门口打个漂亮仗！"

在隋文静的鼓励下，韩聪出院后还没有恢复到最佳状态，很快就开始了带伤训练。重新上冰第一天，康复师反复叮嘱道："慢点滑，滑几分钟就下来。"

韩聪滑了几圈，突然感到一阵眩晕，下冰场就吐了，但他始终坚持。2021年7月，在练托举动作时，因为力量配合问题，韩聪不小心把隋文静摔到地上，虽然伤了颈椎，但是小隋也坚定地含笑对韩聪说："没事，我能行！"

望着她额头上冒出的汗珠，韩聪深知她有多么疼痛，他再次感到这个外表文弱的小妹妹内心竟然如此坚强。他耐心地等待她养伤，坚持备战北京冬奥会。

中国冰雪队是一个温暖的集体，国家体育总局和冬季运动训练管理中心的领导给了韩聪和隋文静极大的支持，加拿大编舞师劳瑞精心编排调整花样滑冰的动作，赵宏博教练呕心沥血的指导，都是两个人不断前进道路上源源不断的力量加持。

冬奥会前夕所有人都上劲儿了，最后一块金牌压力太大，训练场上空气都是凝固的，仿佛连呼吸都感到困难。因为冰刀的运输原因，韩聪的冰鞋始终存在滑冰不舒服的问题。隋文静指着首钢花样滑冰馆墙上的标语说："墙上挂着北京冬奥会倒计时牌，还有45天，你每天解决冰鞋2%的舒适度，45天后就解决90%了，剩下的10%你韩聪这么聪明的人怕什么，这么多大风大浪都经过了，你一定行！"

有一段时间韩聪身体发僵，隋文静没有滑好，大哭起来。她觉得自己要运转起来，必须调节心理，发挥能量场的作用。她发现韩聪心理压力大的时候不爱吃饭，就劝他："韩聪哥，其实冬奥会就是人生中的几天，不能决定你人生的成功，怕什么，该吃饭吃饭，该睡觉睡觉。"

冬奥会前夕，隋文静觉得韩聪的髋关节有伤，要想让他托举顺手，自己必须控制体重。她不敢多吃饭，拼命地减重，体重越轻能力越强。从哈尔滨进北京时她的体重是80斤，为了减轻韩聪的负担，她故意饿自己瘦到了77斤，这是她进京9年来的最低体重。减重需要付出很多努力，隋文静都做到了。

冬奥比赛期间，她在首钢冬奥运动员公寓住。比赛当天中午的11点，她乘坐电梯时专注地想着滑冰动作，突然有人大喊一声："哎呀，我怎么坐到这层了？"

不凑巧，正值冬奥决赛期的隋文静正在生理期，她这段时间会比较敏感，这个声音当场就吓到了她，半天回不过神来。回到宿舍，她坐在镜子前化妆，突然发现身体僵硬，脉搏加快，急忙给医生打电话，恳求晚点训练，训练之后就打算回房间休息了。她身背书包走进电梯，里面有七八个人，她手插兜靠在电梯墙壁上，电梯升降时冷不丁一晃动，她突然浑身瘫软滑倒在电梯间，左脸在地上磕得淤青，她朦朦胧胧中知道身边的严主任给她掐人中，有两个人把她搀扶进了屋里，周围的队友都替她捏了一把汗：这么虚弱的身体，走路都要人搀扶，她能完成今天的花样滑冰双人滑决赛吗？

中国的花样滑冰运动员都是自己化妆，望着镜子里淤青的左脸，她哭了。冬奥会和所有的比赛是不一样的，精神的力量非常重要，场上与对手的较量，必须要有自信，隋文静迅速调整了情绪后就和韩聪来到首都体育馆的冰场，与三对俄罗斯运动员在冰上进行赛前练习。这三对俄罗斯选手中的男运动员都是1米8、1米9的个子，训练的时候大家都会暗暗较劲，也会互相施加压力，隋文静霸气地对韩聪说："滑，不躲他们，这是在咱家门口！"

2022年2月19日晚上，隋文静和韩聪站在首都体育馆的冰场上，进行北京冬奥会的收官之战，他们再次选择了《忧愁河上的金桥》这首曲子。当初第一次听到这首曲子，他们就被感动了，觉得这就是我们的音乐，这是他们经历的真实写照。他们觉得15年的训练不代表自己，而是代表国家，人的精气神很重要，这是我们的主场。家门口的比赛气场是巨大的，隋文静像打了鸡血似的充满生机，韩聪沉稳细腻，他们所向披靡横扫对手。说来也怪，你强对手也强，短节目打头，三对俄罗斯选手超水平发挥，不断刷新赛季最好成绩，给"葱桶组合"带来很大压力。冰场上需要有头脑的运动员，隋文静和韩聪当即决定在自由滑比赛中上最难的捻转四周动作。这个动作危险系数大，稍有不慎很容易失误，但是分值高。奥林匹克的意义在于不断超越自我，"葱桶组合"经历过低谷、伤病、失败，便甩开膀子往前冲，付出超出常人的努力，最终取得了成功，给全国人民交出了满意的答卷。

当报分员报出他们以239.88分的总成绩夺得北京冬奥会花滑双人滑冠军时，隋文静的精神一下子疲软了，晕倒在同伴的怀里，队友急忙用国旗挡住了她娇小的身影，经过紧急掐人中、掐虎口穴位，她才慢慢苏醒。

冠军领奖台很高，韩聪暖心地把她抱上台，站在高高的领奖台上，听国歌在首都体育馆大厅回响，看五星红旗在上空飘扬，他们忍不住流下激动的热泪。观众只看到隋文静夺冠后美丽的笑脸，有谁想到她决赛的当天经历了身体和精神的双重考验？她是在体力严重透支的情况下与韩聪配合，拿下了冬奥会花样滑冰双人滑冠军。

整个中国冰雪大家庭的氛围特别好。谷爱凌在首钢滑雪大跳台首秀就夺得金牌，心里很高兴。赛后休息的时候她会来到首钢园花样滑冰馆，借双冰鞋想上冰尝试。隋文静看到后就会邀请她："谷爱凌你上来啊，我教你滑。"

谷爱凌笑着说："我刚才滑过了。"

隋文静热情地说："再滑一会儿，来！"

滑冰是隋文静的强项，她主动教谷爱凌滑冰。谷爱凌有运动天赋，在隋文静这个滑冰高手的指导下学得很快。隋文静拉着她的手生怕她摔倒，谷爱凌说："我想学转圈。"隋文静做了转圈的动作，像个大姐姐似的鼓励她："来，这么做，你一定行！"

谷爱凌居然当天就学会了，两人一起滑了半个小时。

冬奥会归来，隋文静又给自己设了新标杆——学习，提高自己。她和韩聪一起进了北京体育大学冠军班攻读运动训练专业研究生，再忙也要完成作业。她还与韩聪一起到石景山启迪冰场去给孩子们上大师课，教孩子们滑冰，因为是第一次当冰上的教练，新身份的尝试很有趣味，他们也教得非常耐心。

跟不同的人交流可以打开自己的世界，她爱好广泛，练习隶书曹全碑，写书法修炼自己的心性，在首钢园训练基地就张贴着她写的对联。过春节时，她给自己在北京体育大学的研究生导师和体能康复老师赠送亲手写的对联，老师惊讶地赞叹："哎呀，小隋还会写字啊！"

她喜欢音乐，学吹竹笛，有时候也会在冰场唱歌，队友称赞："小隋唱歌挺好听。"对音乐的爱好加深了她对花样滑冰音乐舞蹈的理解。有一次，运动员和歌唱家联谊，歌唱家每个人都唱得很好，隋文静大大方方上场说："我来唱一首。"她唱了一首王菲的《如愿》，丝毫不怕别人给自己挑刺儿。虽然她的唱功无法与歌唱家媲美，但是她的真诚和勇气赢得了大家的赞誉。

她还写书，计划在中国妇女出版社出版自传，把版税捐赠给妇女儿童基金会，用来资助春蕾女童。

除了学习演讲、书法之外，隋文静还刻苦学习英语和日语，她想打开窗口，用英语与外国专家交流。因为比赛期间运动员和裁判员都是共用一个餐厅，所以吃饭和日常训练的时候他们也会默默观察你，语言的素养不是一蹴而就的，她希望能通过更多的言谈举止表现出个人魅力。

隋文静也有自己的理想和追求，20岁的时候她就萌生了想当花样滑冰编导的念头，她反复思索：我为什么要学编导？我的强项是什么，花样滑冰是什么？前几年一对外国花样滑冰运动员在国际大赛中滑了一段类似于街舞的舞蹈，结果大受欢迎，我们花样滑冰滑的《图兰朵》等音乐舞蹈都是外国编导老师帮忙编排的东西，我们为什么不能编出具有中国传统文化艺术特色的节目，让别人滑我们的舞蹈呢？

她找到冬季运动训练管理中心主任倪会忠，坦诚地谈了自己的想法。倪主任是一个有思想、有胆识的领导，非常支持年轻人创新，便与北京舞蹈学院联系，帮助隋文静争取到北舞访学的机会。隋文静每周用四天时间到北京舞蹈学院学习，除了学习之外，还会和北舞的学生们做深度交流，比如在毕业季如何择业的问题，她就给出建议，你们可以用一技之长支撑比赛和商演，用更多的演出来推广花样滑冰，这也是解决就业问题的一种方式。

聪明人总是在合适的时间点干合适的事情，她打算先去北舞学习，等把写书和毕业论文的事情忙完，再去加拿大跟长期合作的编导劳瑞学习。

在冬奥完赛后的休假期间，她马不停蹄地做了很多事情，尝试了很多新事物。比如，她和韩聪一起参加了一个舞蹈节目《蒙面舞王》。这是由江苏卫视、灿星制作联合推出的蒙面类舞蹈竞演节目。

训练表演期间发生过很多有意思的事情。2022年7月17日，隋文静来到《蒙面舞王》片场，从下午3点开始排练，在老师的指导下一直练到半夜12点，原本该结束彩排回舞蹈室，没想到老师订制了一个蛋糕，上面写着"祝你生日快乐"。7月18日是隋文静的27岁生日，第一个蛋糕竟然是节目组送的，她很感动，与大家分享完蛋糕，又练到1点半，3点钟筋疲力尽回到家。刚打了一个盹儿，早晨5点又爬起来，急匆匆赶到石景山启迪冰场，教小朋友上滑冰大师课，冰场又给她送上蛋糕，她与孩子们一起吃了第二个蛋糕；上完课回到首都体育馆冰上训练中心餐厅，申雪送来第三个蛋糕，她笑眯眯地接过蛋糕，向恩师表示感谢；接着，运动队做了一个大蛋糕，韩聪与隋文静都是夏天出生的，韩聪的生日是8月6日，与隋文静的生日很接近，队里就给他们一起过生日。隋文静跳了新疆舞、唱了歌曲《如愿》，与队友们高高兴兴地度过了27岁生日。

下午，她从首都体育馆跑到史家胡同中国妇女出版社，与编辑谈了一下午书稿，晚上又从史家胡同赶到《蒙面舞王》片场彩排，直到7月19日凌晨才回到家里。她参加舞蹈综艺活动，帮助好朋友们出演综艺，结识优秀的舞蹈演员和老师，希望对于自己学习编导有所助益。她参加了一些公益活动，做大师训练滑冰课，帮助继续推广北京冬奥会遗产，希望能够吸引更多人投入到冰雪运动中来。

除了滑冰之外，隋文静也会对很多东西感兴趣，中国传统文化就是隋文静特别喜欢且一直想和大家展示的。在公开比赛的晚宴上她会经常穿汉服，日常的时候有时拍写真，她会给自己装扮成很多角色，也会在训练过程中给自己搭配训练服，色彩、面料、风格都不重样。她喜欢看心理学的书籍，是一个爱动脑子的运动员。她也会研究服装、语言、架子鼓，用碎片时间学英语和日语，在按摩治疗时与老师对话。跟着队伍到新疆旅游一趟还受聘成为新疆喀什旅游大使。

花样滑冰既是技术也是艺术，艺术要服务于技术，如何把二者贯通，是需要考验运动员功力的。花样滑冰以技术为主，但是她觉得花样滑冰前后衔接没有缝隙，如何将艺术性和技术性结合好，花样滑冰要求滑行技术好，观赏性就是艺术性。她整天琢磨滑冰的弧线怎么展现才美，洗澡时看到花洒的水洒向头顶，她想人手在身上滑过时我应该是什么感觉，应该如何展现手势。舞蹈是节奏快与慢的结合，看京剧《打侄上坟》，她发现京剧演员擦眼泪的手势很独特，敏锐地感觉到这种表现很美。隋文静给我做了一个京剧演员擦泪的动作，我觉得与新疆舞蹈中的猫洗脸有相似之处，隋文静的手指纤细，跳新疆舞、敦煌舞、印度舞，富有表现力。

疫情期间，她就上网课学习新东西。她的演讲老师胡承龙经常会给她出一个题目，让她即兴发挥。当她讲述时出现问题，老师就会叮嘱道："语言是逻辑的外壳，你要把语言表达清楚，厘清思路，首先要逻辑清晰，语速不能太快。"

她率真、坦诚、不装模作样，思路清晰。她在访谈中讲故事，说的都是心里话。住在朋友家与女伴探讨如何演讲好，请闺密给自己挑刺儿，真诚地说："你们看着我点儿，我要是飘了、飞了，你们就拉着我点儿。"

我们非常尽兴地伴随着秋菊的芬芳交谈，隋文静对我说："孙老师，我跟您聊天特别高兴，跟您投缘，您给人一种舒服的感觉。"

我问她是否想冲击米兰冬奥会，她坚定地回答："只要国家需要，我还会去拼搏。"

我是你的金桥

北京冬奥会开始了，花样滑冰双人滑项目被安排在了最后，这是中国队有望获得的最后一枚金牌，压力自然非常大，因此，国家体育总局冬季运动管理中心决定花样滑冰队员不用出席北京冬奥会开幕式、闭幕式，全力以赴备战。赛前，冬季运动管理中心领导要求花样滑冰双人滑要担负起传统优势项目的责任，弥补平昌冬奥会痛失金牌的遗憾。

韩聪是这对双人滑搭档的男伴，他1992年8月6日出生于哈尔滨，4岁时对滑冰产生了兴趣，父母每天骑车送他到哈尔滨滑冰场学滑冰，冬天零下30多度的气温，风雨无阻。时间是公平的，你努力比别人多，流血流汗多，你就可能成功。成才的路上没有捷径，思想的高度会决定未来的走向。韩聪是一个热衷于思考的人，他会思考怎么去超越、创新，最开始学单人滑，后来转双人滑的时候是师从国家花样滑冰队总教练姚滨在20世纪80年代的双人滑搭档栾波。2007年，栾波让他搭档了隋文静，那一年隋文静12岁，娇小轻盈、精灵聪慧；韩聪15岁，沉稳细腻，精明干练。

  15岁的韩聪与12岁的隋文静搭档，韩聪虚心倾听团队、教练员、编舞师、营养师的意见，他相信专业的人干专业的事，这个时间段必须练这个动作，下个时间段必须练那个动作，一丝不苟，从不间断。两年后，雏鹰开始腾飞，2009年9月的全国锦标赛，在姚滨的三对最优秀的弟子申雪/赵宏博、庞清/佟健、张丹/张昊未参赛的情况下，名不见经传的隋文静/韩聪以黑马姿态横空出世，最终以稳定的表现获得了全国冠军。随后在国际滑联青少年大奖赛2009—2010赛季上，两人在白俄罗斯和德国两站比赛中表现优异，两度以20分的差距远远甩开对手获得冠军，要知道国际大赛高手过招儿分差率很小。这对新秀斩获了三年的世青赛冠军。

  栾波教练欣喜地看到，这对黄金搭档选对了，他们配合默契，崭露头角，横扫对手。

  2016年5月，隋文静做了右侧脚踝外侧副韧带重建和左侧脚踝肌腱复位手术。在距离平昌冬奥会开赛只有20个月的时间做双侧脚踝手术，对运动员来说充满风险。恢复好了有可能重振威风，一旦失败就会前功尽弃。

  停止训练卧床休息使隋文静体重暴增，韩聪去医院看望搭档，看到她脚缠纱布躺在病床上，情绪低落。作为多年的搭档，他深深地懂得这次手术对于隋文静状态的打击。

  两人在病房唠嗑，韩聪问道："文静，谁给你手术单上签的字？"

  隋文静回答："我自己！"

  听了这话，韩聪打心眼儿里敬佩隋文静，面对困境还有如此坚强的内心，不是每个人都能做到的，更何况是一个女孩子。术后72小时极限疼痛，打止痛针才能入睡，将近3个月不能下床，每天还要进行柔韧性测试，连走路都要重新学习，虽然能否恢复谁都没有把握。

在搭档住院的日子里，韩聪努力让自己忙碌起来，一个人坚持训练，看到别的双人滑搭档每天都在进步，他忧心如焚。在给自己加英语课和舞蹈课时借小选手的女伴儿来练托举。稍有空闲，他就陪伴隋文静去做康复治疗，给她讲队里发生的有趣的事情。他们达成默契，不去谈未来，只谈如何过好每一天。

在一场花滑表演中，韩聪独自出场完成了一套令人难忘的双人滑表演：一个人做托举，一个人做抛接，追光打到了角落，紧接着韩聪推着坐着轮椅的隋文静来到冰场中央亮相，观众非常感动，全场掌声雷动。隋文静双脚做了大手术后走路很吃力，站立不稳，韩聪始终坚定地鼓励她，使她顺利恢复，较快走出低谷。

做人，最重要的就是三气：骨气、底气、神气。人在骨子里没有了底气，就缺乏了做人的精气神。这对搭档都是彼此的主心骨、定海神针。当你病痛缠身感到疲惫时，我就变得无比强大，扶持着你，支撑着你，托举着你，成就着你，让你浑身上下焕发出精气神。这种精神力量是磁场，是无与伦比的太阳能。

芬兰麋鹿吉祥物寓意着生命力旺盛，同时也寓意着富贵吉祥，麋鹿是吉祥之物，鹿又被称为财鹿，不管是在东方还是西方都具有很好的寓意，麋鹿象征着富贵祥和，对美好未来的追求和向往。麋鹿给他们带来了好运，2017年3月31日，在芬兰赫尔辛基举行的2017年花样滑冰世锦赛中，隋文静/韩聪成为中国双人滑史上第三对世界冠军。那一天，离平昌冬奥会只有10个月的时间，他们为了梦想始终在拼搏。

2017年赫尔辛基世锦赛后，韩聪在训练中右脚崴伤，然而他没有休息坚持训练，导致髋、胯的毛病显示出来。在韩聪面对困难的时候，隋文静勇敢地站出来力挺韩聪："哥，努力，咱们来日方长！"

2018年1月10日，在距离平昌冬奥会开赛不到一个月之际，隋文静在训练中不幸划伤左腿，缝了5针。韩聪髋骨和胯的疼痛始终影响着他，这是"葱桶组合"比赛前的低谷期。但这将是他们第一次站在冬奥会的舞台，他们更加珍惜为国争光的机会。

出征前四五天，隋文静的右脚被诊断为疲劳性骨膜炎初期，比赛当天上冰训练，她的右脚钻心般疼痛，此时离短节目的亮相只有几个小时了。韩聪关切地问道："疼痛1～10分，你觉得是几分？"

隋文静皱着眉头说："8～9分。"

右脚是隋文静的落冰脚和起跳脚，她每做一个动作都要忍受剧烈的疼痛。他们达成默契：不能让对手看出隋文静有伤痛，要给他们心理压力。命运对隋文静太残酷了，比赛中隋文静脚趾疲劳性骨折，脚肿得像个发面卷，但是他们依然保持微笑。

德国组合萨夫申科/马索特动作完美，取得了159.31分，韩聪和隋文静想超过对手太难了，隋文静的脚根本使不上劲儿，导致动作出现了瑕疵。虽然他们立刻调整心态，顽强地完成每一个比赛动作，在冰场上充分展现了自我，但还是以0.43分之差摘下了平昌冬奥会的这块银牌。走下领奖台的那一刻，韩聪和隋文静的眼睛饱含泪水。他们已经竭尽全力，但他们仍觉得对不起祖国。

平昌冬奥会屈居亚军使他们心如刀绞。2020年，韩聪做了髋骨手术。他的脑海里没有年的概念，只有赛季的概念，备战就做大计划，他的心中只有一个目标，就是北京冬奥会夺冠。他觉得在家门口与世界各国选手同台竞技，体育不仅是运动，更是追求一种"更高、更快、更强"的精神。

2022年北京冬奥会，一般的运动员都不会遇到这么大的压力，但是中国队还有最后一块金牌要争取，压力重如泰山。韩聪每天都看冬奥会比赛，餐厅里、公寓楼的电视里到处都是比赛场景，奥运氛围浓郁。队友得了冠军，周围一片欢呼声。韩聪每天晚上边按摩治疗边看电视，心里默默计算金牌，我们可能是第九块，也可能是第十块，无论如何九和十都是个好数字。

韩聪对隋文静说："如果北京冬奥会咱们找不到更好的曲子，还是选择'金桥'。"

编舞师劳瑞发来的曲子在音乐上做了调整，在编排时新加的托举动作，像桥的姿态；隋文静在编舞上很有天赋，也会积极提出自己的想法；韩聪把握节目内容和方向，通过与世界著名编舞师劳瑞沟通磨合，把自己对于节目的想法也融入其中。"金桥"的核心写的就是互相扶持,奥林匹克精神除了更高、更快、更强,还有更团结,在世界人民的心上搭起互相沟通的桥梁,心之间有桥梁,互相扶持走出难关。疫情隔离了很多人,韩聪做手术时,隋文静像桥一样支撑着他,隋文静做手术时,韩聪像桥一样给她支撑和力量,他们要帮助每个人的心中都建成一座桥。《忧愁河上的金桥》是一个伤感的故事,希望这段舞蹈给人以力量,拥抱美好。

2022年2月18日,北京冬奥会花样滑冰双人滑短节目比赛,隋文静/韩聪发挥出色,以84.41的得分排名第一。接下来,三对俄罗斯选手也毫不逊色,韩聪觉得在世界级大赛中很多选手得分差距都是在毫厘之间,这才是比赛精彩的地方。

"当你身心疲惫失去信心,你面临打击眼里充满泪水,我会安慰你代你受苦,我会替你擦干眼泪……当天地昏暗黑夜来临,我愿俯身做你的桥梁,为你赴汤蹈火助你渡过难关。"这哪里是在唱民谣,分明就是在唱他们自己的人生经历。他们要展现最好的自己,把一场最精彩的比赛送给全世界的观众。

第二天自由滑决赛压力更大,一切有序进行,韩聪换完冰鞋,看到一对俄罗斯选手在滑行时加了一个跳跃动作裁判打分很高,他们是"葱桶组合"的主要竞争对手,此时另外一对俄罗斯选手正在滑,计分器显示一片绿灯,意味着都做成功了。太奇怪了,大赛中俄罗斯选手超水平发挥,没有一对失误,韩聪压力巨大,隋文静拉着他的手说:"哥,我们第一次在芬兰世锦赛就用的'金桥'的曲子,我们最后一个上场时总是能创造出无数的奇迹。"

韩聪惊讶地望着隋文静,这个文弱的小妹妹此刻变得如此坚强,他受到鼓舞,一字一顿地说:"坚定信念。"

隋文静一袭天蓝色和白色相间的裙装与韩聪的黑色服装搭配完美,他们当即决定加捻转四周,这是他们的撒手锏。音乐开启,宛如进入仙境,韩聪仿佛白马王子在冰上滑行、托举;隋文静酷似白雪公主,在洁白的冰面上旋转、跳跃,捻转四周做得天衣无缝,一点瑕疵都没有,首都体育场的观众目不转睛地注视着他们,欣赏着巅峰之作。结束比赛,他们不知道结果，韩聪激动地抱着隋文静说："无论什么结果都无所谓，咱们都尽了最大的努力。"

离开冰场去等分席的时候，韩聪悄悄地问赵宏博教练："能赢吗？"

赵教练看了看记分牌说："不知道，但是你们用尽全力了就可以了。"

韩聪心中五味杂陈，短短几分钟他觉得仿佛过了一万年，平昌冬奥会输了0.43分，那种痛苦无法言表，一年都没有缓过来，难道又要重复平昌冬奥会的场景吗？想到这里，韩聪心里太难受了。

2019年、2020年、2021年连续三年的比赛韩聪都没有用捻转四周托举的动作，他给对手制造了一个悬念：国际大赛难度越高失误率越高，为了求稳，北京冬奥会不可能再上难度了。没想到韩聪和隋文静使出绝招儿，在北京冬奥会上拿出撒手锏。成功了！正是这个动作救了这对黄金搭档，最终以239.88分的总成绩摘取金牌。

场上响起庄严的国歌声，韩聪把隋文静高高举上领奖台，他们在国歌声中默默地流泪，谁说报国非要枪炮齐鸣刀光剑影，赛场上的顽强拼搏摘金夺银也是在报效祖国。

此时此刻，在云南腾冲的一家饺子馆里，韩聪的父母与顾客、员工一起看实况转播，他们的眼睛里饱含泪水，激动地欢呼，把嗓子都喊哑了。儿子小时候每天天不亮就上冰，是老两口冒着寒风在零下30多度的气温里摸黑骑着自行车送儿子去冰场；儿子小时候调皮把脚别在自行车轮子受了伤，是老两口送儿子去医院治疗。儿子从小就懂事，孝敬父母，刻苦训练，滑冰受了那么多伤，回到家里总是报喜不报忧。这次备战北京冬奥会，儿子来电话说："不管怎么样，我们必须全力以赴！"

母亲用东北话说："嗯哪，聪儿你好好比，我和你爸在云南为你祝福！"

终于完成了自己的目标，韩聪坐在大巴车里格外开心，脸似绽放的一朵牡丹。父母来电话祝贺，他对着手机高兴地喊："爸爸妈妈，我没让你们失望！"

回到首钢运动员公寓，每个人的脸上都洋溢着欢乐，韩聪急忙打开电视，看了四五遍比赛实况回放，手机叮铃铃响个不停，祝贺声此起彼伏，今夜无人入睡。花样滑冰双人滑冬奥会决赛中国人多年都拿不到金牌，今天我们拿到了，"金桥"不是演出来的，是心灵的呼唤，真情的流露。他和隋文静是战斗的伙伴，他们内心有强烈的责任感，当运动员就要好好干出个样儿！

15年的风风雨雨，"葱桶组合"奖杯拿到手软，但是他们不想躺在功劳簿上睡大觉，他们想再拼搏。冬奥会后暂时没有国际大赛，韩聪暂别赛场，积极充电，让生活变得更加充实。他们进入北京体育大学冠军班读研究生，除了上课、完成研究生论文，还要为了新的学习方向做规划，开启新一段充电时光。他的研究生论文，研究方向就是15年的运动生涯。在运动生涯中几十年如一日，自己是最好的运动实验对象，采集了相关的数据，想法得到了导师的支持。

2022年9月12日，国际滑冰联盟正式任命韩聪为国际滑联花样滑冰单双人滑技术委员会运动员委员。职能包括参考国际滑联会员协会、理事会和运动技术主管的建议，编制、监督和维护单人和双人滑、冰上舞蹈、队列滑的技术规则；编写代表大会、理事会和各自的运动技术主管指派其编写的报告等。

韩聪觉得中国能够在国际滑联有一席之地非常好，他希望在任职期间能够帮助中国花滑继续前进。近期在制定动作规则时，韩聪还邀请隋文静上冰来验证新动作。他最初对委员职责的考虑是发挥自己在双人滑运动中的知识积累和感受。但现在他更多的是了解单双人滑的技术规则、裁判员如何工作、技术官员的工作、整个赛事如何运转，等等。他虚心向王北星等前辈人士取经、学习，未来在技术层面上，他会发挥委员的作用，参与讨论单双人滑的技术变化、动作制定和命名。

韩聪和隋文静还参与综艺节目，韩聪觉得自己是花样滑冰运动员，从事的是艺术类运动项目，参加的综艺节目是舞蹈和运动项目相契合的，对于节目的编排和创意也是有帮助的。他们希望传播花滑运动的艺术特点，展现运动员的精神风貌，把北京冬奥会的精神传递给更多人。

韩聪踏实、沉稳、谦逊，是一个值得信赖的人。采访结束时，我请他在笔记本上留言，他信笔写道："做一个有思想的运动员。"

"四朝元老"齐广璞

  1990年10月20日，齐广璞出生于江苏省徐州市沛县，沛县处于江苏、山东两省交界之地，毗邻微山湖，水脉纵横，是一座濒湖之城。父母给他起名为广璞，璞的意思是蕴藏有玉的石头，也指未雕琢的玉和天真、淳朴，璞玉浑金。

  这块璞玉从小就显露出运动天赋。他的父亲是消防员，把5岁的儿子送进徐州技巧队，在启蒙老师刘德镇的辅导下开始学习技巧。8岁，齐广璞在沛县体校开始练习蹦床。

  早在1989年，中国就正式开始自由滑雪空中技巧的训练。徐州培养了许多自由式滑雪运动员，中国冰雪第一枚冬奥会雪上金牌获得者韩晓鹏来自徐州，平昌冬奥会女子自由式滑雪空中技巧亚军张鑫同样也是徐州人。

  2000年，10岁的齐广璞上课之余每天都要到沛县体校训练，当时韩晓鹏已经在沈阳训练，是齐广璞的偶像。当他投奔沈阳的教练时，沈阳的教练嫌齐广璞个子矮，没要他。他被长春的教练银钢选拔到长春自由式滑雪空中技巧队，让他每天苦练，一直要打两三年的基础。训练生活单调枯燥，他不知道多久能出成绩，长春人生地不熟，且冬天贼冷，他开始叛逆，选择逃跑。他只身跑到长春火车站售票处，跷着脚要买一张开往徐州的火车票，售票员看他个子矮，不卖给他票。银钢教练和妻子把他从长春火车站拉了回来，一路上训斥他："你下面还有一个妹妹，你父母辛辛苦苦挣钱培养你，你不好好训练偷着跑，对得起他们吗？"他听完下决心不再贪玩，给父母和教练争气。

  齐广璞练习自由式滑雪空中技巧，陈洪斌教练带着他出国观摩，回国后教练银钢已经转向。他的编制在长春，按道理应该回长春训练，但是长春没有他的教练，只能到沈阳找教练。当时空中技巧国家队基本都是沈阳的教练员，他诚恳地说："你们什么时候集训告诉我一声啊！"

他像一只孤雁，但却咬紧牙关不转向，跟着国家集训队蹭着练，失学者往往更善于学，没有专职教练往往更珍惜教练，他跟着多个教练都练过，博采众长成就了他。2008年，18岁的齐广璞入选中国自由式滑雪空中技巧国家队。

他跟着国家队的教练陈洪斌训练。2010年，陈洪斌带着19岁的齐广璞参加温哥华冬奥会，2月26日，在温哥华冬季奥运会男子自由式滑雪空中技巧决赛中，齐广璞以234.85分排名第七。

回国后陈洪斌退休，齐广璞又没有教练了。2010年，他走进沈阳体育学院学习，背着包找国家队，跟着另一个教练学习。训练中他选择器材，有的队友说他："你一个外队的人还挑三拣四？"

没有自己的教练没有人帮他说话，他赌了一口气，你们嫌我是外队的，我偏要好好练，让你们挑不出毛病。他创造了dffdf，难度系数5.0。这个项目难度太大没有教练示范，也没有安全保证，只能看录像反复琢磨怎么完成得漂亮。经历过一次次的失误、摸索，他凭着悟性在空中转8圈。2013年，在挪威世锦赛上，齐广璞成功地做了这个动作，被誉为"空中技巧之王"。

他全力以赴备战索契冬奥会，2014年2月18日，在索契冬奥会男子自由式滑雪空中技巧决赛中，齐广璞以90分排名第四。

2015年世锦赛，齐广璞又做了dffdf，难度系数5.0，世锦赛冠军，国际雪联的专家说："如果谁还想质疑自由式滑雪空中技巧难度的话，那么齐广璞已经做到了。"

他和队友赵姗姗因雪结缘，一起在国家队训练，一起加油。2016年，他们走进了婚姻的殿堂。赵姗姗退役了，齐广璞常年在外训练，一年只能回家一两次，聚少离多。

他一遍遍钻研、打磨，更多的选手开始模仿他，只要这个动作成功就能得高分。2018年，他奔着金牌去了平昌冬奥会，也许是太想要这块金牌，心态不稳，在男子自由式滑雪空中技巧决赛中，落地时他的右脚踩到雪坑里，以122.17分排名第七。

他心情失落，暂时离队，到北京体育大学读运动训练研究生。读书期间他没有放弃训练，跑步、有氧运动、核心力量训练……每天保持一种运动，按照自己选择的项目训练。

2019年3月，女儿彤彤出生了。女儿刚满月，他就接到归队通知，回到国家队训练。自由式滑雪空中技巧在欧美很流行，但中国起步较晚。他的妻子赵姗姗也是空中技巧运动员，获得过全运会自由式滑雪空中技巧冠军，因为受伤没有机会参加冬奥会。她把自己的梦想寄托在丈夫身上，鼓励齐广璞："你不仅承载着你的梦想，也承载着我的梦想。"

新冠疫情期间在秦皇岛训练，国家队请了加拿大外教，帮助平整场地，加强训练。空中技巧的难度、美感、稳定性都要求必须增强身体力量。2019年，他刚参加两次比赛，落地时踝关节和膝关节都有撕裂和拉伤，脚不能碰地，只能单脚蹦着走。2019—2020赛季，在莫斯科比赛，他咬牙参赛，落地时右腿又拉伤，旧伤残留，按摩师把他背到起点，放到车上。回到驻地，他只能单腿蹦，一瘸一拐走路。这次比赛转了很多城市，他一路做康复训练，身上有很多老伤。连续两年没有参加比赛，他的积分是零，如果不参赛就没有冬奥会入场券，他带伤参赛，经过拼搏终于拿到了北京冬奥会入场券。

此时齐广璞的女儿已经3岁半了，他跟女儿的见面机会却不足一个月，也没有一次与女儿在一起过生日。他比赛时，妻子不敢看比赛实况，女儿看到别的孩子有父亲抱，她会对别人的爸爸说："爸爸，您也抱抱我吧。"

妻子告诉女儿："你爸爸不是不回家，他在为国争光。"

妻子还教女儿唱国歌。在幼儿园，女儿跟老师和小朋友说："我爸爸是个滑雪运动员，我爸爸会飞，爸爸没有翅膀也会飞。"

2022年2月，齐广璞进入张家口崇礼奥运村，心态不一样了，很快需要进入比赛状态。他每天第一个到达训练场，训练五天，比赛三天，经历过四届冬奥会，他成熟了，调整好心态，经历过挫折、失败，清楚地知道自己应该怎么做。他专注自己的每一堂课、每一次训练，连做梦都在绞尽脑汁钻研动作。

2022年2月10日，北京冬奥会自由式滑雪空中技巧混合团体赛在张家口赛区云顶滑雪公园进行，齐广璞的妻子赵姗姗观看了这场比赛。空中技巧是一项极度危险的运动，受外界因素影响很大，风向、天气这些不可控的因素都影响着运动员的发挥，有时候台子上其他运动员留下的雪会成为危险因素。每天的训练既要保证有难度，又要保证有量的积累，体能消耗太大。赛前，赵姗姗给齐广璞写了一封家书：

齐先生您好！

这是你第四次站上冬奥会的赛场，作为你曾经的队友、现在的妻子，我为你自豪，也很清楚这其中的不易。

今天是你比赛的日子，我激动着，为你高兴着，你是我们全家人的英雄。这个项目很苦、很危险，每一跳的精神压力都很大。你坚持到今天，真的不易！加油去展现最好的自己，我们都等着你回来。

姗姗

据气象预报，2022年2月12日夜里崇礼有暴风雪。时任河北省委常委、张家口市委书记、冬奥云顶场馆主任武卫东在云顶指挥部坐镇，并通知凌晨1点全体指挥人员待命随时应急应对。事先，他们做好了各种预案，这是最糟的一面，崇礼雪花大如席，要清理雪场，冬奥会运动员，有多少人在为你们服务！

2月16日，天气非常冷，齐广璞最后这一跳叫作"空翻三周加转体五周"，难度系数5.0，是当今世界自由式滑雪空中技巧男子项目的最难动作。此前的混合团体决赛，美国选手利利斯正是凭借这个动作，帮助本队力克强大的中国队夺冠。而在当天的男子决赛最后一跳里，6位选手中有5个人申报了这个动作。其中包括近年崛起的新秀利利斯和瑞士名将维尔纳，也包括平昌冬奥会冠军阿布拉缅科。正因为难度高所以容易失误，这个动作齐广璞整整练了8年。功夫不负有心人，他在北京冬奥会上完美地呈现给观众，从助滑、起跳、旋转、空中翻转三周、转体五周，到平稳落地，他是唯一一个挑战极限并最终成功的人！

掌声如潮，齐广璞说："精彩不只属于自己，而是属于整个团队。今天我做到了，我让祖国的五星红旗再一次飘扬在最高处。但我做得还不够好，其实还可以拿到更高的分数。我幻想过无数次夺冠的时刻，没想到夺冠动作居然不是我最完美的一跳。我曾经在世锦赛拿到过139.5的高分。虽然我没有打破自己的得分纪录，但拿到冠军还是非常开心！"

9块金牌中，国家体育总局冬季运动管理中心倪会忠主任事先只是说有望夺牌，唯一一块金牌他事先就肯定地说："齐广璞今天晚上能拿到金牌。"

他之所以如此肯定，是基于大量的数据分析，齐广璞在北京周期训练强度、水平和完成率很高，自由式滑雪空中技巧混合团体比赛出现失误，齐广璞顶住了压力，他的表现十分出众。

赛前冬季运动管理中心领导明确提出，在北京冬奥会上空中技巧要敢于打破"千年老二"的魔咒，3个小项都要全力冲金。齐广璞不负众望，夺取金牌。感谢自己不抛弃、不放弃，感谢妻子鼓励自己，每到一个滑雪场总能看到家人，这是运动精神的传承。如果没有妻子的支持，自己就会放弃，妻子照顾家庭解决后顾之忧，自己才能心无旁骛备战。感谢团队教练、领队、医生、营养师、保障人员，自由式滑雪空中技巧队大家都奔着同一个目标。

作为"四朝元老"，他参加了温哥华、索契、平昌、北京四届冬奥会，但他没有解甲归田，还要拼搏米兰冬奥会。他在我的笔记本上留言道：

"一个人的梦想，到两个人的梦想，再到全家人的梦想。"

我觉得这句留言充满诗意，在齐广璞的金牌背后，有妻子赵姗姗和女儿彤彤的梦想和付出，全家人一条心，冬季运动管理中心一群人一条心，这就是"四朝元老"成功的动力。

"双金王"任子威

在冬奥会比赛中，短道速滑一般都被安排在前面，中国队首金的压力是巨大的。中国队派出了武大靖、任子威、范可新、曲春雨、张雨婷等混合接力阵容，他们互相配合，一举夺得短道速滑混合接力冠军，为中国代表团摘取首金。

赛后，范可新说："每次训练都练到嗓子带血。"

短道速滑1000米比赛，中国队的武大靖、任子威、李文龙和匈牙利的中匈混血兄弟刘少林、刘少昂进入决赛。比赛进行中，裁判突然因为冰面不平提出中止比赛，运动员全力以赴拼了力，中止比赛重新开始对谁的体能都是一种损耗。

发令枪响了，运动员冲向冰场，任子威是从外道起步，刘少林猛然变线挡在任子威的前面死死地压住他，此时如果绕开对手需要花费很大体力，比赛中刘少林、任子威不断交替领滑，最后刘少林率先冲线，富有戏剧性的是，裁判认真观看录像，刘少林在比赛中被出示黄牌，最终判定刘少林犯规，取消成绩，任子威夺冠、李文龙获得亚军。

作者采访任子威

看到儿子夺冠的实况，任长伟激动地搂着妻子李艳在家里转圈。往事如烟……

1997年，任子威出生在黑龙江省哈尔滨市一个军人家庭，看到胖乎乎的外甥，舅舅给他起名为子威，意思是男孩子要威风凛凛，虎虎生威。父亲任长伟是军人，母亲叫李艳，夫妻俩教育孩子要爱党爱国，为国争光。

哈尔滨是冰城，每所小学都有冰场，孩子第一次上冰都不会滑，但是任子威特别喜欢滑冰。他8岁到哈尔滨南岗区业余体校学习滑冰，启蒙教练是王北铭。白天运动员要训练，排给小学生的冰点都不好，往往排的是最早的冰和最晚的冰，他每天早晨5点钟起床到冰场训练，滑一个小时，满身大汗，回到家里，累得筋疲力尽。他家没有电梯，还要爬7楼，他连上楼梯的力气都没有了，对妈妈说："妈，咱家要是住一楼就好了。"

回家冲个澡，吃点早点再去上学。运动员的道路充满坎坷。2010年，他左脚脚踝骨折；2011年，右腿胫骨骨折。两次滑冰摔跤严重骨折差点儿让任子威提前结束了自己的运动生涯。打石膏3个月，不能走路，只能卧床。后来一瘸一拐靠拄拐上学。妈妈心疼地说："子威，要不咱不学滑冰了，妈看你骨折难受。"

教练王北铭一直劝说他不要放弃，继续坚持，他笑着对妈妈说："妈，我年轻，骨头很快就能长好，我喜欢滑冰。"

后来，他进入黑龙江省队，在李昌勋教练的指导下开始从事短道速滑这项运动。

2014年，17岁的任子威入选到中国短道速滑队，师从教练李琰。李琰很欣赏他，给他起了个外号"大象"，意思是他有一股一往无前舍我其谁的冲劲儿。在国家队里，他是男队员里年龄最小的，却是队友和教练眼中最努力的，每天近13个小时的训练，他总是坚持到最后的那个。即使饱受膝盖疼痛的折磨，他依然轻伤不下火线，他是中国队第一位世界青年短道速滑锦标赛男子全能冠军。

2018年，任子威第一次参加平昌冬奥会，能够代表中国队参加短道速滑男子500米、1000米和5000米接力的比赛，能够在20岁的年龄站在国际最高级别赛场，向冬奥冠军梦冲锋，他感到无上光荣。

第一次到奥运村他很紧张，焦急地期待比赛。韩国队的强项是短道速滑，在韩国主场参加比赛，中国队要想有所突破谈何容易？预赛中，他第二个冲到终点，却被判为犯规，无缘比赛。平昌冬奥会比赛接近尾声，中国队颗粒无收，他忧心忡忡。最后一个比赛日到了，这是中国短道速滑队在本届冬奥会上夺取金牌的最后机会，他下决心一定要抓住机会。

2月22日，他亲眼看到武大靖顽强拼搏一骑绝尘，在男子短道速滑500米决赛中为中国队夺得宝贵的金牌。他受到鼓舞，最终与队友们共同努力，一举夺得男子短道速滑5000米接力银牌。

平昌冬奥会，他看到了中国冰雪健儿顽强拼搏的意志，增添了无穷的力量。冬奥会结束后两周的世锦赛上，他获得男子500米短道速滑亚军。回到国内，他始终保持身体的竞技状态，在社交网站上吸粉无数，屡上热搜。

北京冬奥会的鼓点越敲越紧,国家体育总局冬季运动管理中心主任倪会忠提出:短道速滑必须顶住压力,全力以赴力争取得开门红,各小项都要提高冲金转化率。

任子威长期随队进行封闭训练,在漫长的集训生活里,思乡心切,他思念父母,想回去看看家人,但当时正值体能训练的最关键阶段,一旦离开很可能会影响系统训练、影响全队士气。为了全队备战不受影响,他决定留在队中,他给父母打电话说:"爸爸妈妈,训练紧张我先不回家了,等我胸前挂着冬奥会金牌的时候再回去。"

他的父母热情地鼓励他:"儿子,不要惦记家里,能够视频看到你,我们就很知足,为了国家好好练。"

在韩国教练金善台的指导下,任子威羽翼渐丰,他要在家门口的冬奥会上给自己树立更高的目标。比赛的前夜他睡得很安稳,在2月5日晚上北京冬奥会首个比赛日的比赛中,他与队友曲春雨、范可新、武大靖组成的中国队密切配合在后程发力,一举夺得北京冬奥会短道速滑男女2000米混合接力冠军,为中国体育代表团收获了本届冬奥会首枚金牌,实现了开门红。喜悦充盈在他的心头,别人向他祝贺时他说:"打了三届了,这4年太难了,我真的没想到我会经历这么难的4年,真的感谢教练,我们每个人都做出了贡献,这是团队的力量。"

任子威在夺得短道速滑男女混合接力和男子1000米冠军后,成为中国队的"双金王"。

任子威皮肤白皙,平时戴着金丝眼镜显得很斯文,可到了冰场上就像一只猛虎,本届冬奥会,任子威作为老将,"冰上尖刀"的作用发挥出色。

短道速滑是危险项目,很刺激,他拿了冠军后激动不已,心里不想让自己兴奋,可是精神处在亢奋中,睡不好觉。他的膝盖劳损,全项目参赛消耗太大,他与队友磨合、交流,保持竞技状态。他是中国短道速滑队唯一一个短道速滑5个项目全部参赛的运动员。

从小离家在外训练,一年中与父母团聚的日子屈指可数,他对父母充满愧疚。冬奥会后他回家乡探望父母,正值哈尔滨疫情严峻,他报名当防疫志愿者，维持核酸检测秩序，给家乡的父老乡亲捐赠口罩、眼罩、防护服等防疫用品。他的父亲是老党员，父亲转业后在哈尔滨税务局工作，对他要求严格。他积极要求入党，2022年9月27日入党转正，9月30日作为运动员的优秀代表参加了在人民大会堂举办的国庆招待会，他第一时间向父母报喜，得知儿子这么有出息，哈尔滨的家中充满了欢乐。

任子威在世界杯短道速滑比赛中夺得冠军，他觉得自己没有哪个项目是最强项，也没有哪个项目是弱项，比较平均，综合实力很强，所以全项目参赛。为此他控制伤病，每天都要训练。

回顾自己走过的道路，哈尔滨南岗区业余体校的王北铭教练、哈尔滨短道速滑队的李昌勋教练、国家队的李琰教练、国家队的韩国的金善台教练，各个时代的教练都是他的恩人，是他一路走来最感恩的人，都在他不同的年龄段起到引路人的作用。他的父母是他坚强的后盾，一如既往地支持他。每天正常的训练节奏，4年的备战一直在坚持，不能停。北京冬奥会他拼尽全力，身体严重透支，心理疲惫。

任子威喜欢看加拿大短道速滑运动员查尔斯·哈梅林的比赛。查尔斯·哈梅林的父亲是加拿大短道速滑国家队的主管，他的弟弟是加拿大国家队的队友。他的成绩非常好，2009年，就创造了短道速滑男子1000米的世界纪录。2010年的温哥华冬奥会，他拿到了两枚金牌，在家门口大放异彩；2014年俄罗斯索契冬奥会又获得了一枚金牌。任子威从小就崇拜查尔斯·哈梅林，把他当成自己的偶像，憧憬着有朝一日也能像他那样为国争光。

2022年北京冬奥会，查尔斯担任加拿大运动员代表团开幕式旗手，这是他第四次参加冬奥会。任子威与自己的偶像同台竞技，查尔斯比任子威大10多岁，还在拼搏，并在北京冬奥会上荣获男子短道速滑5000米接力冠军。任子威与查尔斯经常在赛场相遇，他告诉查尔斯："我小时候看过您的比赛，崇拜您，还跟您合过影。"任子威找到小时候与他的合影，查尔斯送给他新照片，并亲切地说："你现在长大了。"

任子威很开心，他觉得奥林匹克的意义除了更高、更快、更强，还有更团结。作为运动员，应该与各国运动员加深友谊，为世界人民大团结做出贡献。

任子威喜欢打游戏、看小说、听民谣音乐、看篮球赛。他上初中时篮球就打得好，喜欢看美国职业篮球运动员勒布朗·詹姆斯打球，但是自己现在一打篮球就习惯性崴脚，为了滑冰不敢去打篮球。他常年专注滑冰训练，持之以恒。

2022年夏天，短道速滑国家训练营开营，随着2026年米兰—科尔蒂纳丹佩佐冬奥会备战周期开启，北京冬奥会短道速滑冠军任子威回到熟悉的训练场，开始了新的备战，他继续与队友一起拼搏，一起去冲击金牌。

任子威的梦想是做中国的冰上尖刀，他在我的笔记本上写道："不是每4年，而是每一天。"

多么富有哲理的话，作为一名冰坛老将，是中国队的主心骨。短道速滑的竞争越来越激烈，做一个优秀运动员，他不是每4年去拼搏，而是每一天去拼搏。他坚信只要抓住每分每秒，坚持训练，金色的梦想一定会在米兰冬奥会上闪耀。

冰上尖刀任重而道远，我期待着。

一鸣惊人苏翊鸣

首钢滑雪大跳台，这是一个我亲眼看着建设起来的冬奥建筑，从这里还是一个大坑开始，我就在这里采访；这个冬奥建筑第一次向世人亮相，我也在现场目睹了她的芳容。

2022年2月15日下午，这里迎来了一个不满18岁的青年才俊，这天是北京冬奥会单板滑雪男子大跳台项目决赛，这个青年站在大跳台顶端，身披阳光遥望东方，他看到了中国尊，看到了群明湖，看到了跳台下"苏翊鸣加油"的标语。他出色地起跳、空翻，最后一跳起飞后立刻抓板，像旋风一样稳稳落地，他矫健的身影背后是北京冬奥会会徽的"冬"字，这个夺取金牌的人就是中国单板滑雪选手苏翊鸣。

我非常喜欢有思想、有成就、有个性的运动员，为了了解苏翊鸣的内心世界，我采访了时任吉林市教育局体卫艺处处长林颖、吉林市松江东路小学校长秦芳敏与教师何玲，看到了自古英雄出少年的铁证。

吉林市是我多次采访过的城市，苏翊鸣2004年出生于吉林省吉林市，美丽的松花江呈一个S形在这座城市穿城而过，他依傍着松花江长大，雾凇是他的朋友，滑雪场是他的伙伴。

苏翊鸣进入吉林市万达实验小学读书，上小学三年级时，何玲老师接手这个班。她发现苏翊鸣是一个活泼可爱的学生，有时候很淘气，聪明机敏又有号召力，对学习有着浓厚的兴趣，上课特别专注，目不转睛地盯着老师的脸，特别愿意举手发言，不懂就问。他是个典型的孩子王，单眼皮，薄嘴唇，小脑门里充满着无尽的想象。他走起路来器宇轩昂，是一群孩子中最靓的那个小男孩儿。他与同学相处时真诚待人，爱交朋友，愿意帮助别人。由于接受过滑雪训练，他一说起滑雪眼睛就直放光，告诉同学滑雪时应该怎么保护自己，传授给他们很多宝贵经验。

他外出演电影，一落就是两个月的课，何玲老师耐心地给他补课，他举一反三，一点就通，半个月就把课补回来了。他担任班长，帮助老师维持课堂秩序，是班里的小领头羊。有时候老师开会，就让他管理班级，他领着同学们读书，深受大家喜爱。有的小童星容易骄傲自满看不起同学，但苏翊鸣却没有这些坏毛病，他永远是同学们心目中的暖心人。课间休息，他站在领操台上对同学说："我能从领操台翻跟头，我翻给你们看。"说着，一个跟头翻越而下。

他的学习成绩名列前茅，数学、语文、英语样样优异，学校规定期末考试每个班3个学习成绩优秀的学生可以免试，每次苏翊鸣都是免试者。他参加过很多滑雪比赛，取得的好成绩激励着他。他小小年纪就对何玲老师说："我很想成为冬奥会冠军。"

在吉林市北山，我见到了防空洞改造的雪场。这是亚洲首座、世界第四的室内越野滑雪场，是一座具有国际水平的四季全天候、标准化室内越野滑雪专业训练场地，也是国家体育总局备战北京2022年冬奥会重点工程，可以全年开展越野滑雪和冬季两项训练比赛。过去一到夏天，中国的越野滑雪和冬季两项冰雪运动员都到外国训练，现在有了自己的训练场地，每年五六月份进驻雪洞，一直练到自然雪下来，一年365天都能在雪上练习。

随着北京冬奥会的临近，吉林市这座著名冰雪运动城刮起了冬奥"热风"，吉林市有那么多的雪场，适合不同水平的人练习滑雪，吉林市的每个中小学生都能掌握滑雪技能，享受到吉林市中小学生冰雪运动普及工程。该市将冰雪运动纳入中小学体育课，将中小学生带到了各大滑雪场上滑雪课。每周的4节体育课变成一节大课。小学五、六年级，初中一、二年级，高中一、二年级的学生，由学校统一组织，雪场提供滑雪教练、雪镜、雪鞋、雪板等滑雪装备，按照一个教练教10～15个孩子的比例，组织学生到滑雪场学习高山滑雪。

苏翊鸣生活在热爱冰雪运动的吉林市，他的父亲苏群酷爱滑雪，为了兼顾滑雪的爱好，又不耽误照顾儿子，他就把童年的苏翊鸣带到滑雪场教儿子滑雪，没想到这个嘎小子一见到雪就兴奋，吉林市得天独厚的雪资源给他们的滑雪带来了便利。

在人生道路上，父母是孩子的第一任老师，苏翊鸣的父亲苏群和母亲李蕾是中国最早一批单板滑雪爱好者。他4岁就跟着父母到雪场滑雪，当时国内不容易买到儿童滑雪板，苏翊鸣使用的是成人滑雪板，比他的个子还要高。苏翊鸣的滑雪从摔跤开始，4岁的小男孩一次次地摔倒，又一次次顽强地爬起来。开始只是玩，直到看到平昌冬奥会上美国运动员肖恩·怀特在雪场自由自在地滑翔，退役之战最后一跳夺冠，他特别羡慕，憧憬着有一天自己也能站上冬奥会的最高领奖台。父亲鼓励他说："你的时代也会到来！"

他开始在滑板公园里训练，虽然只能飞一些小的跳台，腾空的时间很短，但他特别喜欢在空中的感觉。吉林市的孩子是有福的，无处不在的滑雪场给孩子们提供了滑雪的良好条件。他最初在鸣山绿洲滑雪场滑雪，后来，长白山万达国际度假村滑雪场、松花湖滑雪场、北大湖滑雪场、北山四季越野滑雪场、万科滑雪场都留下了他的身影。

他的启蒙老师是"中国单板第一人"王磊。王磊让苏翊鸣来到北京滑雪青训营训练。他学东西专注，不怕吃苦，模仿能力强，很快就显示出滑雪天赋，崭露头角，多次在全国青少年滑雪比赛中获奖，父亲把他的奖状挂在家里的墙上。电影《智取威虎山》在拍摄时需要一个会滑雪的小男孩儿，导演徐克选中了苏翊鸣，他在剧中扮演小栓子，年龄合适，滑雪技能也无懈可击，受到剧组欢迎。演电影对于一个孩子来说充满了诱惑，接连演了几部电影，他觉得很过瘾，但是为了心中的梦想，他毅然暂别了演员梦。

他觉得决定自己一生的不是能力，而是选择。2015年，北京冬奥会申办成功，11岁的苏翊鸣的心活泛了：立志在家门口参加冬奥会。参加冬奥会必须参加职业比赛打积分，12岁时，中国单板滑雪大跳台及坡面障碍技巧队组建，两年之后，14岁的苏翊鸣入选单板滑雪国家集训队。他发自内心地热爱单板滑雪，一天练习七八个小时，对别人来说是折磨，对他来说是享受。成才不自在，自在不成才。苏翊鸣刚刚开始职业训练，就遭遇重挫，尤其是挑战新动作时，风险随之而来。2017年，他在跳台训练时小腿骨折，但依然没有动摇他热爱滑雪的决心。他坚定地说："我在单板滑雪上可以体会到其他项目从来都体会不到的快乐。我领悟出一个道理，那就是努力永远不会欺骗人。我完全专注，努力付出我的全部，去完成一个又一个的目标。"

2018年，日本的佐藤康弘受邀担任单板滑雪坡面障碍与大跳台中国队主教练，苏翊鸣入选国家集训队，跟随著名教练佐藤康弘刻苦训练，成绩突飞猛进。2018年全国锦标赛，他获得了很好的成绩。他非常尊重教练，经常与教练微信互动，互相祝福，每次上场前都要与教练拥抱，佐藤康弘深切地感受到苏翊鸣对自己的信任和尊重，这是中国的传统美德。将心比心，他竭尽全力把绝招儿教给苏翊鸣，苏翊鸣觉得佐藤康弘改变了自己的人生。

2021年10月，苏翊鸣在奥地利训练中，成功完成单板滑雪内转五周半1980度抓板的超高难度动作，成为全球首个完成该动作的运动员。2022年1月22日，吉尼斯世界纪录宣布苏翊鸣以该动作创造了新的世界纪录。1980动作是苏翊鸣的撒手锏，也是他的绝技和制胜武器。

2022年1月24日，国家体育总局冬季运动管理中心主任倪会忠在对中国体育代表团运动员的讲话中提出：苏翊鸣的单板滑雪坡面障碍技巧和大跳台要敢于打破欧美选手垄断的局面，以横空出世的姿态彰显中国新一代青年的冲劲儿、闯劲儿，让青春风暴闪耀冬奥赛场。

偶像的激励、对单板滑雪的热爱、不懈地努力支持着苏翊鸣走向北京冬奥会冠军领奖台。2022年2月7日，在张家口崇礼云顶国家滑雪公园举行的单板滑雪男子坡面障碍技巧决赛中，赛道的壮美吸引了众多人的眼球。北京冬奥会坡面障碍技巧赛道融入了长城元素，打造出一条极具难度和挑战的雪长城，其中屋檐道具上的中式瓦片造型更是令人印象深刻。这项运动从完成度、难度、腾空高度、多样性和技术进步5个方面打分。

苏翊鸣出场了，第一轮他用了两个1620的连接，独特的上房檐的动作，落地非常稳定，78.38分，跳完后他面对镜头比心；第二轮他在"雪长城"造型的场地上不断挑战高难度，跳了1800五周转体动作惊艳全场，88.70分；苏翊鸣开始第三轮滑行，又跳了一个1800动作，88.70分，荣获单板滑雪男子坡面障碍技巧亚军，创造了中国队在该项目上的冬奥历史最佳成绩。

苏翊鸣在单板滑雪坡面障碍技巧中发挥出色却遗憾错失金牌，倪会忠主任第一时间与队伍和苏翊鸣本人通电话助其稳定心态，向中国冰雪队伍发出贺信，鼓励其再接再厉做好后续参赛准备工作。

2月15日，在首钢园举行单板滑雪大跳台决赛，倪会忠主任专程到首钢基地看望和鼓励苏翊鸣及其教练和团队，最终苏翊鸣在大跳台比赛中延续了自己在坡面障碍技巧比赛中的良好状态，以前两跳高难度动作的完美发挥赢得了金牌，他没有辜负全国人民的厚望。在北京冬奥会单板滑雪大跳台决赛上横空出世，第一跳他跳的是外转1800动作，加了一个抓板尾动作，在空中旋转5周，时间展示充分，体现出自己的风格，得分89.50；第二跳他再次跳内转1800动作，腾空高度8.49米，落地稳健，得分93分，这两个高难度动作使他锁定金牌，他当即向全场观众致意。

自古英雄出少年，苏翊鸣小小年纪付出了艰辛的努力，在北京冬奥会雪上项目上为中国队夺得一金一银，成为冬奥会历史上最年轻的单板大跳台冠军以及首位赢得冬奥会单板滑雪金牌的中国运动员。

夺得冬奥会金牌后，他仍然惦记着家乡的父老乡亲。他捐赠给母校三年级二班的全体同学50块滑雪板，因为何玲老师是从三年级二班接手这个班的，他忘不了何老师对自己的培养。他还自费买雪票赠送给学校。他还给学校写信并录制视频，鼓励同学们参加冰雪运动。

苏翊鸣就读的小学改名为吉林市松江东路小学，他知恩图报，受伤后回吉林市养伤，回学校看望老师和同学。他给学校录制了视频，他在视频里说："松江东路小学的学弟学妹们，你们好！我是你们的校友苏翊鸣。如今我们的学校转为公立，相信你们会更加珍惜在校的美好时光。12年前，我和你们一样迈着欢快的步伐踏入了这所学校，在教室里认真地学习，在操场上快乐地玩耍，最后我要衷心感谢学校对我的鼓励、支持与培养，希望大家好好努力，朝着自己的梦想前进。"

2022年3月，苏翊鸣向家乡吉林市捐赠了1万件防护服。

2022年4月，苏翊鸣捐赠了自己参加北京冬奥会时穿过的比赛服，是那件见证他夺冠、陪伴着他走向最高领奖台的黑金祥云滑雪服。

2022年8月13日，苏翊鸣参加了"国际特殊奥林匹克新晋区域大使发布会"，获得国际特奥会的委任成为特奥东亚区大使。

热爱是最好的老师，只有天空才是苏翊鸣的极限，他很享受比赛，用实力向世界展现中国新时代青年人的形象。

国旗班赠送的五星红旗

2022年1月25日清晨，国家体育总局冬季运动管理中心组织在京的队伍到天安门观礼台看升国旗，中央电视台同时向全球播放中国体育代表团誓师出征的仪式。当时，天安门广场国旗班决定把这面当天升起的国旗赠送给中国体育代表团，倪会忠主任非常激动，捧着这面国旗进了冬奥村，放到中国队的团部办公室，每次冬奥队伍出征前都在这面国旗下宣誓，领导与运动员一起合影，为运动员加油。

隋文静和韩聪的花样滑冰决赛是中国队在本届冬奥会最后一个冲金点，好多人不敢看。比赛时俄罗斯三对选手势均力敌，倪会忠把这面国旗放在主席台的指挥位置上，心里盘算如果隋文静和韩聪拿到了冠军，就把国旗拿到观赛席。这枚金牌不是普通的金牌,其意义是中国队在北京冬奥会上金牌名列前三甲,金牌总数超过美国。隋文静和韩聪不负众望夺冠,倪会忠将巨幅的五星红旗在首都体育馆展开,全场观众起立,齐声高唱《歌唱祖国》,真令人激情澎湃,四海归心。

金风送爽,秋菊飘香,2022年国庆前夕,升旗仪式在国家体育总局冬季运动管理中心广场进行,高亭宇是升旗手,宁忠岩、张楚桐是护旗手,五星红旗冉冉升起,倪会忠主任站在前排,

高亭宇等人参加升旗仪式

韩聪、任子威、齐广璞、隋文静等人站在他的旁边,倪主任带领队伍向国旗致敬。

我站在旁边观看升旗,感觉自己置身在一个巨大的能量场里。我突然醒悟:中国体育代表团能够在北京冬奥会上打翻身仗,正是因为他们把五星红旗装在心里,祖国在他们心中,为祖国而战。

三亿人上冰雪

昔日,中国的冰雪运动不进山海关,申冬奥成功以来,我们克服南北气候差异明显、冰雪资源分布不均、设施服务尚不完善等不足,全面实施冰雪运动"南展西扩东进"和"四季拓展"战略,创新扩大冰雪运动产品和服务

供给，完善建立冰雪运动普及推广体系，打破了冰雪运动时空局限。冰雪运动参与人群已从小众走向大众，参与空间从地区走向全国，参与时间从冬季变为全年。冰雪运动不仅走进山海关，还迈过秦岭淮河，实现全国覆盖，群众冰雪运动发展迈上新台阶。特别是北京冬奥会、冬残奥会的成功举办，极大地激发了亿万人民的冰雪热情，推动了我国冰雪运动跨越式发展。《"带动三亿人参与冰雪运动"统计调查报告》显示，全国冰雪运动参与总规模在2021年10月达到3.46亿人，居民参与率达到24.56%。冰雪运动在大江南北、长城内外呈现出前所未有的发展活力和潜力，"带动三亿人参与冰雪运动"从愿景变为现实。

作者采访黑龙江省冰雪运动学校副校长王晓影

采访冰雪运动员，经常听到他们谈到"冰点儿"这个词，由于当年我国室内冰场少，白天的时间要给专业运动员训练，很多小学生都要半夜三更去上冰。冬奥冠军任子威告诉我，他练习滑冰时经常凌晨5点上冰；冬奥冠军王冰玉告诉我，她练冰壶时，哈尔滨只有道外区的八区体育场有两块冰可以训练，冰场非常抢手，有时候轮到后半夜2点至5点上冰；有的运动员还要跨市训练。现在，我国的冰场、雪场设施有了质的飞跃，全国有1400多个室内冰场，我亲眼看到长春的小学生晚上放学后到专业运动员训练的长春市冬季运动管理中心滑冰场滑冰；亲眼看到吉林市的中学生白天体育课到专业运动员训练的吉林市北山四季越野滑雪场练习越野滑雪。在四季如春的海口市，就有奥林匹亚溜冰场、全明星滑冰俱乐部溜冰场、长乐冰城、冰纷真冰溜冰场等，周末和假期，家长带着孩子去滑冰；学校和社会的轮滑队也开展得如火如荼，从海口的钟楼到西海岸修了专门的旱冰道、跑步道、骑行道，三条道并驾齐驱，足足有13公里，家长可以骑车

第一章　体育健儿迎双奥

作者采访哈尔滨冰球运动员

作者采访少年轮滑队员

或者跑步陪同孩子沿着海边滑旱冰。

　　国家体育总局冬季运动管理中心以"百城千冰"计划为牵引，推动各地建设了一批群众性冰雪场地设施。北冰南展，西扩东进。冰雪运动不仅在北方冰雪运动强省蓬勃展开，而且向南方推进。比如冰球，黑龙江省齐齐哈尔市有很多冰球教练，并出台了《教练员有偿输出办法》，与重庆、长沙、成都、石家庄等城市签约，齐齐哈尔的教练员到这些城市教冰球，在训练的过程中，促进了当地冰球运动的发展。齐齐哈尔冰球队还派教练和运动员参加全国性比赛，给重庆队冠名。我在齐齐哈尔见到上海女子冰球队在那里训练，也见过齐齐哈尔冰球队教练到吉林省吉林市指导冰球训练，齐齐哈尔已经成为全国冰球运动的摇篮。

　　北京冬奥会上，中国冰雪不仅取得了竞技成绩上的巨大成就，还向全世界贡献了只有中国才能创造的"带动三亿人参与冰雪运动"这一丰厚奥运遗产，世界冰雪运动版图得以改变。国际奥委会主席巴赫赞叹道："只有在中国，才能实现这样一个愿景，可以说是打开了一个新的纪元，不仅是对于中国冰雪运动，对全球冰雪运动都是如此。"

　　如今，三亿多人的冰雪运动热情正推动着全民健身迈向新的格局，推动世界冰雪运动发展迈向新的台阶，在建设体育强国的征程上注入了冰雪力量。

五星五环两相映

体操王子的传奇人生

2007年岁末,在河北省香河县的天下第一城,体操王子李宁接受了我的独家采访。他身穿一件墨绿色的毛衣,黑色的背心,下着一条米色的裤子,显得很酷。但从他进门的第一瞬间,我一眼就看到了他的少许白发,这白发见证着这位昔日风靡世界的体操王子的沧桑岁月。当年那个帅哥已经青春不再,代之而起的是一个沉稳老练、运筹帷幄的商业大鳄。

这是一张典型的岭南人的脸,肤色微黑,眼睛略微往里抠,却炯炯有神。交谈时他的神情很专注,双手习惯性地握在一起,时而微微皱眉,时而侃侃而谈。

当我和他敞开心扉天南海北地聊天时,我发现他大大的眼睛里充满了睿智。他很机智,也很率真,这是一个有着全球眼光和世界胸怀的人。

他生来是要拿第一的,当年作为体操运动员,他刮起的李宁旋风就让世界为之震撼;后来,他下海经商,做出的体育品牌又让世人为之惊叹。他为什么要约我到天下第一城?难道这"第一"两个字冥冥中预示了他的人生轨迹?他作为一位中国奥运冠军创办了企业,当奥运会来到中国的时候,他究竟为奥运会做了些什么？

1963年9月8日，李宁出生在广西柳州，父亲给他起名为李宁，希望儿子健康安宁。

儿时的李宁很淘气，有一天，自治区体操队的梁文杰教练来学校挑体操苗子。看了一圈都不满意，正当梁教练大失所望准备打道回府之际，他被正在那里玩耍的小李宁所吸引，梁教练选中了李宁。

李宁对体操有一种特殊的悟性和超人的灵气，8岁半练体操，10岁就在全国体操比赛中荣获少年自由体操冠军，亚军的年龄比他整整大6岁。13岁那年，李宁的右臂肘关节增生，医生敲碎了他的肘关节，取出了3块碎骨头，再缝合好。李宁带着伤痛坚持训练，不管多疼多累，他都咬牙坚持，从不叫苦叫累。他的训练成绩似芝麻开花节节高。1980年，17岁的李宁入选国家体操集训队。

李宁不负众望，一年之后就在第十一届世界大学生运动会上荣获自由体操和鞍马冠军，夺得个人全能第五名。1982年12月22日，在南斯拉夫的萨格勒布市举行的第六届世界杯体操赛上，李宁一人独揽男子自由体操、单杠、跳马、鞍马、吊环和个人全能6项冠军。

1984年，出征洛杉矶奥运会之际，李宁对队友说："中华民族曾经无比优秀地挺立在世界民族之林，今天怎么能甘于接受那些如刀似剑的冷眼？"洛杉矶格外青睐这位英俊的中国小伙子，他在自由体操、鞍马和吊环比赛中一人独得3块金牌。此外，还荣获两银一铜，即男子团体银牌、跳马银牌和全能铜牌。他是本届奥运会夺得奖牌最多的中国运动员，被誉为"力星之塔"和"令人倾倒的小巨人"。

李宁的微笑风靡了世界，胜利时他的脸上挂着灿烂的笑、阳光的笑；动作不到家时他的脸上挂着腼腆的笑、羞涩的笑；李宁赢得大满贯时他的脸上挂着骄傲的笑、自豪的笑。

李宁的微笑征服了世界，他为中国体操而生，为中国体操而战，他创造了一个属于自己的时代，他是一位当之无愧的民族英雄。

1987年，李宁作为亚洲区的唯一代表，成为国际奥委会运动员委员会委员。

体育比赛讲究见好就收，如果李宁就此住手，那么他留给世界的将永远是成功的欢呼声和阳光灿烂的微笑。可是，当1988年汉城奥运会来临之际，当祖国需要他为之拼搏时，他义无反顾地披甲上阵，在汉城奥运会上成为第一个参加火炬接力的中国运动员。25岁已经是体操运动员的极限年龄，他原本不打算参加这届奥运会，只是为了实现心中的梦想才孤注一掷，但25岁的高龄体操运动员李宁从吊环上掉了下来。

汉城奥运会归来的李宁觉得无颜见江东父老，正当委屈、冤枉、指责一股脑儿向他袭来之际，一个中国商人托起了他的臂膀。他叫李经纬，是广东健力宝公司的董事长，他热情地邀请李宁加盟健力宝公司，给自己当助手。李宁是一个感恩的人，在诸多选择中，李宁毫不犹豫地把自己生命的航船驶向了位于广东省三水的健力宝公司。

回顾往事，李宁对我说："汉城奥运会的失败对我来说有更丰富的意义，没有那次失败，也许就没有今天的李宁牌，也不会有其他更多的收获。"

多年的体操训练使李宁养成了一种求真务实的作风。他虚心拜李经纬为师，刻苦钻研商道，兢兢业业呕心沥血，终于辅佐老总把企业越做越大。

当一年之后的健力宝滚成一个大雪球时，李宁提出了自己的战略构想：我是搞体育出身的，我想成立一所体操学校。

李经纬又一次支持了他：你不仅要搞体操学校，而且应该成立一所体育用品公司，就拿你的名字命名！

1990年，李宁体育用品公司正式成立。几个年轻人在一起想了一个品牌标志。外形是一个大大的英文字母L，下面那条长长的松鼠尾巴格外引人注目。松鼠的平衡性特别好，体操运动员讲究平衡性。这条尾巴既像一团跳动的火焰，又像一面舞动的旗帜。

创业之初，李经纬慷慨地投资1600万元作为广东李宁体育用品公司的启动资金。走马上任的李宁有两个心愿：一是打造一家出色的公司，二是建立一家体操学校。

李宁把自己的聪明才智全部投入到商品大潮的搏击中。他的公司做三大块业务：一是运动服装，二是鞋子，三是配件。他像对待体操训练那样对待经商。他当过运动员，最晓得运动服装的利弊，服装的材料、面料是很讲究的，如果把服装材料、面料、设计、功能作为一条产业链，那么源头要从种棉花开始，每个环节都要一丝不苟。李宁说经商讲究一个"诚"字，讲究认真。李宁瞄准了世界一流品牌，从面料、材料和设计，都找一流人才来操盘。他聘请了美国和中国的著名设计师联手设计。经过18年的探索，已初步形成了代表中国的、具有东方元素的国际体育用品品牌公司。

美国权威市场研究机构《体育用品情报》统计了全球体育用品行业中94个上市公司在2007年底的市值。李宁公司在世界综合性体育用品商的排名中超越ASICS，位列第四。

无论是在做运动员期间，还是在退役后创办企业，李宁都得到了社会各界的大力支持。因此，他积极从事社会公益事业，既是一份责任也是一份义务。

2006年，他设立了"一起运动"全国贫困地区体育师资公益培训项目，大力推动我国中小学体育教学的发展。如今该项目已经在山西、四川、云南、广西等地培训体育教师达到870名，今后仍将持续开展。

李宁作为慈善医疗活动"健康快车"的形象大使，从2004年到2006年，李宁公司连续3年向"健康快车"项目实施捐款，资助金额累计达到2100万元，以求让更多的白内障患者获得新生。

2005年8月，李宁公司发起爱心捐款倡议书，号召公司全体员工参加李宁希望小学的捐款活动，每年建两所小学。李宁公司已经完成3所希望小学建设，另有两所小学正在筹建中。

激情是创造力的源泉，李宁是一个富有激情的人，对体育的激情使他以不懈的努力和顽强的拼搏夺得了106块金牌，当选为50年来最杰出的体操运动员；退役之后，对做体育文化产业的激情使他创造出了中国第一体育品牌。李宁是中国体育史上的一个传奇人物。中国没有任何一个人像他那样在体育界和商界都取得了如此巨大的成就。

正当李宁在事业上如日中天时，他选择了艰难的求学之路，到北京大学法学院读书。

法学对人的逻辑思辨能力和组织能力有着至关重要的培养作用。在北大法学院，李宁是个用功的学生。他基础不好，但特别刻苦，尊重师长。大三期间，李宁报考了北京大学光华管理学院EMBA。

李宁公司在北京发布了2008年奥运战略。作为从1992年开始伴随中国奥运征程的见证者，李宁公司备受期待的奥运战略以"英雄"为主题，并重点公布了"英雄团队""英雄手势""英雄荣归"三大重要计划，彰显其作为中国体育品牌领跑者的战略智慧与世界胸怀。

我问李宁如何理解英雄的含义，他说："我认为，英雄首先是一个普通的人。他们就像你一样，有欢乐也有烦恼，有成功也有失败。唯一不同的是：他们付出了更多的努力和汗水。其实，每个人都可以成为英雄。不一定要得奥运金牌，不一定要破世界纪录，只要能为了心中的目标而努力，超越自己，你就是真正的英雄。就如同王励勤、张怡宁、杨威、程菲、郭晶晶等奥运英雄的点点滴滴。希望每个人都能从中受到一些启发，为了自己心中的目标而努力。"

2001年7月，李宁公司荣获"中国奥委会战略合作伙伴"称号，成为中国奥委会最高级别赞助企业，搭上了奥运经济的早班车。

李宁没有忘记那些运动员兄弟。2001年，他与蔡振华、李永波、熊倪等运动员、教练员一道发起成立了中国运动员教育基金会，对现役及有意参与国际体育组织工作的退役的优秀中国（包括港澳台地区）运动员和教练员，提供外语技能、体育管理、教育进修、创业等知识培训的资助或协助。截至2008年1月，已有31个运动队的424名运动员及教练员接受英语课程的培训，培训班遍布海内外。

此次发布的2008年奥运战略中，尤为值得关注的是"奥运英雄荣归计划"这一项。李宁联手中国运动员教育基金会和中国青少年基金会，为射击、乒乓球、跳水及体操4支中国国家队中在2008年奥运会获得金牌的运动员的家乡捐建一所以运动员名字命名的希望小学。资助教育，这是比品牌和技术更长远的投资，李宁公司借此向公众传达出一种企业文化和姿态，彰显其回报社会的责任感和使命感。

从1992年起，"李宁"装备成为自第二十五届到第二十八届奥运会中国运动员指定领奖装备，开创了中国运动员在奥运会上使用自己国家体育用品的历史。2000年悉尼奥运会上，以中国龙图案为主题的李宁牌领奖服和源于自然灵感的蝴蝶鞋，在各国记者的投票中名列前茅，被誉为"最佳领奖装备"。

北京奥运会前夕，李宁先是与国际奥委会接洽，希望能够成为2008年北京奥运会的服装赞助商。在败给阿迪达斯公司后，他又积极与西班牙国家队和瑞典国家队接洽，最终成为这两个队服装的赞助商。在2008年北京奥运会上，李宁公司还赞助坦桑尼亚、苏丹等国家的运动队，此外，他还与中国乒乓球、体操、跳水和射击4支"梦之队"签约，赞助西班牙、阿根廷两支篮球世界冠军队，以及苏丹田径队、埃塞俄比亚的特罗萨等运动资源组成的"英雄团队"，携手在2008年北京奥运会上共创辉煌。李宁公司还签约了篮球、足球、跑步、网球等著名运动员和团队。

2008年8月8日，作为2008年北京奥运会的最后一棒火炬手，李宁在鸟巢举办的北京奥运会开幕式上化作空中飞人在空中漫步绕行鸟巢一周点燃圣火。李宁是体操运动员，形体健美，他的"夸父逐日"令人印象深刻，既象征着中国人对奥运梦的百年追逐，又代表着人类对奥林匹克理想的不懈追求。他激动地赞叹道："非常精彩，很有创意，完全超出了我们的想象。""它展现出来一个五彩缤纷的世界，真的是太棒了！"

2018年，"中国李宁"登上纽约和巴黎时装周，成为首个在主流时装周亮相的中国运动品牌。2021年，他在李宁服装上标出"面料采用新疆长绒棉"的字样；他热心公益，仅这一年李宁集团就与"非凡中国"共同向河南的灾民捐赠1000万元现金和价值1500万元的物资。

训练场上的郭晶晶

2007年一个秋日的午后，我来到国家体育总局跳水训练馆采访被誉为世界跳水"梦之队"的国家跳水队，只见一群男女运动员在蓝色的垫子上练习跳跃，有的运动员趴在垫子上，队医在给他们做按摩。一个扎马尾巴辫，身穿紫红色T恤衫、蓝色李宁牌运动短裤的女运动员站在地板上，拼命地向四层高的垫子上跳跃，她是谁，怎么有点面熟？定睛细看，原来是大名鼎鼎的"跳水皇后"郭晶晶。

过了一会儿，她站在垫子前，无力地趴在那里，马尾辫向右边疲倦地耷拉着。过去我总是看到她在跳台上风光无限，在广告中神采飞扬。生活中的郭晶晶比屏幕上要显得瘦小，她的双脚踝关节和右脚脚板都缠着厚厚的纱布。看到她汗水涔涔的背影，我的心不由得一阵战栗。

梅花香自苦寒来，哪个世界冠军不是苦练出来的？然而有了实力，在奥运会这种世界大赛中也未必能够夺冠。这些顶尖级运动员为什么在世界大赛中有人超水平发挥，有人大失水准？关键时刻谁主沉浮，拼的就是心理素质。

郭晶晶是迄今为止参加奥运会次数最多的中国跳水运动员，也是迄今为止在奥运会上得分最高的中国跳水运动员。她有很多伤痛，采访时的比赛中她的手还缠着纱布，是什么原因促使她咬牙坚持了十几年？她说："是我对跳水事业的热爱。"

训练间隙的郭晶晶与队友

郭晶晶在比赛中心理素质极好，她总是以笃定的心态出现在赛场。我端起相机拍摄了郭晶晶的背影，心中涌出了深深的感动。这是15年前的照片了，至今看来，仍然历历在目，难以忘怀。郭晶晶对中国跳水运动做出了巨大的贡献，她在成才的道路上经过了顽强拼搏，付出了艰辛努力，天才在于勤奋，她的夺冠实至名归。

从奥运冠军到奥运"村官"

2007年，我到国家体育总局乒乓球训练馆采访，看到国家队运动员在训练，球台旁堆满了白色的乒乓球，他们挥汗如雨地练球，顽强地拼搏，每个人的运动服都是汗水淋淋，仿佛从水里捞出来似的。我终于明白了中国乒乓球队为什么能够蝉联世界冠军，那是因为他们付出了比别人更多的努力。

中国获得世界乒乓球冠军的有容国团、庄则栋、徐寅生、李富荣、马龙、王楠、王励勤、邓亚萍、丁宁、马琳、樊振东、刘诗雯、张怡宁、郭跃、刘国梁、李晓霞、陈梦、孙颖莎、王曼昱等116位之多，这些运动员是我国乒乓事业能够由弱到强、持久昌盛的力量传承者。

2008年的一个春日，在奥运北京数字大厦里，我见到了久负盛名的邓亚萍。眼前的邓亚萍留着一头时髦的短发，头发略经漂染，穿着一件米黄色的衣服，佩戴一串银质的项链，显得精明干练。当年那个扎着两个小辫子、在乒乓球台前虎虎有生气的"假小子"已经成为遥远的记忆，取而代之的是一个成熟干练、聪慧文雅的知识女性。

为乒乓球而生

邓亚萍的父亲曾是河南省乒乓球队的主力，拿过中南五省男子单打冠军，退役后在河南省乒乓球队担任男队主教练。

邓亚萍2岁时，天天被爸爸带到工人文化宫看打球，5岁时，父亲开始教她打球。多年的耳濡目染使小亚萍第一次拿起球拍就有模有样，父亲给她发来一个和平球，她一下子就接住了。父亲惊讶地发现，女儿虽然个子不高，却对乒乓球有着惊人的悟性。

女儿在乒乓球上表现出的灵气令父亲惊讶。但因为身高，体校把她拒之门外，可倔强的邓亚萍就是不死心。于是，父亲决定自己教她打乒乓球，把自己多年摸索出来的技艺毫无保留地传授给她。邓亚萍也非常争气，她的坚忍执着让她很快在同龄人中脱颖而出，10岁就在河南省少年乒乓球比赛中获得团体和单打两项冠军。在她的坚持和努力下，1983年，10岁的邓亚萍离开家来到了郑州市乒乓球队。她仿佛是为乒乓球而生，只要一站在乒乓球台前，就放射出耀眼的光芒。1986年，13岁的邓亚萍荣获全国乒乓球锦标赛女子团体冠军，第二年入选国家青年队。

1988年，15岁的邓亚萍再次获得全国青年乒乓球女子单打冠军，如愿以偿进入国家队。每天早晨8点，她会到乒乓球馆练球。上午练3个钟头，她左右腾挪，挥汗如雨，不一会儿全身就湿透了。每隔一个钟头，她就要换一件T恤衫。中午结束训练时，她站在队尾，短裤滴答滴答往下滴汗，不一会儿脚底下就被汗水洇湿了一圈。下午，别人是5点多结束训练，她却要多练一会儿。据张燮林教练统计，邓亚萍每天接球打球1万多个。

她的努力最终使她收获了硕果。1989年，邓亚萍和乔红搭档，荣获世界乒乓球锦标赛女双冠军。1992年巴塞罗那奥运会上，19岁的邓亚萍与乔红这对黄金搭档一举夺得女子双打比赛金牌，两天之后，邓亚萍夺得了女子单打金牌。1996年亚特兰大奥运会，邓亚萍和乔红成功卫冕乒乓球女子双打冠军，两天后，邓亚萍再次在女子单打决赛中折桂。

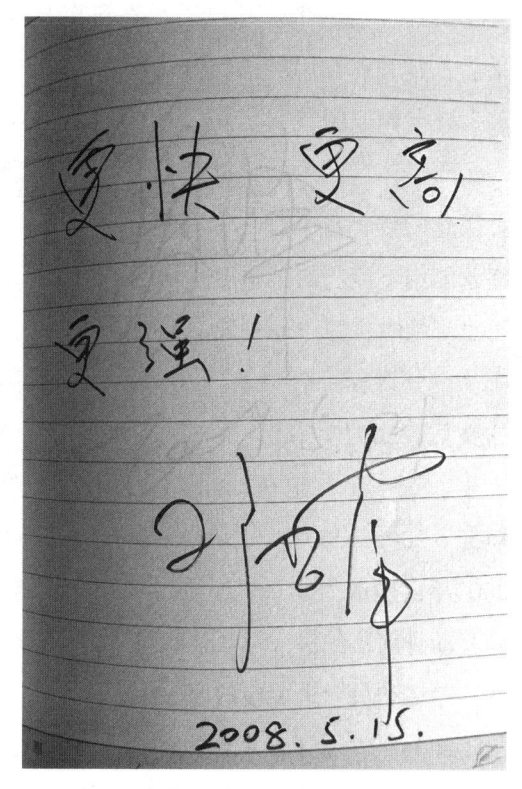

邓亚萍给作者的题词

进入国家队之后，她先后获得14次世界冠军，成为蝉联奥运会乒乓球女单、女双金牌的运动员，并获得4枚奥运会金牌。

一切从零开始

1997年，邓亚萍来到清华大学外语系学习。

从运动员到学生是一次艰难的转折，邓亚萍放下世界冠军的光环，一切从零开始。她把睡眠时间压缩到最低限度，经常学习到夜深人静。24岁才开始正儿八经念书，困难可想而知。3个月过去了，她的英语成绩却提高不大。

学校决定让邓亚萍到英国留学，那里学英语的语言环境好。1998年2月，邓亚萍前往英国剑桥大学语言学校开始学习英语。老师在讲台前讲课，她就像听天书似的一脸茫然。她住在一个英国老太太家里，每天早晨8点背着书包，骑着自行车去上学。她听不懂就用笔照葫芦画瓢，把老师写在黑板上的英文单词和短句记在本子上。下午3点半放学后，她又骑着自行车到学习中心去学英语，听磁带、练口语，直到晚上8点学习中心关门后才赶回住所。回来后，她和房东用英语交流，再翻开笔记本，把老师讲的听不懂的单词短语一一查字典记住。

邓亚萍有严重的颈椎病，头不能过度转动，一动就疼得钻心，只能以一种固定的姿势看书学习，查阅资料。她大胆张嘴说英语，尽管语法混乱，但终于能用不流利的英语表达自己的想法了。5个月过去了，当清华大学的老师再见到她时，惊讶地发现，她的英语大有长进。

一分耕耘一分收获，2001年，邓亚萍取得了清华大学外语系英语学士的文凭。2001年9月，她来到英国的诺丁汉大学，攻读中国当代研究专业研究生。这一年，她在国际奥委会道德委员会及运动和环境委员会分别担任职务。2002年12月，她获得了英国诺丁汉大学中国当代研究专业硕士学位。2003年，她成为北京奥组委市场开发部的一名工作人员。获得硕士学位后，她又动身前往剑桥大学攻读经济学博士学位。

给运动员一个温暖的家

2004年，邓亚萍从国家体育总局正式调入北京奥组委奥运村部，担任奥运村部副部长兼奥运村办公室副主任。北京奥运会期间，奥运村要住进16000

多名各国运动员和随队官员，奥运村为他们提供住宿、餐饮、医疗服务，保证他们的饮食起居。

为了让八方来宾对中国留下一个好印象，邓亚萍千方百计搞好奥运村的硬件建设，为来宾提供个性化服务。她以女性特有的细腻想运动员之所想，急运动员之所急。

当运动员时，她多次入住奥运村，对奥运村的服务优劣有着切身体会。她强调奥运村既要为奥运会运动员做好服务工作，也要为残奥会运动员设置一个温暖的家。在奥运村家具的购置上，她要求衣柜的挂钩不能太高，轮椅运动员要能够着；抽屉和柜子的拉手不能有尖，要买U型拉手，使无臂运动员能够开关抽屉和柜门；她对奥运村里的无障碍设施严格把关，要求不能有丝毫的纰漏。

以人生之路诠释奥林匹克精神

邓亚萍很羡慕父母那样的婚姻：平静、和睦、稳定。她和国家队乒乓球运动员林志刚喜结连理，并生下一个可爱的儿子。

2007年9月12日，中华全国体育基金会等机构在长沙联合举办了全国优秀运动员保障公益晚会。当演员上台讲到女排队员的丈夫瘫痪在床时，坐在第一排的邓亚萍泪如泉涌。那双红肿的眼睛告诉我们，她是一个富有爱心的人。

邓亚萍是中国运动员中唯一一个两次参与申奥的人，1993年，在蒙特卡洛第一次参与申奥时，邓亚萍不会说英语，由翻译刘北剑用英文给她写好了申奥陈述报告，她是花费了大力气背下来站在讲台上"发言"的。2001年，在莫斯科第二次参与申奥时，邓亚萍已经从清华大学外语系毕业了，她的申奥陈述报告是自己用英文写的。看到留着披肩发、戴着眼镜、充满知性的邓亚萍站在讲台上侃侃而谈，人们由衷地赞叹：如今的邓亚萍，不再是昔日那个扎着两个小辫子、打一手漂亮乒乓球的小姑娘了，而是一个充满智慧的学者，一个国际奥委会官员，一个传播中国文化的友好使者。

2008年3月24日，邓亚萍到雅典参加奥运圣火接力。奥运圣火是在传递友谊与和平，能够成为火炬手是社会对她的认可。

邓亚萍的人生之路就是在诠释奥林匹克精神,正是不认输的性格决定了她的命运。如今,她正以优质的工作为各国运动员提供一个温馨的家园,为人类和平文明做出杰出的贡献。

邓亚萍在我的留言本上题字:"更快、更高、更强!——邓亚萍2008年5月15日"。

最近,邓亚萍在自己的社交平台宣布,她的儿子林瀚铭夺得了北京市青少年乒乓球锦标赛的男子双打冠军和男子团体冠军。我相信邓亚萍心目中的奥运梦始终没有消失,她16岁的儿子乒乓夺冠就是证明。

跨越时空访杨扬

2022年2月23日,我应邀观看电影《我心飞扬》首映式。这是一部根据滑冰运动员杨扬的事迹改编的电影,由杨扬、辛庆山担任顾问,看着电影画面,一幕幕往事在我记忆的荧光屏前闪现。

2007年,杨扬约我到她家采访,我大清早驱车来到她居住小区的会所,过了片刻,她扎着马尾辫带着风走来,浑身上下洋溢着青春的活力。

1975年8月24日,一个女婴出生在黑龙江省汤原县,妈妈给她取名为杨冰心,爸爸说还是叫杨扬吧,给咱杨家光宗耀祖,名扬天下。

汤原县二小的体育老师发现她是块滑冰的好材料,把她选调到少年业余体校集训。她8岁就离开了家,住在少年体校里,每天早晨5点钟就起床练习滑冰。黑龙江的冬天非常寒冷,零下30多度的气温下,她的脸冻得红扑扑的,眉毛、睫毛上全是霜,可她上了冰就兴奋,滑得满头大汗,衣服都湿透了,结下一层汗碱。

1985年,她跟随爸爸来到七台河市,爸爸把她送进了滑冰队,由董延海任教练。七台河市主攻短道速滑,一圈有111.2米,4个人一组,共有25组,每轮取前两名晋级,看谁在最后冲刺时取胜。在董延海教练和孟庆余教练的指导下,她的能力逐渐得以展现,参加全国春芽杯滑冰大赛,获得接力第二名、个人第九名。

作者和杨扬合影

正当她在冰场崭露头角时，不幸得了胸膜炎，发高烧、咳嗽，人瘦得皮包骨。妈妈心疼地对女儿说："闺女，奖你也拿了，咱不练了，回家吧。"她倔强地说："不，第九名算个啥奖，要拿就拿第一！"

别看13岁的杨扬长得又矮又小，性格却十分凶悍，边滑边叫唤。运动员只要滑冰时摔了跟头就没有好名次了。别的运动员摔了跟头就溜溜达达，她却爬起来一定要滑到终点。黑龙江省哈尔滨体校的金美玉教练发现杨扬虽然瘦弱，但是有毅力、耐力好、敢拼命，是棵好苗子，她被金美玉教练选中上了黑龙江省哈尔滨体育运动学校练习短道速滑，7个孩子中她的条件是最差的。金教练办事认真，她欣赏杨扬的天赋，却对她要求严格。在金教练的调教下，她如虎添翼，从黑龙江省哈尔滨体校的最后一名变成了尖子选手。1991年3月，15岁的杨扬在北京参加全国滑冰冠军赛，荣获全国短道速滑3000米冠军。

18岁是一个女孩子最好的年龄，但是杨扬的18岁却遭遇了人生的重创，这一年要备战1994年冬奥会，9月杨扬被选调到北京国家集训队。正当此时，她的爸爸却不幸去世了，这对她打击很大，她把痛苦嚼碎咽进肚里，玩命地训练。教练安排滑100圈，她绝不滑99圈，队医劝她少练，她却越练越狠，她以为练得越多成绩提高越快，没想到欲速则不达，练得不科学只能适得其反。她的成绩从全国前5名一下子滑坡到全国前13名，整个集训队的队友都出征冬奥会，只有她被刷了下来。

她回到了哈尔滨，见到金美玉教练后无地自容。金教练热情地鼓励她，给她制订了科学的训练计划，侧重练3000米。在金教练的指导下，杨扬在1994年全国短道速滑赛中连夺3000米和1500米冠军。

1995年，国家短道速滑队成立，由吉林省教练辛庆山执掌帅印，此时，黑龙江省队的李琰退役，吉林省队的王春露、杨阳如日中天，如果黑龙江省队的杨扬落选，那么国家短道速滑队实际上就被吉林省队全包了。辛庆山不愿意走这步棋，无论从哪个角度说，选择杨扬都势在必行。

当时，杨扬进了国家短道速滑队，她是年龄最大的一个，也是基础最差的一个。命运同她开了个大玩笑，她以最后一名的成绩勉勉强强入队，一开始训练成绩总是磕磕绊绊，她的毛病是爆发力不好，身体素质欠佳，为了攻克这个弱点，教练规定队员跑8组，4组背沙袋跑，4组不背沙袋跑，而她选择8组都背沙袋跑，出早操时她把所有的晨练项目都练一遍。

1995年冬天，国家短道速滑队移师哈尔滨，备战1996年亚洲冬季运动会。在亚冬会全国选拔赛中，她荣获3000米、1500米、全国全能选拔赛三项冠军。

她在场下脾气温和慢条斯理，脸上总是挂着灿烂的微笑，可一上场就像变了个人似的，一个劲儿地拍肩膀和大腿给自己鼓劲儿，脸上充满了舍我其谁的霸气。她的意志、品格、技术、风度征服了世界，扭转了韩国人在短道速滑长距离项目上一统天下的局面，连续6年荣获世锦赛冠军，创造了一个冰雪世界的神话。

盐湖城冬奥会开始了，冬奥会女子短道速滑的比赛项目依次为1500米、500米、3000米接力、1000米。女子1500米短道速滑是杨扬的强项，夺冠手拿把攥，可万万没想到她却马失前蹄，只拿了个第四。走出赛场，她觉得无颜见江东父老，连走路都低着头。当时参赛的运动员有杨扬、杨阳、王春露、孙丹丹四朵金花。袁伟民把4位女将召集起来，严肃地说："杨扬你怎么搞的，怎么滑成这样？大家都发言谈谈看法。"

杨阳说："我看她上场时精神状态就不对劲儿，我没有积极提醒她，是我不好。"

孙丹丹说："都怪我，老说让她第一个拿金牌，给她压力太大。"

姐妹们都往自己身上揽责任，没有一个人埋怨她。听了大伙儿的发言，杨扬很感动。袁伟民语重心长地说："杨扬，如果你能够把心里的小鬼儿揪出来，那么你还是杨扬！"

听了袁伟民的话，杨扬难过地哭了。女子1500米和500米比赛之间相隔两天，在女子500米短道速滑比赛的前一天晚上，她突然拿了把剪刀一反常态递给队友杨阳说："来，帮我把头发铰了。"

杨阳拿着剪刀诧异地问道："你真铰啊？"

她虎着脸说："铰！"

杨阳把她的马尾辫剪了一截，她又拿起指甲刀剪了指甲，心里寻思着：杨扬，你已经没有运气了，只能靠两条腿冲出好的道次。你要把所有的侥幸心理全抛光，把所有的后路堵死，一门心思往前闯！

预赛中她抽签抽了4道，也是最差的道次，但她微微一笑：谁让你把头发铰了，这就是你的命，你不要靠运气，要背水一战！

决赛开始了，她穿着一身黑色的运动服上场，整整4圈半的赛程，她越滑越快，越滑越猛，像一只黑色的飞燕在冰场翱翔，似一道黑色的闪电在赛场划过，她终于击败了所有对手，一举夺魁。

在以往的冬奥会上，金牌一次又一次与中国冰雪健儿擦肩而过，杨扬的这枚金牌意义非凡，她创造了中国人在冬奥会上金牌零的突破，使中国提升了在世界冰雪运动中的地位。

第四场比赛是女子1000米。2月23日晚，杨扬和杨阳顺利地连过三关，取得了决赛权。在总共9圈的比赛中，杨阳大部分时间处于领先地位，杨扬紧随其后，两位女将在打一个新战术，一个带一个跟，死死地封住对手。距离终点还有2圈多的时候，韩国队员高基玄猛然加速超越杨阳，说时迟那时快，只见杨扬果断地抢前两步，占据了领先位置，并且一直将优势保持到终点。16

岁的韩国姑娘年轻气盛，浑身上下洋溢着青春的活力，比对手大11岁的杨扬要想当领头雁，需要付出多大的毅力和体力啊！可杨扬是一个夺冠欲望极强的运动员，从不轻言放弃，只要有一线希望，她也要玩命拼搏。她没有辜负祖国人民的期望，最终以1分36秒391的成绩夺冠；高基玄以0.036秒之差屈居亚军；杨阳以1分37秒008获得季军。盐湖城是杨扬的福地，她力挫群雄，为中国代表团夺得两枚金牌。她激动地说："中国万岁……我感觉好极了！"

2002年是杨扬的福年，她夺得冬奥会女子短道速滑500米比赛的金牌，成为中国第一位冬奥会冠军。在同年的世界短道速滑锦标赛上，杨扬一举夺得短道速滑500米、1000米、1500米以及个人全能4枚金牌，并且实现了个人全能项目上的六连冠。在整个运动生涯里，杨扬一共获得59个世界冠军，是获得世界冠军最多的中国冰上运动员。

短道速滑需要意志，更需要天赋。杨扬对中国的冰雪运动一往情深，还担任了北京冬奥会和冬残奥会运动员委员会主席、世界反兴奋剂机构副主席，她全力以赴把中国的冰雪运动推上一个新台阶。

杨扬觉得冬奥会带来的溢出效应在经济、文化及体育事业发展方面都有体现，这也逐步成为一种现象：于经济而言，冬奥会融入京津冀协同发展战略之中，为三地全方位、高质量发展注入活力；于体育事业而言，为普通群众了解冬季运动项目打开了一扇窗，激发全民参与的积极性，助力体育强国的梦想实现；于文化而言，冬奥会正成为一个载体，一张亮丽的名片，向世界讲述中国故事，为构建人类命运共同体添墨加彩。

北京作为"双奥之城"，为世界贡献非常多的奥运遗产。我们要在国际视野下，呈现中国蓬勃发展的盎然生机，通过讲述我们的梦想，呈现人性的光辉，让世界看到中国为奥林匹克运动做出的贡献，从而影响世界。

北京冬奥会的筹备过程就是百姓的获得感不断增强的过程，我实实在在地感受到，我们的冰雪运动项目正在迅速走进百姓的生活。比如中国的中小学生都要参与"一冰"或"一雪"运动。从全国范围来说，很多中小学校也成了冰雪特色学校。冰雪产业和冰雪推广本来就应该相互支撑、相互促进。中国的冰雪运动底子薄，这是我们的弱项。但在冬奥会筹备的过程中，我们有机会把劣势变为优势。"三亿人参与冰雪运动"是普及推广冬奥项目的强大动力。要以冰雪产业发展助推冰雪事业发展，国家给予相应的政策支持非常重要。

杨扬退役后面临多项选择，一是当大学老师，二是在国家体育总局体制内当正处级干部，三是到国际奥委会工作。她选择了第三条道路。作为国际滑联理事会运动员委员会委员、国际反兴奋剂委员会成员、妇女委员会委员，她愿意在国际上发出自己的声音。

2001年，杨扬在奥运会上夺得金牌。18年后，她以运动员为中心制订防疫计划，欢迎全世界运动员来中国比赛。

2021年4月2日，我从哈尔滨乘坐一宿绿皮火车抵达七台河市，我身背相机站在七台河市会场嘉宾位置，黑龙江省体育局的朋友对我说："孙老师，我们的摄影记者没有赶上车，麻烦您给我们多拍点照片发稿用。"

我心领神会立刻转换身份，从嘉宾变成了手拿照相机的摄影记者。我拍摄了主会场照片，又走进七台河市冠军馆。乘坐电梯时，看到身穿白色运动服的杨扬兴奋地望着电梯玻璃窗外的景色赞叹不已："家乡变化太大了！"

我陪同杨扬登上七台河市冠军楼，里面陈列着杨扬、王濛、孙琳琳、范可新、张杰、李红爽、刘秋宏等4个冬奥冠军和7个世界冠军的照片和奖牌。当年，杨扬从佳木斯市汤原县到七台河学习滑冰是她命运的转折点，自从杨扬到了七台河滑冰队，她的妈妈姜帆说："这个孩子不用我养了。"

杨扬带着女儿参观，她的女儿指着一张董延海教练与杨扬等小队员的合影问道："这是你吗？"我立刻抢拍了这个镜头，杨扬怀着女儿时开启了申奥之旅，她女儿6岁了，穿着一件漂亮的粉色毛衣，格外洋气。时代不同了，杨扬当年身穿一件黑衣服，留着娃娃头，活脱脱一个假小子的模样。穷人的孩子早当家，家境贫寒使得她自强不息，正是孟庆余教练和董延海教练把她领上了短道速滑冬奥冠军之路。

杨扬向七台河市冠军馆赠送她当年获得的冬奥冠军、世界冠军奖牌的复制品。她是个有心人，时而专注地看着展柜中的展品，时而饶有兴味地盯着墙上的照片，时而举起手机拍照，心永远向着未来，一切都是瞬息，一切都将会过去，而那过去了的，就会成为亲切的怀恋。

我们走进孟庆余小屋，墙皮已经斑驳脱落了，墙上挂着当年孟庆余教练荣获的奖状、在小黑板上用粉笔写的训练示意图、结婚镜子，屋里放着一个黄色的旧大立柜，上面有陈旧的棕色箱子，一辆旧自行车、一个带烟筒的蜂窝煤炉子、一个脸盆架、一张桌子。杨扬看得很仔细，我把小屋的内景和杨扬的表情统统拍摄进我的照相机。

七台河市走出了11个世界冠军和4个冬奥冠军，七台河是名副其实的冠军之乡。如今，功成名就的杨扬返回七台河，给家乡的小滑冰队员捐赠了150套运动服，与小运动员们热情地合影，鼓励他们好好训练，为国争光。在七台河冰上基地，我看到杨扬与短道速滑的小队员在一起，小队员向她献花。杨扬接过鲜花问："你们的梦想是什么？"

孩子们异口同声地说："当世界冠军。"

杨扬坐在椅子上换冰刀鞋，我抓拍了她的黑色的冰刀鞋，这双鞋质量很好。滑冰时鞋子好坏至关重要，当年她当运动员时国产冰刀鞋不过关，队员们纷纷向父母要钱买进口冰刀鞋，而杨扬却没有向家里要钱，她知道父亲不在了，母亲开照相馆，还要拉扯妹妹不容易，她想等以后拿了好成绩自己买。

孩子们穿上冰刀鞋开始滑冰。杨扬问道："谁能告诉我滑冰怎样才能产生速度，怎样减少风的阻力？"

孩子们七嘴八舌，杨扬说："蹬冰时间延长，蹬冰力量大，才能产生速度。滑行时要压低身体，这样才能减少阻力。你们太幸福了，有这么好的滑冰馆训练。基本功要打牢，你们一定要分清'要我练'和'我要练'的关系，'要我练'是按照教练的计划去练，只要达到他的要求让他满意就行；还有一种是'我要练'，比如我就分析我的优势在哪里，领滑能力强，但是我的弱点是超越能力差，在体力好的时候要快点滑，加强超越能力和专题训练。我擅长中长距离滑冰，同样滑3000米，我把3000米变成3个1000米，合理分配体能，还剩9圈时，我要练习超越，带着目标和计划去滑。如果应付教练去完成任务滑就会很累，要有'我要练'的意识，每天给自己增加训练难度，我要看教练对我制订的一周训练计划，今天练速度，明天练耐力，要有主动训练的能力，'我要练'和'要我练'是两种不同的境界，你们好好练，希望以后在国际短道速滑大赛中见到你们！"

"吊环王"陈一冰

2016年8月，在北京奥运会举办8年之际，我在北京参加一个公益活动，主办方邀请与奥运有关的人士出席，我作为奥运作家，与体操奥运冠军陈一冰相遇。我俩的座位挨在一起，便愉快地聊起了天。

陈一冰祖籍山东，1998年，14岁的陈一冰开始体操训练。2005年开始在国际比赛中崭露头角，在2006年和2007年的体操世锦赛上，都是中国队获得团体冠军的主力成员。此外，他还在这两届世锦赛上获得了吊环的冠军，被誉为"吊环王"。

国家体操队总教练黄玉斌对陈一冰的教练李博说："好好带一冰，这孩子是块料。"李博把这句话转告陈

作者与体操冠军陈一冰

一冰，陈一冰心领神会，决定用成绩来回报黄指导对他的信任。他顽强训练，2008年北京奥运会，陈一冰不负众望，成功地夺得男子吊环冠军，与队友一起拿下体操男子团体冠军。

2012年8月6日，伦敦奥运会男子吊环决赛，巴西名将夺金，陈一冰获得银牌。

在北京奥运会前夕采访中国体操队时，看到他们在严格地训练，体操房内的运动员几乎每个人身上都贴着膏药，所有的成功都来自艰辛的奋斗。当时，陈一冰的训练给人留下深刻印象。虽然成名较晚，但是他良好的运动天

赋、出色的心理素质都让他成为中国体操队最为可靠的一个夺金点。除了吊环之外，陈一冰在其余几个项目上也具有较高的水平，这也保证了他能在男团和全能比赛中为中国队屡创佳绩。中国体操队总教练黄玉斌介绍说："陈一冰在赛场上表现出来的气质非常优秀，他的两个最强的项目吊环和跳马也是我们男子体操队最需要的。"

当年在训练场上相遇，如今在公益活动中邂逅，也是缘分。我们聊到奥运会都充满感情，他很谦逊、随和。他是那种赛场上每临大事有静气、生活中平易近人送温馨的人。

冰上圆舞曲

2019年夏天，在首钢花样滑冰馆，我亲眼看到赵宏博教练在指导运动员训练，看到他们飞旋、跳跃、腾挪、滑行、托举，运动服上一片汗渍，深感每一粒汗珠都是闪光的。

中国花样滑冰双人滑有著名的四对搭档，老大是申雪、赵宏博；老二是庞清、佟健；老三是张丹、张昊；老四是韩聪、隋文静。老大、老二、老三的教练都是哈尔滨队总教练姚滨。老四的启蒙教练是姚滨的搭档栾波，最后师从教练赵宏博。

作者与花样滑冰世界冠军张昊

2022年1月23日，人民文学出版社在北京王府井图书大厦举办我的长篇报告文学《中国冬奥》新书发布会，因为我喜欢花样滑冰，自然而然邀请了张昊，他礼貌地说："孙老师，我上午有个采访，下午从采访点往会场赶，一定准时到场。"

张昊高大魁梧，浑身上下

洋溢着体育人的激情和活力。在嘉宾畅谈环节他侃侃而谈，对冬奥会和冰雪运动充满了热爱。会后，我把《中国冬奥》递给嘉宾，突发奇想地说："咱们每个人都在扉页上签个名，这样收藏起来更有纪念意义。"

大家拍手称赞，争相在扉页上签名，张昊认真地签了名，他的字写得很大，一笔一画很工整，他的谦逊平和令人难忘。

哈尔滨是中国的冰雪之乡，中国的花样滑冰高手几乎都来自哈尔滨。张昊1984年7月6日出生于黑龙江省哈尔滨市，4岁开始学习滑冰，北京体育大学硕士毕业，北京体育大学中国冰上运动学院院长助理兼花样滑冰专项教师。

1998年，14岁的张昊与13岁的张丹搭档参加双人滑比赛，当年10月就获得世界青少年大奖赛北京站冠军，1999年获得世界青少年大奖赛加拿大站亚军。

2006年2月，第二十届意大利都灵冬奥会，张丹/张昊组合在女方受伤的情况下顽强拼搏，夺得花样滑冰双人滑亚军，创造了中国队在冬奥会上花样滑冰项目的历史最好成绩。

2009年4月9日，第十一届全运会双人滑短节目比赛，张丹/张昊以《乘着歌声的翅膀》的双人滑曲目获得高分；在第二天的双人自由滑中，他们在《长江》旋律的伴奏下发挥出色，以206.54分的总成绩在花样滑冰双人滑比赛中蝉联冠军。

四周抛跳是中国花样滑冰队主教练姚滨发明的动作，要求男伴将女伴抛出一米以上，在空中的停留时间为0.95~0.97秒。其中速度、旋转、角度、力度、控制身体的能力，都要求十分高。这个动作男伴要求腰肌和臂力有力量，而女伴在空中旋转被摔的风险很大，张丹的右侧胯骨被摔出了一个鼓包，停止练习就能消肿，但是他们始终不放弃训练。四周抛跳成功不代表就能拿金牌，但是可以保证创造历史。在十一届全运会上，张丹/张昊就成功地完成了这个动作。

张昊连续参加5届冬奥会，是国际健将。曾担任2008年北京奥运会火炬手、2009年第二十四届世界大学生运动会火炬手、2010年广州亚运会火炬手、第二十九届世界大学生运动会火炬手、全国精神卫生宣传大使，以及北京2022冬奥组委宣讲员、北京青年榜样宣讲团宣讲员、西宁市冰雪运动协会名誉主席、辽源市冰雪协会名誉主席。荣获第34届北京青年五四奖章、中华人民共和国第十一届运动会体育道德风尚奖、黑龙江五一劳动奖章、中国劳伦斯最佳组合奖、CCTV体坛风云人物最佳组合奖。

张昊的高光时刻是在意大利，2006年，张丹与张昊在2006年意大利都灵冬奥会双人花样滑冰项目中夺得银牌。

北京冬奥会期间，我观看花样滑冰比赛时经常请教张昊，他有问必答，使我受益匪浅。他把我的长篇报告文学《中国冬奥》新书发布会的照片发在了朋友圈，还写了一副对联："晶蟾有意，书写华章弘奥运；岩语含情，唱歌时代赞英雄。"——贺孙晶岩女士长篇报告文学《中国冬奥》出版发行。

他认真看了我的长篇报告文学《中国冬奥》，专门给我发来祝福的视频，他的真诚友好永远珍藏在我的记忆里。

中国首位冰雪项目世界冠军

2021年3月，2020—2021赛季全国速度滑冰冠军赛在黑龙江省哈尔滨滑冰馆举行，在主席台上，我见到了国家体育总局副局长李颖川正在与黑龙江省体育局陈哲局长和一位老者交谈，这位老者就是中国冰雪项目的破冰人、首位世界冠军罗致焕。

新中国成立后，中国的冰雪运动开始起步，运动员大多来自中国的冰雪运动强省黑龙江和吉林。当时，中国的速度滑冰初露端倪，选手人数领先于其他项目，于是，国家体育部门决定主攻速度滑冰，以速度滑冰为突破口，走出国门，冲向世界。

罗致焕告诉我，他出生于黑龙江省伊春市，13岁开始练习滑冰，19岁进入国家队，经常在零下30多度的气温里滑冰，虽然条件艰苦，但他们绝不退缩。20世纪60年代初期是中国速滑运动员的上升期，那一代的滑冰运动员有杨菊成、王金玉、孙红霞、刘凤荣、罗致焕等人。1961年，王金玉在女子速度滑冰世锦赛上获得奖牌；1963年，罗致焕在日本轻井泽男子速度滑冰世锦

作者采访中国首枚冰雪运动奖牌获得者罗致焕（中）

赛上获得1500米金牌。如今，在日本轻井泽公园，仍然矗立着罗致焕等10位世界冠军的纪念碑。

在观赛过程中，我发现罗致焕看得特别投入，他已经80岁了，看到年轻的运动员从眼前滑过，他高兴地击掌叫好；看到速度滑冰运动员高亭宇摔跤，他难过地望着，眼睛里充满关爱。看到运动员的精彩表现，我信笔写下这样的诗句：

七律　咏全国速度滑冰冠军赛

扬鞭骏马赴冰城，闪电流星霹雳行。乳燕翱翔追旭日，长天浩荡尽春声。凌花绽放英豪笑，圣火高喷勇士情。劲旅相逢拼奥运，龙江竞赛凯歌盈。

出了滑冰馆，我与罗致焕和高亭宇的教练刘广彬合影，握手告别。2022年1月27日，北京冬奥会中国体育代表团成立，刘广彬担任中国速度滑冰队主教练；2022年4月，刘广彬被评为北京冬奥会、冬残奥会突出贡献个人，荣获

2022年全国五一劳动奖章。

2022年2月2日上午，北京2022年冬奥会火炬接力活动在北京奥林匹克公园进行，我高兴地看到81岁的罗致焕担任第一棒火炬手，这一棒实至名归。

春节，在延庆赛区见证国家雪车雪橇队训练

2021年春节，我来到延庆赛区国家雪车雪橇中心采访，因为2月16日要举办高山滑雪和雪车雪橇冬季体育赛事，这个春节，运动员和建设者都没有休息。雪车雪橇比赛被誉为冬季项目的"F1"。作为冬奥会的速度担当，在所有冬奥项目中，四人雪车是速度最快的，最高时速可以接近140公里。我看到赛道光洁，制冰顺利，运动员在出发大厅跑步，雪车雪橇在赛道飞驰。嗡嗡的声音震耳欲聋，抬眼望去，记分牌上标出运动员的名字：Liyuxi，这是一个女运动员，中文名字叫作黎禹汐。

她的成绩是69秒，短短的赛道，69秒完成，钢架雪车时速可想而知。钢架雪车比赛结束后，雪车雪橇竞赛主任张旭东等人正在与教练、运动员一起总结经验。"相约北京"测试活动马上就要开始了，他们必须紧锣密鼓地训练。

第二轮是雪车的训练，我来到出发区，认真地观察运动员出发。他们戴着头盔，穿着黑色的比赛服，脚蹬钉靴在冰上推着雪车奔跑，然后快速跃进雪车，借助惯性雪车飞驰而下。选手出发的环节是比赛唯一的发力机会，一旦进入赛道，一切都将由重力来控制。运动员热身时在跑步，就是为了锻炼在冰面短跑加速，他们必须在6秒钟内将雪车向前推进50米。

雪车出发后，舵手是关键，路线不能有丝毫偏差。有时在侧墙上滑行，相当于运动员是平行地面在墙上飞行，必须把握好呼吸节奏，以免胸腔受到重力压迫。

雪车比赛包括4个小项，分别为男子四人赛、男子双人赛、女子单人赛、女子双人赛。比赛共进行4次，以4次比赛的累计时间计算成绩，时间短者名列前茅。

作者在延庆雪车雪橇赛道里采访

  雪车运动员分为舵手、推手和刹车手,舵手是全队战术制定者,在车内掌舵,选择理想的滑行路线;推手在比赛中左右移动身体控制雪车;刹车手在雪车冲刺到达终点线后,使用刹车装置停止雪车运行。雪车雪橇赛道比赛场地相同,延庆的主赛道有16个弯道,起点至终点的落差为150米。雪车雪橇赛场不是都在平行冰面滑行,在弯道处需要在滑道的侧墙上滑行,滑道的平均坡度为9度~11度,弯道被设计成希腊字母Ω的形状,还有亚洲独一无二的具备360度回旋弯的较长赛道。速度极快,弯道上雪车雪橇呈180度角在滑行,对运动员提出了极高的要求。雪车的滑行速度受重量、空气阻力和摩擦的影响,运动员体重和雪车重量越重,雪车跑得越快。

  在结束区,我清楚地看到冰面呈上坡状,这是为了便于刹车。雪车和钢架雪车有刹车装置，而雪橇没有刹车装置，冰面设计成上坡状，加上运动员的操控，才能使得雪车雪橇停止运行。

随着嗡嗡的声响，雪车雪橇运动员风驰电掣急速冲刺，稳稳地停在了结束区。男运动员速度快些，有的男运动员61秒就到达了结束区。中国雪车国家队刚刚成立6年。韩国平昌冬奥会，中国雪车队才在赛场上首秀，这是一支年轻的队伍。看到流线型的雪车上印着五星红旗，自豪感油然而生。比赛结束，运动员将雪车刀片保护支架卸掉放进车里，再抬着沉重的雪车放到支架上，汽车将雪车从结束区运输到出发区，开始下一轮的比赛。

雪车雪橇场馆有办公室、出发区、结束区、运动员休息室、热身区、塔台、播音室，室温是22度~26度，这样的温度冰会融化，需要制冷系统24小时运转。国家队的训练时间从早晨8点到晚上10点，100多位宝冶人春节不休息在山上坚守，进行赛道的照明、巡检的维护、冰面的制冷……

雪车的传统强队在欧洲和北美洲，其中德国队男子四人雪车项目成绩非常突出。德国战车曾经包揽1994年至2006年4届冬奥会冠军，这和他们的训练

作者于2021年春节采访雪车雪橇国家队训练

有关，也和德国具有世界最多一流的雪车雪橇赛道有关。

如果说雪车是弯道驰骋，钢架雪车就是贴地飞行，对运动员的臂力和控制力有极高的要求。虽然中国钢架雪车队2015年10月才成立，但是一个月后就到加拿大的卡尔加里和德国国王湖训练。

2016年1月15日和16日，年轻的中国钢架雪车队就参加了钢架雪车国际比赛——欧洲杯第5站、第6站。2016年1月23日，刚刚训练了两个多月的中国男子运动员耿文强就获得铜牌。在平昌冬奥会上，耿文强又勇敢出征，获得第13名的好成绩。

2021年2月21日，雪车雪橇测试赛首场比赛在延庆赛区举办，雪车雪橇竞赛主任张旭东说："这次测试赛是冬奥会的一次练兵，发现问题想出办法解决。"

雪车雪橇竞赛组织专家诺蒙兹·科坦斯说，国家雪车雪橇中心是他去过和工作过的最出色的场馆。"每一处设计都非常替运动员考虑，我相信每一个来到这里的人都会喜欢它。"

人应该富有激情，体育就是竞技和激情的融合，我喜欢体育人，因为他们纯洁、向上，张扬着青春的活力，洋溢着生命的激情。雪车雪橇就是速度与激情的比赛，一个运动员对我说："我们这些队员来自五湖四海，有东北的、山东的、广东的、新疆的，这儿的冰滑得特别舒服，是我们滑过的最好的赛道。"

在王忠林的带领下，雪橇项目实现了北京冬奥会4个小项全项目参赛，这也是我国运动员首次参加冬奥会雪橇项目比赛。

2015年，中国成功申办冬奥会后开始组建钢架雪车队，力求全项目参赛。闫文港是跳远运动员，跳远运动员有良好的协调性和爆发力，2016年底，19岁的闫文港以出色的爆发力和身体素质被选入中国钢架雪车队。刚开始训练时，闫文港不得要领，而且很害怕，他连过山车都没有坐过，更别提钢架雪车了。当时，中国没有雪车雪橇赛道，中国运动员要到国外训练，第一次到加拿大的卡尔加里训练，他很害怕，被教练从半山腰推下来滑行，速度是每小时四五十公里，开始非常紧张，但是到了终点，他突然发现这项运动很刺激，也很痛快，自己已经爱上了钢架雪车这项运动。

雪车雪橇运动不是中国队的强项，但是熟悉场地非常重要，延庆国家雪车雪橇中心是按照德国国王湖雪车雪橇赛道的图纸建造的，雪车、钢架雪车、雪橇队运动员每天见缝插针在这里训练，每名运动员日均滑行量达6~9次，而在国外赛道滑行日均滑行量仅3次左右。"冲刺"阶段，大部分队伍全年有效训练时间达300天以上，运动员基本功、体能及心理承受极限得到了普遍提升，强化了实战比赛的节奏把控能力。

冬季运动管理中心还在空军特色医学中心利用离心机模拟雪车、雪橇项目过弯时的过载环境，帮助车橇项目运动员提升抗过载能力。滑行时有的运动员身上撞破，缝了几十针仍然不下火线。身体受伤、皮下组织淤青是家常便饭。开始因为不熟悉，闫文港的身上被撞得青一块紫一块，到处肿痛，睡觉都疼醒，但是他咬牙坚持。夏天赛道没有冰，闫文港等运动员就在旁边的冰屋坚持训练，所有的节假日、双休日都在坚守。

要想站在高台阶，就要敢于与高手对决。2018年，闫文港参加欧洲杯德国国王湖站钢架雪车比赛，以1分42秒85的成绩夺冠。他着了魔似的爱上了钢架雪车，那个赛季的两个月内，他在全球4个赛道上训练和比赛，滑行了93次，其中在国王湖赛道就滑行了25次。

世界杯系列赛，他也与欧洲高手叫板，在与国际选手的竞赛中保持了竞争力，夺得了奥地利因斯布鲁克钢架雪车世界杯第8名、拉脱维亚系古达站第14名、德国温特贝格站第12名。虽然没有进前三，但他的对手都是世界高手。2021年，由于疫情，中国钢架雪车队没有参加国际比赛，但是闫文港始终坚持高强度训练。功夫不负有心人，在北京冬奥会男子钢架雪车比赛中，中国选手闫文港以每小时129.71公里的速度获得铜牌，创造了历史。

2022年10月26日下午，我现场采访了国家体育总局冬运中心和北京市体育局共建合作框架协议签约仪式，再次见到了闫文港。他身穿一件白色的运动服，显得很精神。他在我的笔记本上留言："期待每一天。"

他每一天都在拼搏、认真训练，我期待着在米兰冬奥会上再次看到他的身影！

命运交响曲

2007年的一个夏日,北京2008年残奥会奖牌发布仪式在北京隆重举行。我仔细地打量着几位佩戴奖牌的残疾人运动员。只见佩戴金牌的小伙子个头很高,皮肤白皙,精神抖擞,穿一身白色的运动服,胸前是2008年残奥会的会徽。这个被称为"天·地·人"的会徽是一个充满动感的人形,暗

采访残奥会冠军杨博尊

示着残疾人在运动和生活中所付出的巨大努力。小伙子用左手拿起奖牌的红丝带,深情地亲吻了一下奖牌,中外记者的闪光灯对着他闪烁不停。他是一个盲人,叫杨博尊。他在国内外各项残疾人游泳大赛中共获得34枚金牌,其中17枚是国际大赛金牌,17枚是国内大赛金牌。截至2007年12月31日,他的游泳成绩在国际残疾人大赛中50米自由泳、100米自由泳、100米蛙泳名列世界第一;100米仰泳、200米混合泳名列世界第二。

人生就像一场篮球比赛

在北京市残疾人体育训练和技能培训中心游泳馆,我一眼就认出了在池中游泳的杨博尊。他的教练赵玲玲拿了根竹竿在岸上指导他。他的红色游泳帽是国旗的图案,黄色的五角星格外引人注目。他上岸来接受我的采访,他的经历催人泪下。

1986年3月23日,一个男婴降生在天津。父亲杨家树给心爱的儿子起名为杨宏睿。杨家是工薪阶层,生活并不富裕,可他们在儿子的智力投资上从来不吝啬——给儿子请音乐老师,教儿子弹钢琴、吉他和拉小提琴、二胡,儿子3岁半时就请了游泳教练教儿子游泳。小宏睿6岁考取了天津市实验小学,

而后以优异的成绩考入天津市第二南开中学。他不仅学习成绩优异，而且多才多艺，是班里的体育委员，校篮球队队长。初三时他迷上了作曲，创作了《滨江道》《谁动了我的琴弦》等60多首校园歌曲。1.82米的身高，英俊潇洒，他是很多女同学心中的偶像。生活在向他微笑，花儿在为他盛开。

谁知天有不测风云，人有旦夕祸福。高二那年，他和同学们一道打篮球，扣篮时一个鱼跃飞了出去，把腰摔伤了。休学治疗了半年，学校说你落课太多，新学期再来念吧。因此，他找到最基层的场所打工——那里一能满足他创作音乐的兴趣，二能赚到钱。这样一个从小没有独立花过100元钱的乖孩子，迷失了方向。做摇滚音乐使他更加叛逆，他听不进父母的规劝，没有再回到学校去读书。

2005年9月，一次意外的眼外伤使他彻底失明了。19岁踌躇满志的年轻人，还没有来得及更多地品尝生活的甘甜，就尝到了生活的苦涩。他想起了初中张燕华老师在语文课上讲的话："人生就像一场篮球比赛，不到比赛的最后一刻千万不要轻言放弃。就算比赛会打输，我们也要给观众奉献一场精彩的比赛。"他很后悔，自己当初怎么就鬼迷心窍辍学了呢？人活着就是要活出人的尊严，我不能当一个靠别人施舍的可怜虫，我要向命运挑战，通过顽强的拼搏，博得别人对我的尊重。我要改名字，过去的那个杨宏睿已经死掉了，我叫杨博尊，我要争口气，活出个人样来！

他想到了2008年残奥会，想为残奥会写一首歌曲，向往做一个残疾人歌手。他把电话打到了天津市残联，竹筒倒豆子般把自己的情况如实说了一遍，希望得到帮助。接电话的人是个热心肠，她说："我建议你练游泳。咱们天津刚巧有中残联游泳训练基地。你可以免费吃、住，有专业教练教你游泳，但不给补贴。你觉得行吗？"他觉得这个点子不错，心里乐滋滋的。谁知母亲哭得非常伤心：儿啊，你连游泳池都看不见，怎么能游泳呢？

2005年11月1日，他给家人留了张纸条，背着吉他走进了天津市残疾人游泳队。教练收留了他，安顿他在天津市北辰区政府招待所住下。队员们早晨6点起床，由于激动，他第二天凌晨4点多就醒了。独立生活的第一个难题是挤牙膏。自从失明后，一直是父母给他挤牙膏。如今他突然发现自己连牙膏都不会挤。不是挤长了掉在地下，就是没挤出来。室友给他出了个主意：你就直接往嘴里挤吧，舌头的感觉最灵敏，挤没挤出来、挤得多少，舌头一舔就知道。他如法炮制，果然很灵。

本想在游泳池里露一手，可是水太凉了，刚游了两下就撞到了水线。游到池边时手指还被瓷砖戳了，疼得他龇牙咧嘴。第一堂课就这样勉强游了50米。接下来的几天训练都不顺利。眼睛是身体的平衡工具，眼睛看不见了，身体就会失去平衡，游起来总是忽左忽右，方位感很差，身上经常被游泳池中的水线划出一道道血口子。他上岸后上药、恢复，再下水训练。一下水身上的伤疤被水泡软了，伤口感染疼得钻心。他陷入了一个怪圈：划伤—上药—恢复—再下水—伤口泡软—感染—再划伤……就这样他开始了顽强的练习，发誓一定要忍耐！经过痛苦的磨合，他终于学会了盲人游泳最基本的技术——游直。

"宝贝，我们一起飞"

为了加强基础练习，杨博尊每天早晨6点起床在招待所的楼道里做俯卧撑，练仰卧起坐。有一天，他练得满头大汗，突然有人递给他一张面巾纸。他接过面巾纸问道："您是谁啊？"那个人一声不吭地走了。

2005年12月的一天，他发高烧躺在床上。浑身酸软无力，肚子饿得咕噜咕噜直叫唤。他自言自语地说："哎，要是能吃上一碗面汤，再卧上两个鸡蛋就好了！"

半个钟头之后，宿舍门被打开了。他听到了一个姑娘温柔的声音："你不是想喝面汤吗？我给你做好了。"

他坐了起来，惊讶地问道："你是谁，请问你叫什么名字？"

姑娘说："我叫赵月，月亮的月，是这里的服务员，你赶紧把面汤喝了。"原来，刚才他自言自语说想喝面汤时，赵月正在房间轻手轻脚地打扫卫生。赵月请假回家亲手做了面汤给他送来。

从那儿往后，杨博尊和赵月开始交往起来。他练俯卧撑，她会递给他一张纸巾；他弹吉他，她会跑来听。慢慢地，他发现自己爱上了她。究竟是表白还是不表白？他决定孤注一掷。

面对赵月，杨博尊的心怦怦直跳，脑子一片空白。先前练得滚瓜烂熟的爱情宣言，一句也想不起来了。窘迫中杨博尊突然说："服务员，请你把吉他拿给我。"

赵月把吉他递给他，他拨拉了几下琴弦，一首自创的歌曲《宝贝》竟然脱口而出。他边弹边唱："爱你，我的宝贝……宝贝，我们一起飞……你可看到我对你死心塌地，你能否听到爱的呼唤就藏在我的心底？"唱完了，他把吉他放在床上，低着头等待宣判。沉默，难耐的沉默。足足僵持了1分钟，赵月终于开口了，她深情地说："我知道是上天不让我们分离，你能否听到爱的呼唤也藏在我的心底？"

听了这话，他高兴地蹦了起来，顿时觉得屋子已经没有房顶了！他紧紧地把赵月抱在怀里，爱情使他恢复了自信。

2006年3月，杨博尊破格正式进入国家游泳队。

阳春三月，杨博尊离家整整4个多月之后，在赵月的陪伴下回家了。那是个双休日，听到门铃响，父亲打开了门。母亲一把抱住心爱的儿子，忍不住眼泪纵横。他高兴地说："爸、妈，我到国家游泳队了，每月300元的生活费，还管吃管住。"

母亲抹着眼泪，打量着赵月问道："这位是中学同学吗？"

他激动地说："不，她是我的女朋友赵月。这些日子都是她在照顾我，5月份我要到德国去参加比赛了。"

2006年5月，在德国柏林举行世界残疾人游泳比赛。杨博尊是第一次出国比赛，预赛跳水前他紧张得手心直出汗，后来的几场比赛发挥出色，一举夺得100米蛙泳、200米混合泳、400米混合泳3块金牌。

站在领奖台上，庄严的国歌雄壮的旋律冲撞着他的耳膜，激荡着他的心扉。随着五星红旗冉冉升起，全场响起了暴风雨般的掌声。在这一瞬间他哭了……

残奥会是他实现梦想的平台

带着3块金牌满载而归，杨博尊的心情很好，他喜欢喝着咖啡听音乐。听着听着他突然不安起来：这3块金牌究竟是谁的？如果没有教练、队友、父母和赵月，我怎么可能有今天？残疾人的体育平台靠什么？靠的是全社会的支持！是啊，金牌不是属于我杨博尊一个人的，是大家集体努力的结果。人们把爱心给了我，我要把爱心传承下去。如果我把金牌拍卖了，不是可以帮助更多的人吗？

他把拍卖金牌得来的善款捐赠给了天津市实验中学，用于帮助5名贫困孩子上学。

2006年12月，世界游泳锦标赛在南非举行。杨博尊夺得了100米蛙泳金牌、200米混合泳银牌、400米自由泳铜牌。

2007年3月，世界残疾人游泳公开赛在丹麦举行。他奋力拼搏，一举夺得5枚金牌。

5月，第七届残疾人全运会在昆明举行，杨博尊夺得了8枚金牌。

7月，他奔赴加拿大渥太华参加国际残疾人游泳公开赛，又夺得5枚金牌。

12月，他又飞往美国参加世界残疾人游泳公开赛。这次在马里兰大学举行的比赛高手云集，他摘取了100米仰泳、100米蝶泳、100米自由泳3枚金牌和几枚银牌。回到国内，他听到了一个好消息：他资助的那5个学生全部考取了天津大学等名校。

他时刻牢记着2008年9月6日这个火红的日子，这是残奥会开幕的日子，是他为国争光的日子。杨博尊说，我现在把游泳当成一种乐趣，身体疲惫但心不会疲惫，因为这是我能够为国争光的第一途径。紧张的训练之余，他为残奥会创作了歌曲《龙的声音》。

我问他："有信心在2008年北京残奥会上夺得金牌吗？"他说："如果我能拿到金牌，我就弹着吉他上台领奖。拿第1枚金牌时我要向全世界唱响《龙的声音》；拿第2枚金牌时我要单腿跪地，在世人面前向我的未婚妻赵月求婚；拿第3枚金牌时我要张开双臂拥抱蓝天。"

我问他："在奥组委新闻发布会上你佩戴残奥会金牌那天，我看到你情不自禁地亲吻了金牌，为什么要这么做？"

他自豪地说："我觉得这块金牌很适合我。"

我问道："你现在最大的愿望是什么？"

他说:"美国盲聋哑人海伦·凯勒写了一本书叫作《假如给我三天光明》,我没有她那么贪心,我只想要三刻光明。"

我问道:"假如给你三刻光明你想干什么?"

他说:"给我第一刻光明,我要在北京2008年残奥会上升起五星红旗;给我第二刻光明,我想看到赵月穿上新婚礼服当上新娘;给我第三刻光明,我……您猜猜看?"

我说:"想看到你的父母?"

他摇了摇头:"不,我的父母因为我的失明操碎了心,他们一定老了许多。我不想看到他们老的模样,就让我的记忆中永远留下他们年轻的印象吧。"

我问道:"那你想看到什么?"

他说:"我想看到我未来的孩子茁壮成长。"

这就是杨博尊,一个从不掩饰自己的人。他是一个真性情的人,也是一个多才多艺的人。他有一颗不安分的心,有一种自强不息的精神。眼睛虽然看不见了,但他的心中潮起潮落,眼前依然是一片光明。

中国首位残奥会冠军

2007年夏天,我到位于大兴区的残疾人训练基地采访,见到了中国首位残奥会冠军平亚丽,她身穿一件绿色毛衣、外套一件白色羽绒服,敞着怀,显得很潇洒。

平亚丽命运多舛,从小就患有先天性白内障,导致双目失明,8岁时母亲又患癌症去世。然而山重水复疑无路,灾难并没有击倒这个倔强的小姑娘,她上了盲人学校,从事体育事业,先是短跑,后是跳远,她锻炼体能咬牙训练,终于迎来了柳暗花明又一村。1982年,21岁的平亚丽入选国家残疾人运动队,从事跳远运动。跳远这项运动健全人都难免摔跤,更何况残疾人了,可她却不放弃,吃尽天下苦,终于在远南运动会中获得三枚金牌、一枚银牌和一枚铜牌。

1984年6月，23岁的平亚丽在美国纽约参加了第七届残奥会，在跳远项目上以4.28米的成绩夺得冠军，为中国夺得了历史上第一枚残奥会金牌。从1982年到1988年，平亚丽先后参加了两届中国残运会和两届远南运动会，并多次夺得短跑、跳远和400米冠军，向全世界展示出中国风采。

不是每一个冠军退役后都能享受美好生活，残奥冠军平亚丽退役后举步维艰，万万没有想到，她的儿子也遗传了她先天性白内障的基因。她是运动员，也是一个母亲，1988年，27岁的平亚丽为了照顾年幼的儿子，结束了运动生涯。失去了工作就失去了收入，她的生活非常艰难，就在这时候，丈夫选择了离婚。穷困潦倒的她甚至想卖金牌给儿子看病。1999年，平亚丽靠着亲朋好友的资助，利用在盲校里学过的中医按摩技能，在家里办起了盲人保健按摩所。

在北京，有很多盲人按摩店，给老百姓解决病痛之苦。我告诉平亚丽我住的小区就有一个以她名字命名的按摩店，她热情地说："你跟他们提我的名字，给你打折。"

我执拗地说："我不打折，就是要帮助你创业！"

我鼓动家人去按摩，想以一种特殊的方式支持平亚丽，这个为中国队夺得首枚残奥会金牌的女人不容易，我要告诉世人：奥运冠军值得称赞，残奥冠军更加值得尊敬。平亚丽自尊、自立，在命运的痛击下自强不息，他们的人生之路艰难曲折，我们应该关爱他们！

残疾运动员高山滑雪

在延庆赛区，站在国家高山滑雪中心中央平台，最西边的赛道是残疾人在训练。残疾人高山滑雪有3种姿势：第一种是站姿，站姿里分两种，一种是运动员单腿站在滑雪板上，用两个雪杖支撑滑雪；另一种是没有双臂的运动员双脚踩滑雪板，依靠躯干力量滑雪；第二种是坐姿，运动员坐在滑雪板上，用雪杖滑雪；第三种是视力障碍者滑雪，他们的四肢是健全的，但是视力不好，前面有明眼人领滑，还要过旗门，非常艰难。看到这个场面，我的心里很不是滋味儿，眼泪夺眶而出。高山滑雪山高、缺氧、寒冷，对健全人都不易，何况残疾人？残疾人滑雪要摔多少跟头，他们的手上要磨出多少茧子？但他们顽强地挑战自我，向生命的极限进击。

北京冬残奥会期间，中国残奥高山滑雪运动员孙鸿胜没有双臂，他双脚踩滑雪板，依靠躯干的力量从延庆小海陀山上滑下来。这条赛道非常陡峭，健全人有双臂借助雪杖都很艰难，一个残疾人挑战极限，向高山白雪发出灵魂的傲啸，用生命弹奏命运交响曲。

北京冬奥会前夕，我到石景山区采访北京电厂路小学。这所学校搞了模拟冬残奥会，让学生单手打冰壶、打冰球、滑雪橇，蒙着眼睛装扮视力障碍者与明眼的孩子一起跑步，对孩子进行尊重生命的教育。同一个世界，同一个梦想，一起向未来，也包括我们的残疾人兄弟。这所学校的学生非常尊重残疾人，走到大街上看到盲人，会主动走上前搀扶过马路；看到残疾人，会送去关爱，这就是奥林匹克教育的硕果。善待各国朋友，讲好中国故事，用体育和文化与世界对话。

第二章
CHAPTER 02

双奥建筑靓北京

作者2006年春节采访正在建设的国家体育场"鸟巢"

作者在张家口崇礼"雪如意"采访冬奥建设者

外交官和记者在"冰丝带"

竣工后的"水立方"游泳大厅

"水立方"变"冰立方"
（郑方提供）

"冰丝带"

双奥建筑扮靓双奥之城

北京冬奥会的召开是中国与世界的冰雪之约，当奥林匹克之火再次在北京点燃，每个中国人的心中都春意盎然。北京是奥运史上唯一一个既举办过夏奥会又举办过冬奥会的城市，令中国人自豪。从2008年奥运会至今，中国体育事业蓬勃发展，2022年北京冬奥会的举办再一次让北京走向世界、走向未来。几年来，为冬奥服务的人员不胜枚举，组织者、建设者、设计者、教练员、运动员、科研保障专家、中外制冰师、志愿者、新闻记者等，他们有些是冬奥会的"幕后英雄"，在其间做了大量细致扎实的工作，为冬奥会的成功举办提供坚实保障；有些则是赛事的参与者，在冰雪场上绽放他们的夺目光彩。他们以冰雪晶莹之心，倾力奔赴这场世界盛会。

每一个冬奥项目的背后都有一群默默坚守的人，他们用工匠精神铸就一流工程品质。一座座奥运场馆拔地而起，一座座融汇古老文明和现代风采的奥运城市在奥运建设者手中闪亮登场。中国奥运建设者以自己的聪明才智，创造了一批世界一流的奥运物质遗产。

时隔14年，奥林匹克圣火再次在北京点燃，北京成为全球首个"双奥之城"。中国秉持绿色、共享、开放、廉洁的办奥理念，全力克服新冠疫情的影响，认真兑现对国际社会的庄严承诺，确保了北京冬奥会的如期举行。

2008年，美国《时代周刊》评选出2007年世界十大建筑奇迹，其中中国北京的国家体育场、中央电视台新址和当代万国城榜上有名。与此同时，美国《大众科学》杂志评选出2007年世界七大创新工程，北京的国家游泳馆——"水立方"一举夺魁，并获得了"威尼斯国际建筑主题奖"等多个世界奖项。

无独有偶，英国老牌报纸《泰晤士报》评选的2007年世界十大建筑中，中国北京的国家体育场、中央电视台新址和首都机场3号航站楼也同时入选。美籍华人贝聿铭、瑞士人赫尔佐格和德梅隆、法国人保罗·安德鲁、荷兰人库哈斯、英国人诺曼·福斯特……这些名字如雷贯耳，他们都是闻名遐迩的建筑大师，从世界各地不远万里来到中国，为中国设计现代化的建筑。

是奥运会给了中国这样的机遇。2008年北京奥运会场馆的建筑采取全球招标的方式进行，来自世界各地的177家设计单位报名参加了这场激烈的角逐。来自五湖四海的顶尖级建筑师、工程师汇聚一堂，用充满创意的建筑作品装扮着古老的北京城，使北京变得更加现代化，更加具有国际大都市的风范。

北京奥运会无疑是一场体育的盛宴，它带给人们欢笑、奖杯和新的世界纪录。但离中国老百姓日常生活最近、最直观的宝贵财富就是奥运建筑。"鸟巢"像一个威武的猛士崛起在奥林匹克公园旁，"水立方"像一个风情万种的女人依傍在"鸟巢"的身边，与"鸟巢"遥相呼应。形成了地与天、阴与阳、水与火、内敛与张扬、诗意与震撼、可变情绪与强烈性格之间的共生关系。国家体育馆扇舞轻扬，首都体育馆焕发青春，奥林匹克公园网球中心似清水芙蓉，顺义奥林匹克水上公园倚静制动，北京射击馆动中取静，北京射击场飞碟靶场烽火西山，铁人三项赛场水陆纵横，英东游泳馆池水自洁，奥体中心体育场骏马奔腾，奥体中心体育馆轻妆简形，击剑馆刀光剑影，五棵松棒球场拆装自如，朝阳公园沙滩排球场似黄金海岸，老山自行车馆融古通今，老山小轮车赛场上演巅峰之战，北京大学体育馆似中国脊梁，中国农业大学体育馆占尽风光，北京工业大学体育馆羽坛盛景，北京科技大学体育馆风华绝代，北京理工大学体育馆秀外慧中……

奥林匹克森林公园位于北京中轴线的北端，她的诞生使得举世无双的城市中轴线得以延续。北京人不仅得到了一大批体育新地标，而且获得更多的绿色空间。

与人民大会堂毗邻的国家大剧院独特的壳体造型以及20000块表面钛金属板与1200多块超白玻璃巧妙拼接，远远望去仿佛是帷幕徐徐拉开的舞台。大胆的椭圆形外观和四周的水面构成了一个标新立异的建筑造型，环绕着国家大剧院3.55万平方米的人工湖，使这座气势恢宏的宫殿犹如一颗晶莹的水上明珠。夜幕降临，壳体上闪烁着扑朔迷离的"蘑菇灯"，似乎是点点繁星，映衬着如梦如幻的艺术圣殿。这座建筑是传统与现代、浪漫与现实的完美结合。

当代万国城是一座由空中环廊将八栋塔楼连接在一起的商住两用建筑，当她在东直门巍然耸立时，昭示着环保建筑强大的生命力；首都机场3号航站楼仿佛是一条橙红色的巨龙，横亘在辽阔的原野上。北京大兴国际机场像一只金凤凰，在阳光下熠熠生辉。北京轨道交通线网总规模居全国首位。发展到目前27条地铁线路，地铁线路在增长，四通八达的地铁给北京市民出行带来了极大的方便。

奥运会使北京的城市建设实现了2648飞跃：2648是指两轴、四环、六区、八线。两轴是指东西长安街、南北中轴路；四环是指二环、三环、四环、五环路长安街及延长线以北，六区是指天安门广场及周边地区、首都国际机场地区、奥运中心区、王府井商业区、北京站和什刹海地区；八线是指机场路、崇雍大街及延长线、西单北大街及延长线、平安大街及延长线、两广路、前三门大街、朝阜路、中关村大街。《北京城市总体规划（2004—2020年）》提出构建"两轴两带多中心"的新城市空间格局，将北京市各类分散的资源和功能整合到若干连接区域的交通走廊上，实现城市的集约化发展。

风景园林师参与整个奥运场馆室外设计，北京市绿化全面提速，绿化面积全面提升。北京城变美了，这些首都新地标的诞生象征着中国龙的崛起，昭示着中国经济的腾飞，展现着中国建筑文化的独特魅力。

北京冬奥会尽可能利用北京奥运会的建筑，当年的奥林匹克公园曲棍球场和射箭场拆掉新建了国家速滑馆（"冰丝带"）；首钢工业园的废弃厂房新建了四块冰、滑雪大跳台、冬季奥林匹克公园；延庆小海陀山新建了国家高山滑雪中心（"雪飞燕"）和国家雪车雪橇中心（"雪游龙"）；张家口赛区新建了云顶滑雪公园、国家跳台滑雪中心（"雪如意"）、国家越野滑雪中心（"冰玉环"）……

国家体育场（"鸟巢"）

为了采访北京奥运会，我于2006年买了一辆汽车，在北京城天南地北地行驶，采访的第一站就是北京奥运会主场馆——国家体育场。我开着崭新的汽车雄赳赳气昂昂来到"鸟巢"工地，结果第一天工地上的泥水就把汽车溅成了泥猴子。

春节访问"鸟巢"工地

2007年春节，人们沉浸在走亲访友的喜悦中。我驱车来到"鸟巢"采访，突如其来刮起的七八级大风使我的汽车剧烈地摇晃。我头戴安全帽走进"鸟巢"工地，见到了国家体育场总工程师李久林，他是国家体育场的主要建设者之一，承担了整个工程项目的技术创新策划与组织管理工作。李久林把我带进活动板房，桌子上布满一层厚厚的尘土，活动板房像一艘船在风中摇晃，我听着风在凄厉地狞叫。采访完李久林后，我端着照相机冲出板房，把镜头对准工地。天昏地暗，工人们在漫漫黄沙中挥汗如雨。肆虐的狂风使我想起了新疆的大风，我觉得"鸟巢"的建设者在弥漫的风沙中工作非常艰辛。

建设中的"鸟巢"内部

春节期间的"鸟巢"使我终生难忘,这些天,北京的街道畅通得令人难以置信。每扇窗户里都流淌着欢乐,我独自一人驾车来到奥运场馆工地,和建设者在工地过年。国家体育场目前主要进行看台板安装、基座土石方开挖、室内初装修、机电管线的安装工作。大年三十,他们在工地上过年。公司为他们准备了丰盛的晚餐,还设置了长途电话,每人可以免费给家里打长途电话。

国家体育场设计理念新颖,是当时世界上规模最大、用钢量最多、技术含量最高、结构最复杂、施工难度最高的超大型钢结构体育设施工程。技术难度最大的就是钢结构施工,仅深化设计图纸就达到13521张,解决钢结构的几何构型问题。2003—2008年,李久林把家安在国家体育场,经常一周都回不了家,他就像牛皮糖一样粘在奥运工地,无私奉献着,连春节都在奥运工地度过,与工人一起吃盒饭、干苦活儿。工地到处都是建筑材料,到处都是工人的汗水和机器的轰鸣。李久林解决了数十项关键施工技术难题,亲眼见证了"鸟巢"工程拔地而起。国家体育场是由钢柱支撑的,柱者,栋梁也。能够承受重担的人,必定具备超凡的实力。

北京冬奥会筹办期间,北京城建集团总工程师李久林又成为国家速滑馆工程总工程师,他既是"双奥总工",也是千千万万奥运建设者的代表,从"鸟巢"到"冰丝带",他和奥运建设者见证了中国奥运场馆和城市建设的不凡历程。

2017年底,他受命担任国家速滑馆总工程师。国家速滑馆工程为轻型结构体系,施工要求高,工期只有两年时间,建设过程充满挑战。从打基础桩开始,他就每天在国家速滑馆工地奔忙,在他和建设者们的努力下,终于完成了一座标志性的奥运工程。他不辞辛苦地奋战在一线,为两项奥运工程倾注全部心血,成为当之无愧的"双奥总工"。

在奥运博物馆给政协委员宣讲双奥

2022年8月12日,应北京市政协之邀,我在"鸟巢"旁的奥运博物馆宣讲我的长篇报告文学《中国冬奥》。这次也是开着车来,然而与16年前不同的是,当年的"鸟巢"旁是一片泥泞的土路,尘土飞扬;而今的"鸟巢"旁是宽阔的奥运大道,垂柳依依,湖水清澈。

"鸟巢"是我采访北京奥运会的第一站,也是北京奥运会、北京冬奥会开幕式和闭幕式会场,在"鸟巢"旁宣讲奥运有一种回娘家的感觉。

为组织落实好专题学习任务,北京市政协教文卫体委每天突出一个主题,精心安排了有冬奥特色的学习活动,包括线下读书分享、线上专题讲座、跨界联谊交流等不同形式,邀请冬奥亲历、亲见、亲闻者讲述冬奥故事、传承冬奥精神。主讲嘉宾中,既有北京冬奥会、冬残奥会的冠军和教练员,也有参与冬奥申办、筹办、举办的工作人员和志愿者,既包括北京市政协委员,也包括全国政协委员、朝阳区和延庆区政协委员。

《中国冬奥》读书讲座通过全国政协读书平台和市政协履职平台同步在线直播,聂一菁委员现场主持,邀请我讲述"双奥作家"的创作历程,分享双奥故事。北京2022年冬奥会从酝酿、申办到筹备，充满了艰辛、挑战与机遇，中国信守承诺，向世界奉献了一届"简约、安全、精彩"的奥运盛会。北京冬奥会、冬残奥会的胜利举办充分表明，成功永远属于那些在攻坚克难中坚定"逐梦之心"的人，辉煌始终属于那些在开拓进取中彰显"有为之我"的人。在"两个大局"的交织激荡中，应时刻牢记"国之大者"，大力弘扬北京冬奥精神，在新时代凝聚强大奋进力量，铸就新的历史伟业。

"京华书院"是北京市政协为推动委员高质量读书创立的读书品牌。线下北京市政协委员素质很高，听课认真、氛围良好，我是在全国政协读书平台上直播，那个群的名字叫作"团结在光辉的旗帜下"北京政协读书群，线上政协委员们读书群同步收看，晚上专门组织讨论，政协委员们认真读书的精神令人感动。

中秋佳节，花好月圆，接到政协委员们的问候，他们琅琅的读书声又在耳畔回响，欣然填词：

浣溪沙　奥运博物馆宣讲《中国冬奥》

博物馆中赞新芽，明灯照壁尽红纱，弘扬冬奥进娘家。政协嘉宾催月满，京华书院沁心花，香飘万里簇朝霞。

采访双奥的记者证

由于我全程跟踪采访北京奥运会和北京冬奥会，所以采访时的上百个记者证被我精心保存，其中有第29届奥运会协调委员会第八次全会、第五届"北京2008"奥林匹克文化节开幕式记者证、"志愿中国·人文奥运"主题活动暨北京奥运会、残奥会京外省（区、市）赛会志愿者招募启动仪式记者证、北京2008年奥运会火炬接力路线及火炬发布仪式场地记者证，编号为00130；北京2008年残奥会倒计时一周年庆祝活动固定区记者证，编号为0123；第22届地坛春节文化庙会记者证、2007年库布齐国际沙漠论坛记者证、北京2022年冬奥会倒计时1000天活动记者证，编号为0031；北京2022年

采访双奥的部分记者证

冬奥会和冬残奥会赛会志愿者全球招募启动仪式媒体证,编号为0032;北京华都肉鸡公司参观证……还有当年的2008奥运工程、首钢、顺义绿色国际港、蓬勃发展的中国群众体育等内容的光盘,我把它们细心地收藏着,成为永久的纪念。

国家游泳中心（"水立方"）

我收藏了"水立方"竣工纪念徽章、"水立方"观摩票、镜面"冰丝带"书签、"冰丝带"琉璃模型、"冰丝带"纪念徽章、中国冰雪纪念徽章、历届奥运会纪念徽章等奥运纪念品。

2007年大年初三，我一大早就来到国家游泳中心工地，"水立方"的副总杨林萍热情地接待了我。我用山东话与山东菏泽地区东明县的建筑工人在"水立方"工地聊天。他们刚刚从上海工地撤出，又马不停蹄地赶到了北京的奥运场馆工地。

中午，工人们在工地吃饭，主食是米饭，副食是鸡腿和蔬菜，他们吃得很开心。从他们的眼神里，我发现有闪亮的火星，点点火星昭示着内心的充盈。每逢佳节倍思亲，此时此刻，他们的妻子是多么盼望丈夫能够回家过年，他们的儿女是多么盼望父亲能够在家吃顿团圆饭，他们的父母盼儿盼得肝肠寸断，而他们在这里啃着鸡腿就觉得心满意足了。我问他们想不想家。他们笑着对我说："咋不想呢？可俺们已经习惯了！"

他们汗流浃背，为奥运工程添砖加瓦，他们朴实的话语令我潸然泪下，他们才是真正的英雄。

一片冰心"水立方"

北京申奥成功后，在港澳台同胞和海外华侨华人的强烈要求下，北京市政府破例决定，接受港澳台及海外华侨华人的捐赠，用于建设一座奥运赛场，以满足他们为北京奥运做贡献的愿望。于是国家游泳中心"水立方"成为北京奥运会唯一由民间捐资建造的场馆。"水立方"不同于其他奥运场馆，它是全球海外华侨华人、港澳台同胞捐款修建的，这是一座港澳台侨同胞用爱心凝聚的"水晶宫"。

华侨提出捐款修建奥运场馆

筹办2008年奥运会之初，北京市政府不鼓励市民捐款修建奥运会场馆。有中央政府和全国人民的支持，北京市政府有信心、有能力办好这届奥运会。

"百年奥运，中华圆梦"，北京2008年奥运会像一个巨大的磁场，吸引了众多海外华侨的眼球。越来越多的华侨华人、港澳台同胞将对故乡的关注凝聚到奥运会的筹备中，积极为建设奥运场馆献计献策。

2001年国庆之夜，北京市人民政府举行盛大的招待会，欢庆中华人民共和国成立52周年。澳大利亚中国和平统一促进会会长邱维廉先生作为海外来宾代表在招待会上致辞。他说："今年，中国申办奥运已经成功了，我提议由海外华侨捐款建立一个标志性的奥运场馆建筑，以体现中华民族海内外共同办奥运的民族团结精神。"

这是海外华侨第一次在公开场合提出由华侨捐款修建奥运场馆的建议，赢得了全场热烈的掌声。

2002年7月25日下午，北京市委领导聚集在一起开会。北京市侨办主任乔卫向市委领导汇报了港澳台侨同胞提出要为奥运会捐款的事情。大家议论纷纷各抒己见，北京市委书记一锤定音："由华侨同乡会、校友会等海外社团自愿捐款修建一个中华牌体育馆，这是华侨爱国心的体现。根据大家的意见，现在确定用港澳台侨同胞捐款建一个奥运场馆，费用一亿美元左右。"

根据会议精神，北京市政府选定了捐款修建国家游泳中心。

"为'水立方'捐款的账号是多少?"

2003年7月15日晚,北京市侨办在北京饭店举行为奥运捐款新闻发布会。这是市政府第一次公布这个消息。乔卫向众多大牌记者介绍了北京市政府筹办2008年奥运会的情况,声明由于海外华侨华人希望为奥运场馆捐款,从即日起北京市政府决定正式接受海外华侨为修建奥运场馆捐款。发布会上,整个会场鸦雀无声,连地上掉根针的声音都能听得清。最后他微笑着说:"我要发布的内容就是这些了,下面请大家提问。"

他本来以为大家会马上举手接二连三地提问。出乎他的意料,场上无人举手,却响起雷鸣般的掌声。掌声经久不息,越发热烈,他强烈地感受到华侨们的爱国心。

掌声持续了一分多钟,场上呼啦一下举起了几十条手臂,所有的目光都聚焦在乔卫的脸上。媒体人思维敏锐,犀利的提问一个接着一个:"请问,什么人可以参加捐款?"

他说:"这次捐款有一个特点,就是有非常明确的门槛。我们

作者2006年采访正在建设的"水立方"

这次捐赠只对港澳台侨同胞。我们在对外介绍情况的时候,很多中国驻外大使、中国驻外总领事也非常希望捐款,但是他们不符合条件。"

会场气氛庄重而热烈。新闻发布会结束后,乔卫回到房间休息。过了一会儿,门铃叮铃铃地唱起歌来。他打开门,只见一位来自日本的记者走了进来。他从兜里掏出一个信封递给乔卫说:"乔主任,我是日本乐乐中国电视台的记者欧阳乐耕,全家人旅居日本。最近我父亲得了癌症,我陪父亲回国治病。刚才参加了新闻发布会,您讲得特别好。我带的钱不多,除了医药费

和差旅费，只有1000美元零头。我把这些钱捐赠给你们，请务必收下！"

乔卫郑重其事地接过钱，表示感谢。

欧阳乐耕问："请问我是第几号捐款人？"

乔卫说："你是第一号现金捐赠者。"

欧阳乐耕说："太好了！我捐款不是在献爱心，而是在尽孝心！"

"尽孝心"这三个字深深地触动了乔卫的神经。有一次，乔卫来到东南亚某国和一个华侨老板谈为"水立方"捐款的事。这个商人不会讲普通话，只会讲英语和闽南语。

华侨老板说："我愿意参加捐赠。"

乔卫问："您准备捐多少？"

华侨老板说："我回去考虑一下。"

寒暄了几句，对方礼貌地告辞了。乔卫回到宾馆房间打开电视机看电视，过了片刻，电话铃声响起。他抓起听筒，女翻译的声音震得听筒嗡嗡作响："乔先生，我要找您谈捐款的事情。"

乔卫心想：这华侨老板的动作真快。他爽快地说："林小姐，你上来吧，我在房间等你。"

林婉然走了进来，递给乔卫一个信封说是捐款。乔卫打开信封，里面装有1400美元。他心里纳闷这么大的老板怎么给了这么点钱？他不露声色对林婉然说："林小姐，为奥运会捐款，钱多钱少都是一份心意。钱我收下了，请你向大老板转达我的谢意。"

他觉得自己说得挺得体，谁知林婉然却不高兴地说："乔主任，您为什么谢他呀？这是我们家的捐款。我们家有14口人，一人捐100美元。我们希望把我们全家的姓名在奥运场馆上刻在一起。"

这太令人意外了，乔卫觉得自己特别对不起这个小姑娘。他如鲠在喉，含着泪水说："林小姐，你的这笔钱我更得收下了。请代我向你全家人表示感谢。"

还有一次，乔卫在一个印度尼西亚华商的会客室里与他聊天。他们天南地北海阔天空越聊越投缘。那位华商看了眼手表说："乔先生，今天时间不早了，可我还想和您聊怎么办？"

乔卫说："酒逢知己千杯少，这回没聊够，改日接着聊。"

那位华商高兴地说："好，明晚我请您来我的办公室，咱俩好好聊。"

第二天晚上，乔卫如约而至。华商热情接待，一包香烟、几壶清茶，推心置腹地谈古论今，不知不觉就聊到了子夜时分。乔卫想告辞，华商不好意思地说："乔先生，我还有些问题想请教您，明晚您能赏光吗？"

乔卫和蔼地说："明晚我有个活动，要不后天晚上吧。"

华商高兴地说："好，后天晚上，请您到寒舍相会。"

在海外，一般朋友聚会都是在茶楼、饭馆、咖啡厅、会所、办公室等公众场合，如果主人把你请到家里，那就一定是至爱亲朋了。第四天晚上，华商把乔卫迎进家门，两人秉烛夜谈。就这样他们三个晚上，觥筹交错，酒热语酣。

华商说："乔先生，时间不早了，我最后再问您一个问题。"

乔卫诚恳地说："您别客气，其实和您聊天我也很有收获。您随便问，只要是我知道的，一定给您圆满的解答。"

那位华商幽默地说："我的问题是为'水立方'捐款的账号是多少？"

"就是要把大家的爱国心凝聚起来"

2004年，北京市侨办邀请东南亚的70多个中学生来中国参加夏令营。

应邀参加夏令营的华裔孩子来自当地几所中文学校，年龄在13~18岁之间。乔卫派人专程到边境口岸迎接他们，并陪同他们乘火车来到北京。这些孩子非常节俭，在火车上连矿泉水都舍不得买。来到北京后，乔卫又派人带领他们逛北京的长城、故宫等名胜古迹，纵览北京全貌，还参观了"水立方"工地。当孩子们得知修建"水立方"的钱只有港澳台侨同胞才能捐款时，立刻从兜里往外掏钱。你拿出10元人民币，我拿出20元人民币，所有的孩子都捐赠了自己的零花钱。

国家发展到这一步，国家拿出这十个亿是没有问题的。为什么还要接受海外华侨和港澳台同胞对"水立方"的捐款呢？就是要通过这件事把大家的爱国心凝聚起来。海外华侨和港澳台同胞的参与和支持，为我们成功举办奥运会创造了有利条件。一定要把这件事情办好！

决定接受海外华侨华人捐款以后，2005年，陈玉杰代表侨办向海外所有华人社团发出"公开信"，倡议海外华侨华人踊跃为"水立方"捐款；刘淇主持过多次会议听取港澳台侨同胞为"水立方"捐款事宜；王岐山多次过问接受海外捐款的情况；刘敬民只要会见华侨谈起奥运会，必讲"水立方"的捐款；孙安民只要出访，必定带齐材料，走到哪里就把工作做到哪里；北京市20多个政府部门的领导身体力行地做工作。得道多助，众人拾柴火焰高，来自四面八方的声援给了他们很大的支持。

我也是中国人啦！

一天，北京市侨办收到一笔来自匈牙利的汇款，一个匈牙利华人社团女侨领把全家二三十口人组织起来，每人捐100美元。还在一张信纸上密密麻麻写了一串捐款人的名字。

在众多的中文名字里面，夹杂着一个英文名字。原来，女侨领的儿子娶了个"洋媳妇"，没有华人血统。北京市侨办的同志把这个洋媳妇寄来的100美元捐款及寄这100美元所需的手续费一并退还了回去。同时，还给女侨领全家寄去了捐赠证书。

退还这样的钱，北京市侨办的同志已经习以为常了。慢慢地，他们把这件事情淡忘了。谁知，过了一段时间，女侨领专门来到北京找乔卫："乔先生，为捐款的事，我们家里产生矛盾了。"

乔卫笑着问："啥矛盾？"

女侨领说："我儿媳妇是匈牙利人，按照规定不能捐款；可儿媳妇的女儿有华人血统可以捐款。别看我这个小孙女才四五岁，不会说中国话，可她天天举着个捐款证书在妈妈面前显摆，一口一个'我是中国人！我是中国人！'你说给我儿媳妇弄个假名捐款行吗？"

乔卫说："这事儿我可不能做主，我请示一下吧。"

乔卫是个特别认真的人，马上就请示了北京市领导。答复说："华人家庭成员允许用中国的姓名参加捐款。"

乔卫立刻把这个消息转告女侨领，女侨领高兴得心花怒放。她的"洋

105

儿媳妇"拿到捐赠证书后也开心地向自己的小女儿显摆起来："我也是中国人啦！"

8.5亿元凝聚成"水晶宫"

乔卫遇见了一个70岁的曾担任国际裁判的华侨。他把乔卫拽到一个角落，从兜里摸索着掏出了200美元，颤颤巍巍地递给乔卫说："乔先生，我也参加奥运场馆捐款。"

2007年春天，乔卫在西班牙巴塞罗那市一家餐厅里向当地华人社团的侨领介绍北京奥运会场馆的建设情况。那家餐厅很大，除了他们以外还有一些局外人。当乔卫介绍完海外华侨为"水立方"捐款的情况，没想到邻桌的几个小青年神情激动地向乔卫走来。他们从兜里掏出了钱递到乔卫面前说："先生，您刚才讲的我们都听到了。我们也是华人，请您接受我们的捐款。"

霍英东先生对振兴中国体育事业立下了汗马功劳。早在中国1990年举办亚运会期间，他就捐款修建了英东游泳馆，这个游泳馆至今还在使用，给北京人的健身带来了便利。2008年北京奥运会，英东游泳馆继续派上用场。霍先生对中国筹办奥运会情有独钟，不仅慷慨解囊为多届奥运会获奖运动员颁发奖金，而且在中国申办奥运之初就表示："如果中国申办奥运会成功，我还会再捐献。"

2002年底，"水立方"的设计方案已经基本通过。霍英东先生来北京国际会议中心参观"鸟巢""水立方"的设计模型，并高兴地表示：我要为国家游泳中心捐2亿港元。

他说到做到，决定把钱分四期捐献给祖国。钱捐到1.5亿港元时，霍英东不幸与世长辞。他的儿子霍震霆先生秉承了父亲的遗志，不仅担任了国际奥委会委员，而且一如既往地支持中国筹办奥运。后来，北京市侨办突然接到了霍震霆的电话："请你们确认一下账号，我马上把父亲承诺的5000万港元打到你们的账户上。"

为了"水晶宫"，港澳台侨同胞无论钱多钱少都积极捐赠，有的罗马尼亚华侨5美元、10美元地捐。对于每一笔捐赠，北京市侨办都要造册登记。对捐赠100美元以下的表示感谢，对捐赠100美元以上的捐赠人，把他们的名字镌刻在"水立方"旁留名园的墙上，让捐款人的名字永垂史册。

港澳台侨同胞一份一份地捐赠，乔卫和他的同事们就一笔一笔地登记，一张一张地开收据，一个一个地在网上公开致谢。即使是捐赠1美元，他也要给人家开收据，在网站上公布人家的名字。由于很多港澳台侨同胞是在特殊场合捐款，乔卫身边没有带正式收据，所以他开的临时收据五花八门：有烟盒收据、名片收据、信笺收据、餐巾纸收据……他回去以后立刻给人家补寄收据。乔卫反复强调：港澳台侨同胞对"水立方"的捐款，一分钱都不能少，跑掉一分钱就是丑闻。中国举办奥运会，绝不能出现丑闻！他把每一笔捐款都上网公示，每个捐款人都能看到自己的捐款记录，每个局外人都能看到谁捐了多少。北京市侨办把全部捐款及利息一分不差地转交给北京奥组委。为了使奥运会捐款成为阳光工程，乔卫每个季度还请监察、审计部门对捐款数额进行审计。

来自101个国家和地区的35万多港澳台同胞及海外侨胞共捐献了8.5亿元人民币，充分体现了海内外中华儿女赤诚的爱国之心，彰显了伟大的中华民族精神。涓涓细流终于汇成了汪洋大海，"水晶宫"在爱心中诞生了！

"水立方"竣工纪念章

国家游泳中心——"水立方"是北京2008年奥运会最重要的比赛场馆之一，有42枚奥运金牌在这里诞生。"水立方"竣工纪念徽章蓝色透明膜采用了"水立方"建筑用的ETFE膜余料。这枚徽章是国家游泳中心董事长康伟赠送给我的，由于我跟踪采访"水立方"的建设，在"水立方"竣工后，康伟董事长给我打电话："孙老师，您想不想看竣工的'水立方'？要看赶紧来，明天就要上大狼狗了。"

撂下电话，我驱车赶到国家游泳中心，看到了没有对外开放的"水立方"，池中的水清澈无比，跳台巍然高耸，膜建筑在阳光的照耀下格外清爽，空气中弥漫着淡淡的清香。我特别喜欢游泳池的天蓝色池底，非常养眼，这个游泳池出了最多的世界冠军，我从不同角度拍摄了"水立方"的内景和外景照片，心中充满了自豪和喜悦。

作者采访时任国家游泳中心董事长康伟

"水立方"大事记

2003年1月15日　国家游泳中心建筑设计方案面向全球招标。

2003年7月28日　国家游泳中心设计方案正式确定，它的建筑造型是一个充满水的立方体，简称"水立方"。

2005年6月　国家游泳中心开始钢结构安装。

2006年4月10日　国家游泳中心主体结构顺利实现封顶，钢结构安装完成。

2006年6月16日　国家游泳中心钢结构支撑体系被成功卸载，"水立方"从方案蓝图变成工程实体。

2006年11月　国家游泳中心外墙面贴膜全部完成。

2007年3月　完成设备安装并开始联机调试。

2007年10月　竣工验收。

"水立方"港澳台侨同胞捐资共建北京奥运场馆纪念碑碑文

2008年，北京市侨办主任乔卫给我打电话说："孙作家，'水立方'要建造一块'港澳台侨同胞捐资共建北京奥运场馆纪念碑'，你全程采访这个过程了解情况，替北京市政府代拟一个碑文怎么样？"

我很快就写好白话文的碑文，详细介绍了来自多少个国家和地区的多少个港澳台侨同胞捐赠了多少钱修建国家游泳中心，文字写得很顺。当我准备交稿时突然想到港澳台侨同胞回来观光一定会参观他们亲手捐资建造的奥运场馆，我代拟的白话文碑文只是说明文，讲清了捐赠事实。我为什么不能用汉赋的形式讴歌"水立方"的建筑之美、奥运之美、体育之美、海外华侨华人热爱祖国、心系奥运的心灵之美，让港澳台侨同胞在参观奥运场馆的同时，再一次感受到中华传统文化的博大精深呢？

我在大学教古典文学，喜欢写古典诗词，于是，我根据自己对"水立方"和港澳台侨同胞捐建奥运场馆心情的理解饱含深情地写了一篇汉赋，与那篇白话文碑文一并交给了乔卫主任，并表示希望能够用汉赋当碑文。

交稿后我就埋头创作长篇报告文学《五环旗下的中国》，没有理会这件事，我以为自己的建议遭到了否定。突然有一天，乔卫主任兴奋地告诉我："孙作家，北京市政府采纳了你的建议，请北京大学的老师把你写的汉赋修改了一下，现在碑文一面用汉赋，一面用白话文。"

听了乔主任的诉说我非常感动，专程赶到国家游泳中心南广场，看到了那块石碑，这块碑的石头来自北京房山区，灰色的石头上镌刻着汉赋，落款是：中国共产党北京市委员会、北京市人民政府、第29届奥林匹克运动会组织委员会、公元2008年8月。

"水立方"观摩票

我珍藏着一张国家游泳中心的票，是"好运北京系列赛事——2008第16

届国际泳联跳水世界杯赛"观摩票，时间是2008年2月24日，座位是104区14排18座席。

"好运北京"系列赛事相当于北京奥运会前的测试赛，高手云集，我在国家游泳中心近距离观看世界高水平的跳水比赛，十分惊艳。场馆的洁净、舒适，跳水的惊险、优美深深地烙在我的记忆里。

我还在"水立方"看过张学友主演的现代音乐剧《雪狼湖》，这是华人音乐剧历史上演出场次最多的音乐剧，在"水立方"的背景下更加显得美轮美奂。

国家速滑馆（"冰丝带"）

时任国家速滑馆董事长兼场馆运行团队主任武晓南给国家速滑馆的定义：精耕细作、拔地而起、编织天幕、丝带飞舞、最快的冰、智慧的馆。

武晓南陪同国际滑联专家视察国家速滑馆工程

"冰丝带"的总设计师

2018年1月23日,国家速滑馆打下了第一颗桩,经历了整整三年,建设者把图纸上的"冰丝带"变成了国家速滑馆,使用了二氧化碳制冰技术,这个场馆为运动员提供温度传导最均匀的冰,提供好的滑冰环境,有利于运动员创造平原滑冰最好的成绩。北京冬奥会开放办奥,海纳百川,广泛引进了一些外国人才和技术。

在国家速滑馆建设期间,我曾经三次到现场采访。我见到了双奥设计师郑方,他参与了水立

双奥设计师郑方设计的"冰丝带"纪念模型

"冰丝带"的总设计师郑方(郑方提供)

方的设计，又是冬奥场馆"冰丝带"和"冰立方"的设计总负责人。

"冰丝带"书签是国家速滑馆设计师郑方赠送给我的，书签是不锈钢镜面，图案是"冰丝带"上面印刷的渐变冰花纹样。不锈钢镜面代表冰的反射，"冰丝带"上面的印花纹样来自中国的传统冰花图案，处理成渐变的样子，是一个现代时尚的演绎。作为"冰丝带"的设计总负责人，郑方欣喜地看到，在北京冬奥会上，各国运动员在国家速滑馆打破了10个奥运会纪录和1个世界纪录。

零排供能、绿色出行、5G共享、智慧观赛、运动科技、清洁环境、安全办赛、国际合作，科技冬奥通过8个方面212项技术为一届"简约、安全、精彩"的冬奥会提供科技支撑。

郑方是个奇才，他设计的"冰丝带"琉璃模型，中心有镜面做成的冰场；围绕冰场是蓝色琉璃做的观众看台，和场馆的配色原理是一样的，蓝色的水和透明的冰。最外层是透明的曲面玻璃幕墙。模型比例是缩小的1/1200。

郑方还送给我一枚徽章，黄色的椭圆形外围，中间是黑色的底盘，上面有黄色的"冰丝带"造型。"冰丝带"上面有NSSO四个黄色的英文字母，是Nations Speed Skating Oval的英文字头，即国家速

双奥设计师郑方赠送给作者的"冰丝带"书签

双奥设计师郑方赠送给作者的"冰丝带"纪念章

滑馆的英文缩写。徽章的椭圆形是缩小的场馆屋顶俯视图，缩小1万倍。外环渐变的小点点代表屋顶上安装的太阳能发电系统，徽章中间的图案是22条"冰丝带"线条的立体图。

作者在"冰丝带"采访

中国冰雪纪念徽章

中国冰雪纪念徽章

中国冰雪纪念徽章是国家体育总局冬季运动管理中心领导送给我的。中国冰雪LOGO的设计灵感来源于奥运五环，将五环变化成一个向前滑行的小人，小人身后一道道"冰痕"体现了风驰电掣的冰雪速度。在每次重大活动、重要场合，中国冰雪的运动员、教练员、工作人员都会佩戴上"中国冰雪"徽章。在中国冰的各个训练场、比赛场，也都会出现中国冰雪LOGO，激励大家勇毅前行、一往无前。在"奋进新时代"主题成就展上，中国冰雪LOGO多次出现在展出的图片和国产雪车、雪蜡车模型上，大家无不为中国冰雪从小到大、由弱到强所实现的跨越式发展，无不为自己是一名中国冰雪人感到自豪。

中国冰雪人团结一心、风雨同舟。国家体育总局冬季运动管理中心、国家自由式滑雪空中技巧队、国家钢架雪车队、国家高山滑雪队被党中央、国务院授予北京冬奥会突出贡献集体；武大靖、任子威、范可新、曲春雨、张雨婷、隋文静、韩聪、高亭宇、徐梦桃、齐广璞、谷爱凌、苏翊鸣、李文龙、闫文港、王强、荣格、刘广彬、赵宏博、纪冬、李博雅、王玄、依拉木江、蔡永军、赵焕刚、王赣生被授予北京冬奥会突出贡献个人。不仅是受表彰的集体和个人，每名中国冰雪人都是一颗螺丝钉，勇于担当，不辱使命。

北京冬季奥林匹克公园

北京冬季奥林匹克公园正式落户首钢园区。

北京冬季奥林匹克公园分为北区、中区、南区三大部分,北部为郊野湿地区,一直延伸到门城湖公园;中部为首钢工业遗址公园、群明湖、三高炉和石景山是主要景观;南部为城市森林公园,一直通往园博园。

"北京冬季奥林匹克公园"在首钢园区的总占地面积为171.2公顷,包括首钢滑雪大跳台、北京冬奥组委总部、北京冬奥会主运行中心、国家冬季运动训练中心场馆群、金安桥数字智能产业集聚区、服贸会场馆群等。"双奥之城"的北京,继有了奥林匹克公园后,又拥有了一座冬季奥林匹克公园,双奥公园交相辉映。通过奥运会的筹办和举办,为国家、举办城市和人民群众带来了长期收益。

冬奥公园开放3处节点与首钢园北区互连互通,方便市民游园赏景。冰雪森林景点就在首钢滑雪大跳台下,开阔的绿草植被前,矗立着4座70米高的冷却塔和滑雪大跳台,冬奥场馆、工业遗存、自然山水在这里完美融合。冬奥之环则是通过架在空中的高线公园空中步道与首钢园相连,可直达群明湖。首钢大桥下的"桥间天地",设置了桥下剧场等活动空间,也与首钢园实现连通。

2007年夏天，我到首钢采访夏奥会相关内容，看到首钢人为了北京奥运会搬迁，搞环境保护的各项举措，通过采访首钢集团能源环保产业事业部总工程师、首钢朗泽新能源科技有限公司总经理廖洪强博士、环保处高工李保军等人，我了解到：从1995年到2007年，首钢为了环保投入了21.3亿元。首钢每年产生8.5万吨左右的油泥，过去一直堆存在料场，如何回收利用？日本新日铁（新日本制铁公司）成功走出了一条清洁生产的企业发展之路，他们有这种技术，但是拒绝首钢人去参观。首钢团队有10个人，涉及焦化、环保、热工、机械专业，最大的43岁，最小的29岁，大家憋着一股劲儿，废寝忘食地研究轧钢油泥资源再生利用，经过回收利用，形成固态的氧化铁粉、液态的水可以浇花，油可以变成工业用油，一吨油泥价值400元，循环经济每年为首钢创造效益3000多万元，解决了首钢二三十年没有解决的技术难题。

我还参观了首钢月季园，首钢人为了环保治理水源，种植花草，月季花开得分外妖娆。我的笔记本上有首钢人15年前的留言，廖洪强写道："为了北京奥运，我奋斗，我奉献，我快乐！"

李保军写道："为了北京的蓝天碧水，我们首钢人宁愿牺牲一切。"

姚绍豪写道："奥运在我心中，保奥运停高炉乃和谐奥运，贡献自身的力量。"

三高炉畅读书店宣讲《中国冬奥》

30年前，我曾经到首钢参观，看到高炉炼铁的场面，铁流滚滚，热血沸腾。看到昔日为国家创造财富的高炉马上就要停产，我感慨万千。首钢人告诉我："2005年6月30日0点，炼铁厂5号高炉正式停炉，三个退休10年的老师傅停炉前一个礼拜天天来车间看高炉，7月10日停炉仪式时，很多老师傅都哭得眼泪汪汪。"

听了他们的话，我的鼻子一阵阵发酸，我能理解首钢人对高炉的感情，强忍泪水一遍遍地拍摄高炉的身影，恨不得用镜头把它们永远定格在人们的记忆里。首钢到曹妃甸直线距离有220公里，坐火车要好几个钟头，但是为了北京奥运会，首钢人毅然搬迁。

2010年12月19日，首钢石景山厂区最后一座高炉停产。当年年底，厂区钢铁主流程全面停产。从此，首钢变成了一个废弃的工业园。

采访北京冬奥会，我再次来到首钢，从夏奥会到冬奥会，变化的是时光，不变的是首钢期盼奥运、情系奥运、参与奥运的强烈愿望，是首钢人为民族、为国家做贡献的历史担当。

首钢一共有5座高炉，3号高炉旁就是美丽的秀池，能够熔化铁矿石的3号高炉变成了一座博物馆，一楼开了全民畅读艺术书店和展览馆。

2022年9月17日，我应北京市委宣传部之邀来到首钢园全民畅读书店，作为嘉宾参加由中共北京市委宣传部主办的最美读书声"迎接党的二十大"主题阅读活动，宣讲我的长篇报告文学《中国冬奥》，这个书店就是在3号高炉一层建立的。

这个地方我太熟悉了，当年秀池和3号高炉改造，我在现场。我非常欣赏3号高炉的设计，高炉旁边有一座仿古小亭子，秀池原来是一个深5米、面积35000平方米的晾水池，碧波粼粼，游船荡漾，绿树环绕，鸟语花香，主要用途是存放炼铁循环用水。

风光旖旎的秀池仿佛一个美丽的公主，依傍着3号高炉这个英俊的王子，形影不离。随着3号高炉的改造进程，秀池也迎来新的生机，它被改造成新型水下车库和下沉式圆形展厅。为了节省空间，建设者别出心裁地将水放掉，将空间用楼板平行隔断，经过防水工程和混凝土浇筑，下面形成一个停车场，上面蓄水，水深0.8米，水中种上浮萍芦苇，仍然是一座美丽的池塘。

秀池改造

秀池改造是首钢园区西十冬奥广场南侧延伸建设项目，也是首钢园区北区改造建设的重要工程之一，既保留了原有的水面景观，又解决了北区停车难的问题。

秀池最大的实惠是修建了一个巨大的地下车库，可以停放9000辆汽车。建设者还用建筑垃圾制作混凝土砖，与原来首钢的烧结砖搭配铺地；将草本植物的种子和树种挪过来，在园区栽种枫树、狼尾草、野菊花等生命力强的植物，与粗犷的建筑风格十分协调。工人们还用工业废料做了几个雕塑，有炼铁高炉模型、吹萨克斯的乐手、鸵鸟、焊工用的焊把……煞是好看。

3号高炉被改建成一座博物馆，设ABCD四个展馆，一个是中国工业博物馆，一个是首钢展示中心，举办各种展览。畅读书店就在3号高炉主体内安营扎寨，走进书店，迎面是一排排高大的书架，里面开放式地陈列着各种书籍，读者可以翻阅；我演讲的主席台旁可以清晰地看到钢筋水泥柱子等工业遗存的痕迹。

3号高炉和秀池通过水下廊道进行连接，地上部分采用折线形的地景建筑设计，将博物馆报告厅、临时展厅、餐厅等配套功能以活泼的小尺度滨水建筑呈现，让高炉之刚与秀池之柔自然承接，相得益彰。最有创意的是在秀池中挖了一个碗，碗的顶部蓄上10厘米的水，别有一番趣味。碗底就是博物馆的一隅，叫作静水院，可以由秀池柳堤步入湖面纵深，沿着清水混凝土砌筑的首钢功勋墙逐级而下潜入池中。站在碗底仰望天空，刚巧可以看到3号高炉的炉顶。穿过水下廊道来到高炉内部，登高攀升，可以饱览整个高炉炼铁的全部工艺流程，整座博物馆鲜活地呈现在人们面前，动态地诉说着首钢曾有过的峥嵘岁月。

3号高炉涂了一层铁锈红，这层红是集思广益，光铁锈红的油漆就筛选了很多种。高炉的护栏也是精心设计的仿工业护栏，彰显着强烈的工业元素。晚上，3号高炉通体点亮后，一片火红格外抢眼，秀池水中红色的倒影分外妖娆。红色的外观，正像是炉中钢水的颜色，犹如曾经生产时的热火朝天，高大恢宏的工业建筑和醒目的颜色，给人强烈的冲击。

当年3号高炉烈火熊熊、铁水飞溅，如今秀池书声琅琅、书香飘散，我用宣讲读书表达着"双奥之城"的骄傲，国际交往的自信。作为"迎接党的二十大"主题阅读系列活动的重要组成部分，最美读书声围绕北京"四个中心"建设，主办方把"四个中心"建设成果展示与"书香京城"建设相结

见证中国双奥

首钢三高炉

合，策划推出系列阅读活动，用独特、新颖的形式，向党的二十大送上一份充满"墨香"的厚礼。

"四块冰"

2017年，首钢与国家体育总局签署《关于备战2022年冬季奥运会和建设国家体育产业示范区合作框架协议》，决定在首钢园区内建设国家冬季运动训练中心。

"四块冰"指的是利用精煤车间的工业遗存，首钢园改造出短道速滑、花样滑冰、冰球、冰壶4个训练场馆，用于冬奥赛前国家队的训练。

曹雷是首建投工程建设部冬训中心项目经理，负责"四块冰"建设。先在精煤车间建三块冰，正常需要两年半至三年时间，而给他的时间只有13个月，2018年6月必须交付使用。这13个月经历了春节民工返乡、两季农忙农民工要回家，2017年北京市委环保停工90多天，实际建设时间只有10个月，他们一天当成两天用，24小时连轴转，最后一个月再拼搏60天。

为了冬奥工程，他没有陪女儿逛过一次公园，没有给女儿开过一次家长会，甚至女儿骨折了都无法陪伴；所有的双休日都在加班，每天都在工地走上2万步。他平均每天要接300多个电话，有一次，他在冰壶馆房顶检查工程，他的手机不小心滑出裤兜，从18米高的房顶上掉到地面摔得粉碎。

首钢滑雪大跳台

首钢滑雪大跳台早期的负责人叫作胥延，每次到首钢采访，我都让他带领我去看大跳台的建设。后来，我又找到大跳台项目协调部工程师杨佳琼，了解滑雪大跳台建设，亲眼看着大跳台从奠基变成了雄伟的奥运建筑。

走进首钢园区，只见石景山和群明湖交相辉映，西侧4座高耸的冷却塔巍然矗立，在冷却塔前就是巍峨的首钢滑雪大跳台。从远处看，大跳台好似一条敦煌飞天的飘带，又像一只晶莹剔透的水晶鞋。

首钢滑雪大跳台由赛道、裁判塔和看台区域三部分组成，赛道长164米，赛道最宽处34米，最高点60米。

首钢滑雪大跳台

首钢滑雪大跳台是谷爱凌、苏翊鸣摘取金牌的福地，它的后续利用就要积极引入国际冰雪赛事，向社会公众开放，讲好新首钢故事。未来首钢滑雪大跳台将大力引入滑雪大跳台世界杯、X Games世界极限运动等顶级赛事活动，充分挖掘和发挥极限运动场地潜力，努力探索打造特色赛事IP；这里不仅积极承接专业训练，同时也向公众开放，用作音乐节、啤酒节、体育文化节等举办场地，通过灯光秀、美食街、音乐沙龙等独具特色的活动，与石景山游乐园和朗园Park等组建成夜间消费圈，提升居民的幸福感。

2022年北京冬奥会和冬残奥会闭幕后，首钢园正式进入后冬奥时代。2022年4月，首钢园北区全面开放后，吸引了许多游客，首钢园也在进一步完善停车、餐饮、购物等商业商务配套设施。2022年6月18日，首钢园·六工汇购物广场正式对外营业，成为周边居民休闲消费的新去处。2022年国庆节期间，首钢园·六工汇上演了一批包括自然艺术科普、复古舞会在内的文旅体验项目，吸引了近20万名游客。

首钢有5个科技冬奥的项目和10个智慧园区的项目，包括滑雪大跳台的可变赛道设计、无人车驾驶等多个主题。这15个项目给首钢园带来了前沿的科技要素。

西十筒仓

首钢面积有8.63平方公里，西北角是储存和运输原料的地方。火车将煤粉、焦炭、锰矿、石灰石、澳矿等原料运到首钢，通过翻车机把原料卸到皮带运输机上，再通过转运站把原料分门别类储存在筒仓里，生产时再把原料通过皮带运输机、转运站送入料仓进行配比，配比完成后再用皮带传送到高炉进行冶炼，铁水出来后再去炼钢，这就是这个区域的工作流程，曾经为首钢年产800万吨钢材提供了强有力的保证。由于担负从河北宣化运送铁矿石的这条铁路叫作西十线，所以这个区域叫作西十料场，筒仓叫作西十筒仓。

首钢的冰壶雕塑

首建投邀请了清华大学华清安帝公司、比利时戈建筑设计公司和英国斯锐公司前来设计改建筒仓。这个6层楼高的庞然大物,筒壁最厚的地方是1.2米,最薄的地方是50厘米。要住人必须给筒壁开窗,清华大学建筑师负责设计1、2筒,其设计理念是保持工业风貌,他们设计的窗户是方形的,满足室内的通风和采光需求;比利时建筑师负责设计3、4筒,设计的窗户是长方形的,纵向挖洞,体现了德国工业园的设计风格,洞开得大采光好,屋里很明亮;英国建筑师负责设计5、6筒,设计的窗户是圆形的,在筒壁的窗户旁涂抹红色的圆形图案,精心点缀。

采访北京冬奥会时,我再次来到首钢,就在5号筒仓进行平昌冬奥会大讨论,中午没有地方休息,我就在筒仓会议室里待着,屋子里有一种装修过的气味儿,很艰苦。那些日子,北京冬奥组委的同志们就是在建设的轰鸣声中工作,眼看着冬奥广场和西十筒仓在嘈杂声中茁壮成长。

看到首钢园的新面貌,欣然填词:

《望远行 首钢园》

秀水生辉映玉钟,高炉斟酒醉颜红。筒仓俯首伴青骢,精煤亲证卧薪功。
冰晶履,喜相逢,塔台魂梦与君同?凌花追忆铁流融,飞天期待月明中。

秀水指的是秀池,玉钟指的是玉制的酒杯,秀水生辉映玉钟指的是秀池的波光映照着玉制的酒杯;高炉斟酒醉颜红指的是3号高炉在晚上被灯光映照得一片火红,仿佛醉酒的红晕;青骢指的是青白杂色的骏马,筒仓俯首伴青骢指的是北京冬奥组委办公楼的筒仓陪伴着骏马般的冬奥人在工作;精煤亲证卧薪功指的是改造成"四块冰"的精煤车间亲眼见证运动员为了备战冬奥会卧薪尝胆;冰晶履指的是首钢滑雪大跳台"雪飞天",酷似水晶鞋;塔台指的是滑雪大跳台旁的晾水塔,上演的灯光秀美轮美奂;凌花追忆铁流融指的是冬奥会的雪花追忆昔日首钢园的铁流钢水;飞天期待月明中指的是晾水塔上灯光秀的飞天造型期盼北京冬奥会花好月圆。

为了北京奥运会首钢搬迁后,原址就变成一个荒凉的厂区遗址,北京冬奥会使首钢园重新焕发青春。在北京冬奥会迎来开幕倒计时一百天之际，"北京冬季奥林匹克公园"正式落户首钢园区。国际奥委会已批准使用北京冬季奥林匹克公园的名称。国际奥委会表示：北京冬季奥林匹克公园成为北京2022年冬奥会最伟大的遗产之一，首钢园区为环保转型呈现了最佳范例。

北京冬季奥林匹克公园是北京冬奥会留给北京的一份宝贵遗产，首钢奥林匹克公园已经

首钢西十筒仓变成北京冬奥组委办公室

成为奥林匹克运动推动城市发展和老工业区复兴的生动实践。绿色办奥、共享办奥、开放办奥，首钢人向两个奥运会交出了一份满意的答卷。自首钢搬迁后，这里经过近20年的探索，首钢现已成为集商业、科技、体育、文旅等多种业态于一体的高端产业综合服务区，变成了冬奥、冰雪、网红打卡地。

五棵松棒球场

五棵松棒球场毗邻五棵松体育中心，五棵松体育中心建筑面积6.3万平方米，能容纳18000人。其中地下1层、地上6层，高度为27.86米。2008年夏季奥运会后，成为一座文化体育活动的地标式场馆。2020年12月，北京2022年冬奥会冰球比赛场馆五棵松体育中心改造工程完工，举行女子冰球比赛。五棵松体育中心成为北京冬奥会竞赛场馆，给北京人民带来了体育和文化的欢乐。

2007年8月18日至23日，"好运北京"2007国际棒球邀请赛在北京五棵松棒球场举行，我应邀前去采访。

"好运北京"体育赛事是检验奥运筹办成效的重要环节，是找出差距、提高水平的重要平台，是2007年奥运筹办工作中最为重要的一项任务。作为奥运会前第一次综合测试赛之一，五棵松棒球场珍惜这一难得的"实战彩排"机会，以高水平的奥运标准来精心筹划、组织、实施"好运北京"2007国际棒球邀请赛，集中、全面检验"以竞赛为中心、以场馆为基础、以属地为保障"这一赛时运行系统，检验单项赛事指挥体系及与综合测试指挥运营中心的协调、沟通机制，检验场馆团队处理日常事务和应急事件的能力，完善各项服务管理政策和程序。围绕竞赛，以奥运的标准推进媒体、安保、交通、住宿、餐饮、医疗卫生、礼宾接待、市场开发、观众服务等各方面工作，让来自世界各地的朋友感受到安全、友好、和谐、热烈的氛围，享受到及时、周到、便捷的服务。

2007年作者采访"好运北京"国际棒球赛

延庆赛区国家高山滑雪中心（"雪飞燕"）和国家雪车雪橇中心（"雪游龙"）

2019年夏天，我采访延庆赛区时没有路，是乘坐全地形车上山的，一场大雨成了我的见面礼。车外下大雨，车里下小雨，我只好用矿泉水瓶子接滴

延庆国家雪车雪橇中心

在车里的雨水。到了山顶海拔2198米，气温骤降，我全神贯注采访拍照，一不留神滑倒摔得很惨。我在雨水、泥水中采访，领教了在小海陀山施工的艰难。

国家高山滑雪中心亦称"雪飞燕"，位于延庆赛区核心区北区，赛区用地近似扇形，占地面积约432.4公顷，最长赛道全长约3000米，垂直落差大约900米。这里举行了北京2022年冬奥会及冬残奥会高山滑雪项目比赛。国家高山滑雪中心设有7条雪道，包括3条比赛赛道及4条训练赛道，其中比赛赛道最大垂直落差约870米，总长度约4800米，总面积约24公顷，承担高山速降、超级大回转、大回转、回转、平行回转和全能等项目的比赛。其他配套设施占地约6.4公顷，总建筑面积约2.9万平方米。此外，还包括山顶出发区、中间平台、竞技结束区、竞速结束区、集散广场、索道等配套设施，它们以珠链式布局散落在狭长险峻的山谷中，穿插叠落，营造出与山地环境相得益彰的人工景观。站在小海陀山极目远眺，高山滑雪赛道蔚为壮观，面条雪格外清晰，被国际雪联专家誉为"国际领先水平的赛道"和"世界上难度最高的高山滑雪赛道"。

国家雪车雪橇中心亦称"雪游龙"，位于延庆赛区核心区南区中部山脊之上，总占地面积约19公顷，总筑面积约6万平方米，赛道中心线长度约1935米，竞赛长度约1610米，垂直落差127米，这里举行了北京2022年冬奥会雪车、钢架雪车和雪橇的比赛。比赛项目包括：雪车（男子4人、男子双人、女子双人）、钢架雪车（男子、女子）、雪橇（男子、男子双人、女子、团体接力）。

2021年的春节狂风怒号，寒气逼人，在延庆赛区，我看到国家雪车雪橇中心的建设者在加班工作，运动员在积极备战，来自拉脱维亚、俄罗斯、加拿大、法国的制冰师在紧张地制冰。这8位制冰师远离亲人，为了北京冬奥会顽强拼搏。大年初五就要进行"相约北京"冬季体育系列测试赛，他们一刻也不能停，与运动员一起并肩作战。他们来自不同的国度，却因为奥运而相聚，无私奉献，迎接北京冬奥会的到来。

张家口赛区滑雪大跳台（"雪如意"）

国家跳台滑雪中心——"雪如意"被誉为世界上最有设计感的滑雪跳台。跳台环形顶端、赛道剖面线形和底部看台，以优美的姿态静卧在峻岭之间，造型如同一柄"如意"。如意在东汉时就出现了，在清朝时已成为宫廷的珍宝之一。它的造型是由云纹、灵芝做成头部衔接一长柄而来。"如意"是由古代的笏和搔杖演变而来，当时人们用它来搔手够不到的痒处，可如人之意，故名"如意"。如意是玉雕件中较为特殊的制品，是我国传统的吉祥之物。

国家跳台滑雪中心和如意外形相似，雅称"雪如意"，是清华大学张利设计的，与首钢的滑雪大跳台珠联璧合，相得益彰。由于建筑上面有一个圆盘，工人们亲切地称其为"大脑袋"。"雪如意"承担北京冬奥会跳台滑雪、北欧两项的比赛。

张家口赛区包括三个组团：第一是云顶滑雪公园场馆群，第二是古杨树场馆群，第三是太子城冰雪小镇。云顶滑雪公园场馆群有空中技巧、雪上技巧、U形场地、坡面障碍技巧、单板平行大回转、障碍追逐6条赛道，为竞赛场馆；张家口山地新闻中心是非竞赛场馆，位于云顶大酒店内。

古杨树场馆群包括国家跳台滑雪中心、国家越野滑雪中心和国家冬季两项中心3个竞赛场馆，1个张家口山地转播中心为非竞赛场馆；第三个组团太子城冰雪小镇，有张家口颁奖广场、张家口制服与注册分中心、张家口冬奥村，均为非竞赛场馆。

冬奥会所有建设工程都要坚持质量为百年大计，精心设计、精心施工。冬奥筹办工作开展以来，张家口实施了一大批冬奥、涉奥项目。2020年冬天，我来到崇礼采访，在古杨树场馆群，亲眼看到国家跳台滑雪中心等场馆正在紧锣密鼓地建设中，当时的最低气温是零下15摄氏度，为了抢工期，工人们在加班加点地奋战。天上纷纷扬扬飘洒着雪花，漫天皆白，雪里施工情更迫。我站在雪中采访，照相机镜头捕捉到了鹅毛般的雪花在空中飞舞。中铁建工的工人告诉我，他们早晨5点多起床，7点就要到岗，每天工作十几个钟头。

冬奥赛区着力进行山体生态修复与景观提升，恢复原有自然景观风貌，使其如同自然天成。其中，古杨树场馆群景观风貌"以玉为图、以碧为底"，玉就是"雪如意"和"冰玉环"，碧就是自然生态的基底，重点打造

从张家口赛区"雪如意"上俯瞰大地

融合山、甸、林、缘（边坡）的近自然风貌，形成山形碧影、稀树花甸、疏林草地、延绿增景的特色。过去，这里大多是荒坡，现在依托山势建造的"雪如意"巍峨挺立，周围实施了绿化，一片郁郁葱葱。

贾茂亭是张家口奥体公司总经理，负责古杨树场馆群（"雪如意""冰玉环"）和张家口冬奥村的建设。他在工地工作了五个春秋，腿被冻坏了，不能自由下蹲。他在干冬奥工程时，弟弟出车祸变成植物人，哥哥尿毒症去世，母亲急火攻心重病住院，家里接二连三出事，他心里难过但表面却不露声色，依然带领大家建设冬奥工程。他的汽车后备厢里长期放着一个暖水瓶、一箱方便面，误了饭点儿就垫补几口。人饿瘦了，腿受伤了，他对不起家人，却向人民交出了满意的答卷。

"雪如意"等竞赛场馆赛前就制订了奥运遗产计划，从体育赛事的举办、赛后的全民健身到商业运营、文化活动，形成系统的超前的规划。所有场馆都在这几个方面下功夫：一是竞赛场馆赛后全部对公众开放，针对"雪如意"，雪季时举办一些跳台滑雪的展示表演、开展一些大众体验活动，非雪季开展攀爬楼梯、索道的项目，还有在赛道比较缓冲的地方设置成"滑草"；看台区适合开展户外足球、网球、羽毛球，群众性的活动都可以开展。二是高水平体育场馆赛后还是要举办国际高水平的体育赛事，比如国家跳台滑雪中心，它不仅要用来申办和承办跳台滑雪世界杯、锦标赛等赛事，同时也为国家队包括一些青少年梯队提供训练基地。

"雪如意"在规划多业态的经营来实现场馆的四季运营，顶峰俱乐部有4100平方米的室内空间，正在积极与电竞产业合作，谋划赛后一些高端的会议会展，也有计划建设场馆本身的冬奥博物馆、开设一些AR/VR体验馆；结束区是看台，中间场地有标准足球场那么大，两侧有几千看台座位的预留，能开展一些文化、旅游、休闲、商业活动，包括演唱会、音乐会、青少年夏令营等，是全时全季的旅游度假胜地。

奥运场馆的赛后再利用

现代社会，奥运会不仅仅是国际体育竞技的舞台，同时也是一种非常复杂的经济现象。第二次世界大战以来，举办奥运会对举办城市的经济乃至对举办国整个的国民经济发展都产生了深远的影响。

换句话说，奥运会能否让举办国旧貌变新颜，关键取决于奥运会结束后场馆资源的开发和利用情况。

现代奥运会场馆建设过程中存在奢华成风、规划不够、投资规模过大、场馆经营管理难度大等难题。1972年慕尼黑奥运会以来，多数举办城市都力求将奥运会办成奥运会历史上最好的奥运会，在体育场馆建设过程中求大求全，场馆建设规格普遍较高。

由于奥运会超标准建设，使得悉尼和雅典在奥运会结束后在奥运场馆运营管理方面存在极大的困难。悉尼本来人就少，奥运会场馆又大多建在远郊区，哪个居民会长年累月乘火车去健身？哪个球队愿意不远万里去比赛？所以悉尼的奥运场馆赛后大多空闲搁置，奥林匹克公园在2003—2004年度亏损8539万澳元，其中澳大利亚体育场亏损达2400万澳元。

很多举办城市在奥运场馆建设中规划不够，尤其对奥运场馆赛后利用和需求考虑不足。一些举办城市由于缺乏奥运会场馆建设运作经验，没有将奥运场馆的建设和赛后利用有效结合起来，导致奥运场馆建设费用超出预算，赛后利用非常困难。

1976年，加拿大的蒙特利尔奥申委在向国际奥委会提交的申办报告中提出，将奥运会办会的预算控制在1.24亿美元，然而最终的支出超过15亿美元。蒙特利尔奥运会的主体育场从1973年开始兴建，1975年蒙特利尔建筑工人举行了长达6个月的大罢工，严重影响了工期。1976年奥运会开幕时，主体育场还没有建好，许多原定在主体育场举行的活动和比赛不得不改在临时场地进行。

2004年雅典奥运会场馆建设规划不够周全，尤其场馆的建设支出、场馆的赛后利用、场馆建设工期等方面存在巨大问题。雅典奥运会场馆建设、奥运会运营和其他相关支出达120亿美元，这一数额超过了以往历届奥运会的经费支出。

奥运会场馆经营管理难度很大，多数举办城市在奥运场馆赛后维护上都长期亏损。由于奥运场馆主要用于承接重大体育赛事，功能比较单一，因此，奥运场馆的赛后利用成了"老大难"。经营和开发奥运场馆赛后资源是每个主办城市都面临的重大挑战。悉尼奥运会结束后的2003年奥林匹克公园的运营管理亏损8539万澳元，虽然政府补贴了7045万澳元，但仍然亏损1495万澳元。

1972年慕尼黑奥林匹克公园在奥运会结束后，每年的运营维护费用平均达到3000万美元。1988年汉城奥运会建设的奥林匹克公园，尽管规模较小，但奥运会结束后每年的维护费用也超过800万美元。

2004年希腊政府的财政赤字占国民生产总值的5%，其中一半以上与奥运会的筹备和举办有关。奥运会场馆主要集中在举办城市，1972年以来，除了1984年洛杉矶奥运会和1996年亚特兰大奥运会以外，历届奥运会的举办城市都投入巨额资金用于奥运会场馆建设。这些资金多数由举办城市政府承担。

由此我想到一个问题，为什么1984年洛杉矶奥运会和1996年亚特兰大奥运会的举办城市没有投入巨额资金用于奥运会场馆建设？这恐怕与美国人的心态有关。他们举办过三届奥运会，是世界上举办奥运会最多的国家。我曾经问过美国朋友："当奥运会在你们国家举办时，你们是什么心态？"他们耸了耸肩说："办就办呗，我们没当回事。"

北京的奥运会场馆是目前国际上档次较高的体育场馆群，未来将面临十分激烈的国内外竞争。大型体育场馆扩大经营效益最重要的途径就是扩大体育场馆无形资产的价值。以冠名权和豪华包厢为代表的无形资产开发收入是大型体育场馆最大的收入渠道，能否有效地开发无形资产将决定北京奥运会场馆经营的成败。

中国经济正在突飞猛进地发展，中国作为一个巨大的国际市场正在吸引全球的目光。北京是中国的政治、经济、文化中心，经济发展速度迅猛，正在成为京津冀城市群经济发展的引擎。北京作为我国的体育赛事中心城市和国际化体育中心城市，高水平的体育赛事和文体活动将层出不穷，为冠名权和豪华包厢的开发创造了条件。此外，奥运会的资金收入、豪华包厢收入、冠名权收入、门票收入、广告收入、永久性座椅收入、食品饮料及吧台收入、停车场收入、健身房收入等，都是我们可供经营的资产。

奥运会结束后，各国的奥运会场馆的运营以组织大型体育、文化、商贸、政治活动为主。汉城奥运会结束以后，奥林匹克公园成为一个体育与文化相结合的休闲娱乐中心。

悉尼奥林匹克公园在建设阶段就被定位为一个世界独一无二的集体育、休闲娱乐、文化、商贸、科教于一体的大型活动中心，使公园成为澳大利亚体育第一基地。

北京2022年冬奥会、冬残奥会使用39个场馆，分布在北京赛区、延庆赛区和张家口赛区。场馆中的7个位于北京奥林匹克公园范围内，其中使用了多个2008年夏奥会的场馆，比如国家体育场（"鸟巢"）成为北京冬奥会、冬残奥会开闭幕式会场；国家游泳中心（"水立方"）变成"冰立方"举办冰壶、轮椅冰壶比赛；国家体育馆举办男子冰球、冰橇比赛；五棵松体育中心举办女子冰球比赛；首都体育馆举办短道速滑、花样滑冰比赛。新建场馆也从开始就考虑到赛后再利用的需求。作为世界上第一个"双奥之城"，北京能够重复利用许多体育场馆，这是奥运会历史上的闪光点。这些场馆是北京

2022年冬奥会遗产的重要组成部分，有助于推动冬季运动的发展。中国的做法为未来的奥运会提供了样板，为场馆的长期运营提供了方案，树立了奥运会可持续发展的典范。

建筑精品到赛后连续多年自主盈利，已经成为奥林匹克运动大型体育场馆赛后利用公认的典范。通过多项创新技术的运用，北京国家游泳中心既是冬奥会历史上体量最大的冰壶场馆，也是世界唯一水上项目和冰上项目均可运行的"双奥场馆"。所有新建、改造场馆和设施全部满足绿色建筑标准，"雪如意"将融化雪水回收存储用于再造雪；从筹备之初就充分考虑所有场馆的赛事需求和赛后利用。北京冬奥会和冬残奥会共使用39个场馆，其中10个利用既有场馆遗产、4个利用土地遗产。五棵松体育中心可在6小时内完成冰场和篮球场的转换。在废弃工业园区"变身"的首钢园区里，国际奥委会主席巴赫感慨地说："谈到可持续发展，你只需要在这里看一看。""它实现了竞赛场馆与工业遗产再利用、城市更新的完美融合。"

营造北京历史文化名城的格局

要想了解一座城市的内涵,最直观的是看她的建筑。建筑是城市的眼睛,20世纪50年代末期,人民大会堂、中国革命博物馆和中国历史博物馆、北京火车站、全国农业展览馆、民族饭店、民族文化宫、军事博物馆、华侨大厦、钓鱼台国宾馆、工人体育场十大建筑是中华儿女向中华人民共和国成立十周年奉献的最好的礼物。周恩来总理曾经热情地称赞:"北京的人民大会堂这样大的建筑,只用了十个多月的时间就建成了。她的精美程度不但远远超过我国原有同类建筑的水平,在世界上也是属于第一流的。"

时至今日,除老的华侨大厦拆除外,其余九大建筑仍然以美观大气的英姿向人们展示着自己的恒久魅力。

新中国成立后,北京城市总体规划将旧城中轴线延长,使旧城的传统格局得到进一步发展。1952年、1958年和1976年分别对天安门广场进行了三次大的改建,形成了今天广场的面貌。

北京中轴线是指明清北京城的中轴线,北京的城市规划以宫城为中心,左右对称。中轴线南起永定门,北至钟鼓楼,长约7.8公里。对于北京这座历史文化名城来说,中轴线就是她几百年城市发展的灵魂,记录着老北京的历史。

要想了解北京的城市规划，就要了解这条中轴线。她是北京城的脊梁骨，是北京城的核心。1957年，北京城拆除了永定门，北京的中轴线从此就像一根断了线的琴弦。古建专家王世仁先生说："完整的中轴线代表了北京的历史文脉。中轴线上的门、桥、枋、殿就是文脉的标志，每处都记载着首都的历史变迁。城市失去历史标志，等于失去了记忆。保护好这条中轴线，也就是使后人不至于看到一个失去记忆的城市。"

奥林匹克主场馆究竟建在何处？早在1998年底，为了促进第二次申奥成功，北京市政府就开始进行奥林匹克公园选址规划。在入选的13个方案中，初选了3个方案：一是北郊方案，就是现在的奥林匹克公园和奥运主场馆的位置；二是东南四环方案，在东南四环和京津塘快速路交叉口的东南角；三是南城方案，就是亦庄北京经济开发区及其发展用地。

北京市政府、建设部、建筑设计院组织专家对几个方案进行了论证。一派主张建在南城，南城经济发展较弱应该带动周边地区发展。奥运场馆建在南城有利于南北平衡；另一派主张建在北城，理由是北郊是北京市发展较快的地区之一，现有的基础设施和配套设施较完善，建设规划自成一体，社区发展成熟，有建设基础。奥体中心、中华民族园等文化体育设施及周围的绿化为这个地区树立了良好的城市形象。奥运场馆要充分考虑到赛后再利用问题。奥运主场馆邻近北四环，人口密集，人们会经常去健身娱乐，奥运会场馆能尽快回收成本，创造效益。

奥运场馆建设是对城市规划的挑战。究竟是建在南城还是北城？仁者见仁，智者见智。奥运会使全新的城市景观代替原有景观，带来城市进步。规划师和设计师必须本着对这块土地未来发展命运负责的态度，对赛后土地及场馆的利用深思熟虑。

广泛听取各方面的意见后，1999年12月9日，北京市政府专题会议将奥运会主场馆、奥运村和奥林匹克公园中心区选址确定在北郊北中轴线一带。

奥林匹克公园在北郊选址就确定了公园与北京古老的中轴线的密切关系。北京奥运场馆规划以中轴线为主。国家体育场、国家游泳馆、奥林匹克公园等北京奥运会主场馆都位于中轴线往北的延伸带。

北京的中轴线有700多年历史，早在元朝建都时，北京就形成了以皇权为中心的中轴线布局。很多重要的皇家建筑都依傍着这条中轴线，如今，奥运场馆也放在这条中轴线的延伸带上，北京市政府对奥运会的重视程度，由此可见一斑。

奥林匹克公园总用地1215公顷，集中了11项奥运比赛和10个奥运场馆。还包括奥运村、国际广播电视中心和主新闻中心等重要设施。

建筑是城市的眼睛，当世界几十亿双眼睛投向中国时，我们究竟要让世界看到什么？

建筑具有双重性，既是物质财富，又是精神产品；既是技术产物，又是艺术创作。在信息时代，人们的文化理念、美学理念、价值观和社会生活方式都发生了翻天覆地的变化。在人与自然、人与生态环境协调，科技与人文同步飞跃的时代，建筑的多元化就成为一种流行趋势。灿烂的世界文化是由独具特色的地方文化组成的，在现代建筑的共性中要表现出其地方特性，既丰富多彩，又和而不同。建筑是建筑师的杰作，也是建筑师文化观念的诠释。建筑师的文化根基和建筑素养决定了他们的建筑风格。

一支全新的建筑大军正在雄心勃勃地改变着首都北京的面貌。热火朝天的城市建设，吸引了全世界建筑和城市规划界的视线。

一群不同文化背景的建筑师、艺术家和工程师从世界各地聚集到北京，为地球上最大的"鸟巢"添砖加瓦。这个建筑面积25.8万平方米的奥运主会场标志着中国已经成长为一个体育大国。随着国家实力的增长，中国将更紧密地融入全球体系。奥运主会场的设计就体现了这个趋势。

在北京奥运会的场馆中，12个是新建场馆，11个是需要改造的现有场馆，另有8个是临时场馆。北京奥运会全部比赛场馆和相关设施在2008年5月前完工。

奥运会对于旅游业能产生极大的推动力，专家们对海外旅游做了调查，发现他们对中国旅游偏好的价值排序依次是：名胜古迹、文化艺术、地理山川、宗教文化、民族风情和游艺娱乐。对于北京的名胜古迹，最具有吸引力的是长城、故宫、天安门、颐和园；在文化艺术方面，对书法艺术、绘画雕塑、武术、园林建筑、杂技、服装服饰、瓷器、玉器感兴趣；北京、上海和拉萨成为海外公众最向往的内地城市。

筹办、举办奥运会是为了满足人民群众对美好生活的向往和追求，中国始终将举办奥运会融入自己的发展规划，双奥场馆服务于民，实实在在为人民大众谋利益。

北京奥运会，北京建造了国家体育场（"鸟巢"）、国家游泳中心（"水立方"）、国家体育馆、五棵松体育馆、北京射击馆、奥林匹克公园等奥运建筑。

北京冬奥会，中国有北京、延庆、张家口三大赛区，建造了"冰丝带""雪如意""雪飞天""雪飞燕""雪游龙""冰玉环"等多个奥运场馆，建造了北京冬季奥林匹克公园。这些奥运场馆的赛后再利用十分丰富。北京奥运场馆既服务赛事，又服务全民健身；既服务会展，又服务旅游休闲。"鸟巢"经常举办各种演唱会等活动；"水立方"向市民开放可以游泳；"冰立方"可以打冰壶；"冰丝带"向市民开放，市民可以走进这座北京冬奥会唯一新建冰上经济场馆，体验"最快的冰"，让人民群众享受到"桑拿天"滑冰的乐趣，北京市民有了两个奥林匹克公园。

延庆区打出"冬奥、世园、长城"三张名片，全力保障冬奥场馆和配套设施建设，既满足赛会需求，又着眼赛后利用，努力将冬奥赛场打造成为国际大型赛事举办地、国际知名的冬奥遗产旅游胜地和冰雪运动体验基地。延庆组建海陀农民滑雪队等群众性体育组织，组建了青少年短道速滑队，2.4万名中小学生掌握了冰雪技能。

2022年8月8日是我国第14个"全民健身日"。为了宣传推广冰雪运动项目，巩固和扩大"带动三亿人参与冰雪运动"成果，国家速滑馆于8月8日上午9点举行"全民乐享'冰丝带'，健康生活滑起来"主题活动，邀请了来自北京市区县青少年短道速滑代表队和北京市短道速滑代表队约100名青少年队员参加。通过陆地热身训练和冰上训练展示，向更多青少年和市民展现滑冰运动的竞技魅力，鼓励全民参与运动健身，享受滑冰乐趣。速度滑冰女子500米世界冠军获得者、北京冬奥会速度滑冰项目竞赛主任王北星等作为特邀嘉宾来到活动现场，与青少年队员教学交流，宣讲滑冰知识及冰雪文化，普及推广滑冰运动。

国际滑冰联盟（ISU）已正式宣布卓越中心落户国家速滑馆，"冰丝带"成为世界滑冰运动的国际交往中心、培训中心、训练中心。在为高水平运动员、教练员、裁判员和行业从业人员提供最专业的交流合作平台的同时，进一步推动滑冰运动在中国更好地推广普及，助推全民健身积极发展。

民革朝阳区委秘书长赵鹏说："冬奥时去'冰丝带'观赛，场馆开放后也去现场上冰，'冰丝带'是一个具有高度文化旅游属性的标杆性打卡地。因为冬奥盛会，我和7岁的女儿都成了冰雪运动爱好者，到'冰丝带'打卡后，我建议要强化其'打卡地'属性，需要丰富场馆内及场馆周边的餐饮、娱乐、亲子、展览等业态，提升大众的打卡获得感。"

北京奥林匹克中心区管委会发展研究部的杨怀恺说："奥运之后的十余年，奥林匹克中心区接待中外游客超5亿人次，举办大型活动10500余场次，其中国际活动占比达到12%。从夏奥遗产到冬奥遗产，应积极释放'双奥'品牌效应，要丰富园区旅游项目展示内容，引进更多的赛演项目，鼓励推出'双奥'主题旅游体验线路、主题展览、主题演出等文化旅游项目，延伸体育服务产业链，做好双奥文创衍生品的开发，鼓励开发'双奥'主题概念的体育培训、体育旅游健身休闲产品，打造'双奥'主题书店、商店、博物馆、沉浸式体验馆等文化设施，盘活园区存量空间资源，打造标杆性项目，扩大'双奥'场馆品牌影响力。"

8月8日对国家游泳中心、对北京、对中国体育人来说都是难以忘怀的历史时刻。"冰立方"冰上运动中心选在这个时间正式开放，也代表了无论作为"水立方"还是"冰立方"从未忘记向广大市民提供一流体育文化服务的初心。国家游泳中心为大众提供更安全、更优质的服务，兑现双奥场馆造福人民的承诺。国家游泳中心自2008年1月正式建成以来，一直被亲切地称为"水立方"。在2008年第二十九届夏季奥林匹克运动会中，"水立方"承担了游泳、跳水、花样游泳等水上比赛项目，成为令全国人民引以为豪的国际一流水上运动场馆。2022年2月，北京迎来第二十四届冬季奥林匹克运动会，

"水立方"华丽转身，贡献出奥运场馆改建的"中国方案"，以"冰立方"的身份承接了冬奥会冰壶赛事活动。

在圆满完成冬奥会和冬残奥会保障任务后，国家游泳中心一直紧抓复工复产各项工作，为场馆分阶段有序向公众开放做好全方位准备。馆内嬉水乐园和冬奥特许商品零售店率先恢复运营，满足公众的消暑需求。2022年7月21日，国家游泳中心霍英东厅（热身池）开启游泳培训业务试运营。经过冬奥改造的霍英东厅（热身池）对场馆智慧游泳系统进行了全新升级，游客只需携带智能手机，就能完成入场、更衣、游泳、淋浴、出场的全流程体验。

随着冰上运动中心的开放，"水立方"正式完成升级，成为"水冰双驱"的"水立方+冰立方"，为双奥场馆可持续发展注入强劲驱动力。

"水立方"南广场地下建有冰场，称为"'水立方'冰上运动中心"，方便老百姓去滑冰。

第三章
CHAPTER 03

华夏热土多国器

行业专家与国际友人赞金丰集团（金丰集团提供）

金丰集团团队合影（金丰集团提供） 　　宋子刚作为北京冬奥会火炬手（金丰集团提供）

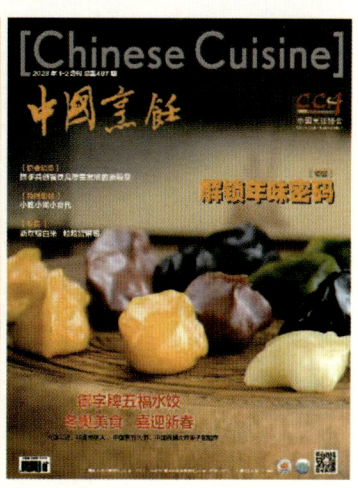

金丰集团制作的宫廷细八件、馅饼、五福水饺

作者2007年采访55位书画家奥运画展

作者珍藏的55位著名书画家迎奥运画展请柬 　　　吴为山雕塑的顾拜旦雕像（吴为山提供）

从2008年奥运会至今已经过去了15年，中国体育事业蓬勃发展，2022年北京冬奥会的举办再一次让北京走向世界、走向未来。几年来，为冬奥服务的人员不胜枚举，组织者、建设者、设计者、教练员、运动员、科研保障专家、中外制冰师、志愿者、新闻记者等，他们有些是冬奥会的"幕后英雄"，在其间做了大量细致扎实的工作，为冬奥会的成功举办提供了坚实的保障；有些则是赛事的参与者，在冰雪场上绽放他们的夺目光彩。他们以冰雪晶莹之心，倾力奔赴这场世界盛会。

中国饮食文化的冬奥使者

冬奥会上，被谷爱凌带火的韭菜盒子，引起了大家对餐饮业的关注。观众在欣赏精彩的体育表演时似乎也闻到了韭菜鸡蛋馅饼的香味儿。

冬奥会期间，金丰餐饮集团负责"鸟巢"和首都体育馆的餐饮保障工作。中央厨房远在距离"鸟巢"三四十公里以外的顺义基地。每天早上天还没有大亮，厨师们就披着一身月光，来到厨房，开始了一天的工作。头一天晚上按照确定的菜谱将原料准备齐全，为使出品速度符合要求，师傅们将毛菜加工处理成了净菜。当天早上，只需将净菜下锅烹饪，40分钟左右，热气腾腾的美味菜品就准备妥当，装入保温箱。再用20分钟时间完成装车、封签、起运，开上冬奥会专用道。一路风驰电掣，6点30分，天才蒙蒙亮，温热的早餐已经送进"鸟巢"内。7点整，工作人员和志愿者们准时开餐。首都体育馆的餐饮从平谷基地烹饪配送。

北京冬奥会上惹眼的，除了精彩的体育竞赛，少不了精美的美食。喜欢吃韭菜鸡蛋馅饼、夺冠后说想吃涮羊肉的谷爱凌，一天吃6个豆沙包的马耳他运动员，吃了200个饺子的美国滑雪选手，滑雪运动员特莎更是转型当起了"吃播"博主，频频晒出冬奥村的数道中国美食。宫保鸡丁、饺子、糖醋里脊、麻婆豆腐、葱油饼、担担面……冬奥村一天就要消耗1000多公斤饺子，午餐时段能吃掉80多只鸭子。

八大菜系单拎一个菜系出来，都可以报菜名报到嘴软。街头巷尾的名小吃更是不计其数，天上飞的、地上跑的、水里游的，中国人都能给你做出花儿来。

时任国际奥委会主席巴赫说："运动员们非常开心，也感到非常满意。"这点从各国参赛运动员们在社交平台对于奥运村的基础设施、餐饮及比赛场馆的花式点赞，就能够直观感受到他们的欣喜。

北京冬奥会，来了数千名运动员，以及国际奥委会成员、裁判、教练员、体育竞赛组织者、新闻记者、警察、安保工作者、志愿者等，他们分布在北京、延庆、张家口三大赛区的各个场馆，餐饮就成为重要的一环。

金丰集团收到"双奥"锦旗（金丰集团提供）

电键使我破解了他的人生履历

以往的大型体育赛事，吃饭一律要用团餐。国际知名的大的团餐企业有美国的爱玛克公司、法国的索迪斯公司、英国的康巴斯公司、丹麦的ASAS公司、德国的艾顿公司、日本的三元公司。这些公司都是世界团餐的巨头，垄断着世界餐饮业。各国举办奥运会、冬奥会等大型体育赛事，一般都请这些巨头公司承办餐饮。

北京冬奥会也进行大型团餐服务商招标，中方没有聘请外国的公司，2021年，金丰餐饮有限公司、首旅、中石油阳光餐饮等国内几家大餐饮公司中标，确定为北京冬奥会的服务商。金丰公司凭什么拿下北京冬奥会团餐大头？为了破解这个谜，我走进了金丰公司的办公室，见到了金丰集团董事长宋子刚。一进门，桌子上的一个电键吸引了我的目光，这是只有报务员才认识的物件，我拿过电键，用勤务用语向他问好，莫尔斯电码嘀嘀嗒嗒地敲击着，无线电波飞快地传递着。他的口音、仪态和电键已然使我知晓了他曾经的身份：山东人、当过兵、干过无线电报务。

宋子刚1964年5月18日出生在山东省德州市武城县宋塘庄，上面有五个姐姐、一个哥哥，他是家里的老疙瘩。1979年11月，他在家乡德州应征入伍，来到云南马关县前线参加对越自卫反击战，当上了一名侦察兵，还钻过猫耳洞。他背着无线电报话机在战场上摸爬滚打，用无线电波传达首长指令指挥炮兵作战。战争非常残酷，上去800多人，只剩下300多名战友活着回来。他敢打敢拼，光荣入党，所在部队荣立集体三等功。他在战场上经历了枪林弹雨，被部队首长选中带回了北京，分到了红安招待所，后来又到钓鱼台国宾馆学习厨艺。

1984年，他被派到国际饭店俱乐部学习制作西餐，主要学了三种技术：法餐、俄餐和地中海餐。他是那种学什么就钻到骨子里的人，9个月后，他从国际俱乐部西餐部毕业，掌握了拿手的制作西餐的技术。

1996年，他被评为全军优秀共产党员。他曾经在京西宾馆担任协理员，鲁菜、粤菜、川菜、淮扬菜对他影响很深,他特别喜欢鲁菜,因为鲁菜中的"烧"的烹饪方法跟做药膳相同。鲁菜是药膳的首要基础;第二个就是粤菜,他跟北京饭店厨师长、毛主席的主厨康辉学了很多吊汤,就是熬汤的方法。粤菜中的汤和鲁菜中的汤不同,康辉师傅的汤熬得特别鲜;第三是跟陈松如先生学习川菜,粤菜和鲁菜都是咸鲜口,但川菜是辣口,有一百多种类型;后来,他还跟侯瑞轩学习"精致"制作,他做的淮扬菜清淡、细致。彭铭泉做的药膳没有药味儿,对他后来的药膳做法影响很大。人民大会堂总厨师长王锡田的菜肴美学,还有他做的大型宴会和团餐,对宋子刚日后的团餐管理影响很深。他走进黑龙江商学院学习,取得了食品工程硕士学位和冷链加工硕士学位。

金光鲜草　丰厚元龟

1998年,宋子刚转业到信息产业部行政二处,负责管理酒店、餐饮、食堂。部队在地方有八大接待处,他曾经在大连棒棰岛、河北秦皇岛、江西庐山、海南五指山酒店、上海延安饭店、四川饭店经营五星级酒店,烹饪和接待堪称一流。他爱上了餐饮,干一行爱一行,越干越精。

2005年8月1日,他在北京赛迪大厦成立了北京金丰餐饮有限公司,金丰两个字取其"金光鲜草,丰厚元龟"的意思。

为了学好烹饪,他去了美国、英国、法国、德国、加拿大、日本、韩国、俄罗斯、土耳其、阿联酋、印度、新加坡等国家,虚心学习人家的餐饮文化和烹饪手段,仅阿联酋就去了5个城市。他觉得法国、俄罗斯、土耳其的西餐很地道,日本的面条和生鲜很讲究,瑞典、瑞士的餐饮工业化生产标准化,美国的餐饮业管理非常棒,机械化程度高,英国、法国的菜品做得精细,印度的调料有特色,日本学习中国的餐饮文化注重传承。

热爱是最好的老师,唯有热爱才能精通,走南闯北,博采众长,勤学苦练,经过无数次颠勺烫伤,千锤百炼后他终于成了烹饪大师。父母说他不务正业,他说我这是兼收并蓄,把药膳和食疗结合起来。2009年,他应邀到美国斯坦福大学讲中国药膳；2010年，他应邀到美国西点军校讲中国烹饪，给美国佳美航空讲中国烹饪，在阿联酋讲中国烹饪，在土耳其和日本讲药膳，广受好评。

宋子刚在北京、河北、山东、内蒙古、四川等地开办了11所金丰厨师服务学校，有厨师班、服务员班、西餐班、会计班，培训厨师、服务员和会计，培养了大批餐饮业人才。从田间到厨房，从餐饮到原材料供应，从养生药膳到功夫团餐，金丰集团在董事长宋子刚的领导下，历经十多年的奋斗拼搏，成为依托北京，横跨长三角、珠三角等国内外知名的大型团餐龙头企业。

他是军人出身，一腔热血，觉得国家培养了他，他要为国家尽力。中国已经站在了国际大舞台，却总是被某些外国人打压，说中国餐饮不好。有思想、有文化、有血性的中国人应该为民族效力，诚信经营，用工匠精神回馈社会。

于是，他创办的金丰集团致力于高标准、高素质，服务于团餐的高端市场，成为具有国际竞争力的中国团餐集团。中国团餐标准化科技建设，涉及团餐连锁、酒店管理、国际贸易、宫廷药膳、保健品、研发培训、视频检测、种植养殖、仓储加工、物流配送、餐厅设计、厨房设备、办公用品、物业管理、社区服务、养老助残、劳务派遣等综合团餐一站式全产业链服务。金丰集团连续5年荣获中国团餐十大品牌、中国餐饮百强企业、北京餐饮十大品牌。金丰集团是北京奥运荣誉服务商、阅兵荣誉服务商、上海世博会荣誉服务商、APEC荣誉服务商、清华大学百年校庆荣誉服务商、冬奥会荣誉服务商，服务于中央党校、审计署、新华社、中石油、中石化、首都国际机场、中国保利、水电集团、电建集团、中国银行、中信银行、建设银行、农业银行、301医院、协和医院、雄安新区等机关、企业，还服务于美国摩根大通、瑞士皇家银行、德国汉莎、德国大众、法国雪铁龙投资公司等外资企业。

北京2008年奥运会期间，宋子刚就是奥运服务商，做了"鸟巢"指挥部等地的餐饮供应，从鹏程肉联厂和大红门肉联厂进猪肉，从北大荒和中粮集团采购大米，从无公害基地购买绿色蔬菜，按照北京奥组委下达的菜单来制作，受到市委领导的表彰。

2020年，他向武汉雷神山、火神山方舱医院捐赠了3吨阿胶、3吨鹿胶、100箱宫廷普洱茶，价值100万元，支援抗疫英雄。

以往中国餐饮在世界奥林匹克烹饪大赛中没有取得过名次，为了使中国餐饮走向世界，2021年，他捐赠了100万元现金，支持中国厨师在德国举办的奥林匹克烹饪大赛中参加竞赛，中国厨师赢得了金牌。他亲临德国法兰克福参加国际"一带一路"美食大展，派人去制作定胜糕、定升糕、鹿胶月饼、阿胶等宫廷小吃。

跻身国际团餐巨头之列

北京冬奥会开始后，金丰集团派出了3676名厨师和服务员参与服务保障冬奥会，其中有国家体育场（"鸟巢"）、首都体育馆两个场馆，分别为国家体育场（"鸟巢"）的工作人员与首都体育馆的工作人员、ITO技术官员、IFO官员以及奥林匹克大家庭成员提供餐饮服务。除此之外，金丰集团还为国家体育场（"鸟巢"）和首都体育馆驻场的安保人员，包括武警、公安、特勤人员提供餐饮服务。

国家体育场（"鸟巢"）服务时间跨度为1月18日至3月16日，共计58天；首都体育馆服务时间跨度为1月23日至2月20日，共计29天。

宋子刚董事长下了军令状："为了让冬奥工作人员、国际技术官员、IFO（国际外地办事处）官员以及包括国际奥委会主席巴赫在内的奥林匹克大家庭成员吃好喝好、吃得满意、吃得健康，金丰不惜成本、不惜人力、不惜代价，用货真价实的优质食材，菜品投料率要超过100%，全荤菜必须是纯荤，半荤菜要达到全荤菜的投料率，严格管控所有细节到位，做到色香味俱全，为冬奥交出一份满意的答卷！"

外国人爱吃饺子，宋子刚煞费苦心地研制出五福水饺，就是根据五环旗的颜色，用西红柿和胡萝卜汁和面做成红饺子，用芹菜、菠菜汁和面做成绿色鲅鱼馅饺子，用橙子汁、南瓜汁和面做成黄色黄花鱼馅饺子，用墨鱼汁和

金丰餐饮受到北京冬奥组委表扬（金丰集团提供）

面做成黑色墨鱼馅饺子，用紫薯汁和面做成蓝色八爪鱼馅饺子；用玉米汁和面做成原色牛肉水饺。馅也根据客人的不同口味做成牛肉洋葱馅、牛肉胡萝卜馅、羊肉加鱼肉馅、猪肉虾仁鸡蛋三鲜馅，还有芹菜、白菜素馅饺子，满足爱吃素食的人的口味。

作为双奥服务商，他绞尽脑汁让非遗美食进冬奥、宫廷美食进冬奥，将祖传的宫廷美食用于冬奥餐饮，制作了御字牌宫廷美食细八件：仙鹿膏、凤凰膏、定升糕（阿胶月饼）、定胜糕（鹿胶月饼）、八仙糕、状元糕、八珍糕、千叟糕。别人做餐饮是为了赚钱，他做餐饮是为了给中国争气。北京冬奥组委定的伙食费是每人每天150元，包括主食、副食、水果、酸奶、牛奶等，他提供的饭菜远远高于这个标准。本应提前一天告知所在场馆就餐人数，但是由于忙，人数迟迟未能统计出来，金丰集团就多做多送，比如送了1600份饭菜，实际只有1400人吃饭，冬奥组委按照实际吃饭人数付费，多出的200份就得自己消化。宋子刚故意每餐多送饭菜，以保证那些饭量大的客人食用。冬奥组委规定饭菜不能超过24小时，所以，退回来的饭菜只能自己承担经济损失，第二天必须送新鲜饭菜。就这样，北京冬奥会测试赛期间，他补贴了200万元；北京冬奥会期间，他补贴了400万元。像宫廷细八件等食品都是金丰集团免费赠送的。

中国金丰烹饪大师进冬奥，董事长宋子刚率领刘小震、李红强、武海岩、姚远、王小鸽、李金宝、王国占、熊威、陈海亭、宋宇、甄立伟等烹饪大师为冬奥会亲手烹饪菜肴。

金丰服务大师进冬奥，总经理刘朝华率领王振宣、赵继东、贾倩、袁伟、徐勇、阎娜、邸建娥、乔宝燕等服务大师竭诚为客人服务，有的穿着清朝的服饰为客人服务，有的穿着旗袍展示中国服饰文化。

中国饮食文化进冬奥，北京小吃琳琅满目；中国团餐管理大师进冬奥，一共有24人光临。

中国美食进冬奥，玉米、胡萝卜、鸭血、香菇、豆腐、虾仁、墨鱼丸、里脊、冻豆腐火锅，叫作"大通全家福"。咖喱牛肉、红烩牛肉、罐焖牛肉、大通牛肉丸、海水豆腐、牛胶萝卜、鹿胶海参、鱼胶白菜都是他的拿手菜。还有他别出心裁用山楂粘冰糖做糖葫芦的冰墩墩。

正月十五闹元宵，他率领团队制作了桃胶元宵、粽子阿胶送给各国运动员吃。不仅有冰墩墩造型的"元墩墩"元宵，而且还制作了宫廷御厨膳茶，提供暖心的金丰服务。他在北京中关村科技园区、怀柔、顺义、平谷等地有6家工厂，用科技手段保证冬奥会餐饮质量。

首都体育馆举行短道速滑与花样滑冰的冬奥会比赛，中国队在这里获得了3金1银1铜的佳绩，实现了冬奥会历史的突破。金丰集团主要为工作人员、国际技术官员和奥运大家庭成员以及现场安保人员（武警、公安、保安等）提供餐饮保障服务。

国家体育场举行冬奥会和冬残奥会开幕式和闭幕式，是唯一一个非竞赛场馆。金丰集团为工作人员和安保人员提供餐饮保障服务，每餐服务人数逾6000人。除此以外，金丰集团还负责国家体育馆14个售卖点的现场售卖服务。

北京冬残奥会开始了，金丰集团负责供应国家体育场（"鸟巢"）的餐饮，冬残奥会比冬奥会的工作人员数量增多，而且还是热链运输，金丰集团顺义基地的全体员工更是马不停蹄、日夜加班，冬残奥会开幕式当天，宋子刚又带领团队往"鸟巢"运输饭菜，竭尽全力服务好冬残奥会。

走进平谷冷链食品加工基地

一个阳光明媚的日子，我走进了北京市平谷区兴谷街的联东U谷，这是金丰集团中关村科技园平谷区，有145个工作人员，其中有98个厨师。金丰集团在这里有三栋高楼，第一栋是17号楼，我在这里见到了金丰集团执行总经理李红强，平谷分公司鲜切菜项目经理拓振权，平谷分公司面点总监陈海亭，平谷分公司运输部项目经理孙帅。32岁的孙帅做了十几年餐饮，他告诉我：北京冬奥会期间，他们在平谷区封闭式管理，车接车送从车间到宿舍两点成一线，这栋楼的一层是库房，二层是食堂和活动区，三层、四层是烹饪区。

宋子刚董事长说："我宁肯亏损一些钱，也要服务好冬奥。"他要求买最好的食材，采购是北京冬奥组委指定的供货商，牛腩、牛肉、羊肉买的是月盛斋和卓宸畜牧，80多元一斤的牛里脊、50多元一斤的牛腩块、近60元一斤的羊肉块；鸡蛋买的是德青源的；猪肉来自顺鑫鹏程，大米来自中粮集团、东方粮油，非转基因大豆油来自古船，面粉来自五得利，奶油、酸奶等奶制品来自伊利集团，冻品包括巴沙鱼柳、青虾仁来自山东蓝海，包子来自正大集团、京广家、蜀渝，清真早餐肠、培根来自北京西餐食品，豆腐、豆浆来自北京二商希杰，小吃包括芝麻烧饼、糖火烧、炒疙瘩等来自护国寺小吃，凤梨酥来自稻香村，矿泉水来自燕京啤酒，调料、酱菜来自北京市食品供应处34号供应部，鲜切菜来自大通有机农业……

近50元一斤的青虾仁、80多元一斤的墨鱼片、170多元一斤的干贝、近50元一斤的牛肉早餐肠……宁肯亏损一些钱，也要服务好冬奥。北京冬奥会测试赛期间，他们在食材上甚至是赔本的投入，宋子刚要求牛肉、羊肉、猪肉、虾仁……90%的荤菜，主荤菜是指牛肉、猪肉；番茄牛腩、猪肉炖粉条等算半荤菜。一些颇受欢迎的菜肴，如番茄牛腩、酸菜羊肉、粉蒸牛肉等，投料率甚至超过200%。金丰集团保证足量的供应，满足食量大客人的特殊要求，提高了整体就餐的满意率，在多次的满意度调查中，平均满意率超过98%。

在北京冬奥会期间，金丰集团负责给"鸟巢"和首都体育馆送餐，从平谷工业园到首都体育馆是90.3公里，厨师们和园区工作人员每天工作十几个小时，全力以赴保障团餐烹饪和配送。"鸟巢"的餐饮由金丰公司顺义金马工业园热链供应，金马工业园在顺义高丽营镇，距离"鸟巢"有35公里，2小时必须送达，饭菜温度不低于65度。

听总厨讲金丰团餐的故事

平谷分公司总厨在北京奥运会期间担任"鸟巢"接待中心的中餐总厨。"鸟巢"旁边有个大厨房，有500多个厨师，他管理指挥中心厨房和厨师。他带领我参观烹饪区。我们进入更衣室，穿无尘工作服、戴头套、手套、口罩进入风淋室。这里相当于一个密闭的空间，进行20秒钟的360度风吹，将衣服上的头发、杂物、粉尘吹掉，走出风淋室，两人一组用粘毛滚子粘掉工作服上的粉尘。然后各自到指定位置，理货组从冷库取出肉类、食材；热制区是炒热菜、焯水、烹饪；面点师去面点区用机器和面、做包子、面条、烙饼等面点；蒸箱区是蒸米饭和菜；包装区是将烹饪好的饭菜包装，工作人员必须二次洗手。包装是有讲究的，真空包装袋一般装6斤花卷、包子、馒头，微波隧道加热受热均匀，加热到75度一次即可。

什么菜品微波时用什么速度、温度都要经过试验。由于冷链配送要二次加热，在测试赛时，主厨发现过微波隧道时鱿鱼卷老了、青菜发黄，就与供货商蓝海协商：将原鱿鱼卷改成把鱿鱼打碎了再做成一个圆圈，粘面包渣，这样加热时不会变老；缩短烹饪青菜的时间，做成半成熟，迅速冷水乍冷，加热后保持油绿的颜色；缩短焯水时间，过去西蓝花用水焯是七成熟，现在改为五成熟，做成AB包，A包是西蓝花，B包是汁，到了场馆将A包里的西蓝

证书：2022年冬奥会和冬残奥会场馆餐饮服务单位
——北京金丰餐饮有限公司（金丰集团提供）

花加热，将B包里的汁浇在西蓝花上搅拌，西蓝花既漂亮又有光泽，就是一道好菜；为了取得良好的烹饪效果，厨师光试菜就扔掉了100多斤蔬菜。宋子刚说："不怕，把质量搞好，让客人满意。"

冬奥会测试赛时金丰集团做的糖醋里脊的肉变硬，嚼不动，主厨认真分析原因，发现一是过微波隧道时温度高了，二是炸里脊的糊有问题，就将生淀粉改为玉米粉，用手抖着里脊裹玉米粉，烹饪时控制油温，用6成热的油温，汁大一些，芡少一些，反复调试微波的时间，终于取得令人满意的效果。

北京2022竞赛场馆、非竞赛场馆工作人员8日循环菜单，早餐有煮鸡蛋、煎鸡肉早餐肠、素四宝、圆白菜炒培根、小米南瓜粥、豆浆、牛奶、蒸南瓜、胡萝卜、山药、红薯、芋头、土豆、面包、牛肉大葱包、牛肉芹菜包、猪肉大葱包、酱肉包、肉丁包，每日不重样，还有枣糕、火烧、烧饼、凤梨酥、流沙包、奶黄包、杯糕、南瓜提子蛋糕、牛角起酥、枣沙蛋糕、芒果蛋糕，每日不重复；场馆根据厨房条件、供餐情况及用餐反馈，适度调整烹调方法；在保证菜单基础结构和服务水平的前提下，如确有必要，可对当日菜单进行合理调整；根据中外方人群比例，部分中式菜品可以适度调整为西式菜品；场馆如厨房条件允许，增加汤面、馄饨、饺子、莜面、油条、烙饼等热食供应。

午餐有糖醋里脊、雪菜蒸鳕鱼、番茄炖牛腩、干锅菜花、红烧肉、鱼香虾球、酸菜羊肉、西芹百合、粉蒸肉、鸡里蹦、土豆炖牛肉、五彩素烩、红焖羊肉、茄汁虾仁、猪肉炖粉条、清炒西蓝花、板栗烧鸡块、红烩鱼丸、鱼香茄子、白菜豆腐、冬菜扣肉、红烧鱼柳、肉末烧萝卜、炝炒圆白菜、四喜丸子、椒盐炸鱿鱼、蒜蓉西蓝花、家常豆腐、粉蒸牛肉、鱼香虾仁、素三鲜、蚝油扒菜胆；汤有匈牙利牛肉汤、奶油南瓜汤、酸辣汤、西湖牛肉羹、海米萝卜丝汤、鸡茸粟米羹、奶油蘑菇汤、韩式大酱汤等。如果逢小年、除夕、新年、元宵、立春等中国传统节日，则增加饺子、糖瓜、年糕、元宵、汤圆、春卷等中国传统年节特色菜品。

送餐像打仗一样紧张

平谷联东U谷工业园距离首都体育馆很远，从2021年11月起，运输部项目经理孙帅就在成品库工作，负责车辆调配、消杀、菜品验收、清点数量、温度控制、装车、签封。这些工作完成后，由司机和押运员配送，专人专车，司机和押运员绑定在车上，不能离开车，不允许任何外人接触押运车辆。

根据首都体育馆当天报出的用餐人数准备饭菜，饭菜做好后，90度的高温要立刻冷冻到2度，锁住水分，然后迅速双层包装，清点押运。北京冬奥组委要求食品冷藏时间不得超过24小时，一般每天派3辆车，送1500~1600份饭菜，每辆车上装500份饭菜，每天两个时间段发送，第一批是下午4点钟发车，送的是次日早晨和中午的饭菜；第二批是早晨6点钟发车，送的是当天晚上的饭菜。为了保证用餐，厨师凌晨3点多起床，4点到岗做饭，6点钟才能冷冻、打包运送。为了保证烹饪食品安全和环境洁净，宋子刚花150万元购买了两台十万级净化车间设备，这是国内首创的净化车间，主要用于药品包装。有了这套设备，车间里的PM2.5和粉尘控制在很低的水平，在这种环境下包装的菜肴安全卫生，饭菜低温保鲜，冷链配送。从平谷金丰分公司的厂房到海淀区首都体育馆，走奥运车道也要2.5～3个钟头，到达目的地后，由朝阳区和海淀区的食品药品监督管理局及公安部门打开签封，对成品的温度、箱体标签进行核实，确认无误后立刻冷藏，用餐时上餐线微波加热，跟刚出锅的饭菜一模一样。为了保证食品安全，厨师必须"每天一核酸，三天一诺如"（检测大肠杆菌是否超标）。金丰集团餐饮工作人员的行程码、健康宝每天必须截图上传到管理群。

北京冬奥会、冬残奥会期间，"鸟巢"总指挥部、巴赫等国际奥林匹克大家庭、国际技术官员以及首都体育馆工作人员的饭菜都由金丰集团烹饪、配送。首体从11点半到13点半为午餐时间，最后一批客人也能吃到主荤菜。

冬奥会是16天，冬残奥会是10天，金丰集团平谷工业园区的厨师实行封闭式管理，不许到平谷区县城逛街，做完饭还要打扫卫生，无暇观看冬奥会，春晚看不到，一场冬奥比赛也没有看到，只能从微信群里别人的欢呼声中知道中国又夺了一块金牌。北京冬奥组委给大家颁发了"北京2022年冬奥会参与证书"，只有冬奥组委工作人员、场馆注册人员、志愿者才能得到国际奥委会主席托马斯·巴赫与蔡奇书记签名的证书。员工们羡慕地说："能给我们一个证书就好了。"

非遗、宫廷美食进冬奥

宋子刚是国家非遗传承人、大国工匠、中国烹饪协会特邀副会长、世界中餐业联合会食药养生委员会副主席、中国药膳协会副主席。

他亲自熬制膏剂，仙鹿膏用鹿皮熬制；凤凰膏用驴皮熬制，他觉得北京办冬奥会是咱家办喜事，一定要拿出好东西招待客人。他研制的菜肴"大通全家福"用墨鱼丸、虾仁、里脊、血豆腐、香菇等做成火锅；他给北京奥运委员会大家庭做餐饮，有鲍鱼、海参、鱼翅和油菜做的佛跳墙，有松茸和豆腐；有山药、西红柿加大马哈鱼鱼子酱；巴赫喜欢吃苹果派、菠萝派，他就自制苹果派和菠萝派，深受国际奥委会官员欢迎。国际奥委会于再清副主席对"大通全家福"赞不绝口："这个火锅非常棒！叫什么名字？"

他说："金丰宫廷美食进冬奥，火锅的名字：御字牌大通全家福。"

这次北京冬奥会，宋子刚研制的"大通牛肉丸"是从内蒙古赤峰进的牛肉。作为首都体育馆、"鸟巢"的餐饮服务商，宋子刚别出心裁搞了非遗美食进冬奥、宫廷美食进冬奥、中国旗袍进冬奥、中国茶艺进冬奥。他让厨师刘小震穿龙袍为客人服务，让服务员展示旗袍走秀，颇受欢迎。金丰集团厨师黄卫锋制作的红豆玫瑰豆沙包，用面粉、红豆、干玫瑰花瓣、白砂糖蒸制，香甜松软；南瓜发糕用老南瓜和面粉、鸡蛋、牛奶、去核小枣制作，软糯香甜；玉米蔬菜窝头用玉米面、木耳、小白菜制作，清香绵软；用草莓、蓝莓、奶油、面粉制作的蛋糕匠心独运，令人回味无穷。

在金丰公司，宋子刚向我展示了自己设计精心制作的大铜壶，说当天晚上要送到首都体育馆和"鸟巢"。8个印有"清宫代茶饮""御德堂大通饭庄"字样的大铜壶，一亮相就吸引了人们的视线，运动员、教练员、裁判和场馆服务人员高兴地围观、抚摸，品尝泡好的精品普洱茶，有御厨膳茶的宫廷普洱茶、宫廷龙井芽茶、宫廷茉莉、宫廷贡菊、宫廷黑茶，大家赞不绝口。

宋子刚还设置了金丰集团伊德诚面包特色美食节，冬奥会期间，为确保赛事顺利进行，首都体育馆提供了供应充足、安全营养的健康餐饮服务。他们遵循国际惯例，满足来自不同国家和地区、不同民族和文化习俗的人的需求，提供多样化餐饮服务，同时展示弘扬中国传统饮食文化。

冬奥会期间，首体餐饮单日服务的人群数量高峰时达4000余人，服务点位面积超过4500平方米。工作人员每天清晨4点半开始备餐，结束时间根据竞赛日程确定。因竞赛日程中有11天涉及晚场，所以大多数餐饮运行在晚上10点半至11点半之间结束。

宋子刚时刻惦记着冬奥，有时候半夜1点还要给主厨发微信，叮嘱第二天要注意的事情。在首都体育馆地下一层厨房，几名厨师正手持大勺，在热气腾腾的大锅里翻炒，锅中冒出的香味儿令人垂涎。北京金丰餐饮有限公司行政总厨武海岩说："我们正在制作奥林匹克大家庭和国际技术官员的午餐，客人多为外籍人员，要充分考虑用餐人的饮食喜好和个性需求。餐食以西餐为主、中餐为辅，还会增添一些北京特色小吃等。1月31日是中国农历除夕，我们会为闭环内的工作人员送上'五福水饺'。饺子皮选取奥运五环颜色，用蔬菜汁着色，既体现中国的年味儿，又有运动健儿为国添彩、预祝冬奥会圆满成功的美好寓意。"

金丰集团荣获全国工人先锋号，在北京冬奥

宋子刚手捧御字牌仙鹿膏参加"非遗约会百年冬奥"活动

会、冬残奥会期间，受到包括国际奥委会、运动员、国际奥林匹克大家庭成员、工作人员、媒体、志愿者等各方面的一致好评。

国际奥委会主席托马斯·巴赫亲自给金丰集团写来感谢信："万分感谢大家的盛情款待以及你们制作的美味佳肴。"

国际奥委会副主席小萨马兰奇也为金丰集团写来感谢词。

据统计，金丰集团本次冬奥的服务对象有冬奥会、冬残奥会、奥运专班、国家体育场、首都体育馆、奥组委主席巴赫、副主席小萨马兰奇、国际贵宾（沙特公主）以及各国代表队领队等。还有国际技术官员，如国际滑冰联盟（ISU）主席扬·迪克马以及短道速滑裁判长彼得·沃思等奥组委官员，IOC、VCC、VOC等技术人员，志愿者及场馆环内外的消防、武警支队、防疫部门、"鸟巢"物业、安保、保洁及餐饮应急保障等。特别是服务于闭环内全球媒体转播商、奥组委官员、特勤支队、演出策划、监督组、监理组等领导、运动员、教练员、裁判员、国际友人、大家庭、使馆官员等，日供餐3万余人。

大家对金丰集团给予了很高的评价，集团收到表扬信69封，着实为国争光，为中国餐饮添彩。

国际奥委会主席巴赫对金丰集团的奥运餐饮表示感谢（金丰集团提供）

北京奥运会期间国际奥委会副主席于再清给金丰集团授表彰牌（金丰集团提供）

国际奥委会副主席小萨马兰奇对金丰集团的奥运餐饮表示感谢（金丰集团提供）

55位著名书画家为奥运会办书画展

2006年，著名作家、画家鲁光突发奇想，自己一生爱好书画，多次参与我国体育美展的组织和评奖工作，结交了上百位书画名家，何不利用这个宝贵资源策划一个书画展，既圆了自己参与奥运会的梦想，又为书画界的朋友们搭建一个大平台，以抒发他们的奥运情怀呢？

为了让画展不落俗套，他考虑了几个方面：1.突出奥运情结；2.题材不限，让画家们尽情发挥艺术才华；3.无论参展人选和风格，均体现大和谐的精神；4.定位在公益展，名家画作展览后归还。

这个创意一问世，立刻受到各界人士的赞赏。当时，北京奥运会正在紧锣密鼓地筹备，全国人民迎奥运的情绪高涨，万众一心。中国现代文学馆和市长书画艺术中心乐意促成此事，联合主办这个展览。鲁光人缘很好，政界、画坛、文坛、体坛的多位德高望重的领导和朋友欣然出任顾问。书画家朋友们二话不说，纷纷拿出自己的精品画作。

2006年11月，中国作家协会第七次全国作家代表大会在北京召开，鲁光整天和会书画的作家商谈。有一天开会，我发现鲁光和贾平凹突然不见了，原来他们请假跑到鲁光在亦庄的画室看画、切磋，贾平凹受邀欣然为迎奥运书画展题字。

2006年12月，我帮助鲁光联系在山东烟台举办画展，住在牟平养马岛宾馆。鲁光一边办画展一边给全国各地打电话，四处求画。参展画家中年龄最大的已经95岁，大多是画坛顶尖级人物，忙是他们的共同特点，要找到他们实属不易，鲁光就不辞辛苦——登门，一次次打电话提醒、催促。事无巨细，都要亲自出马，鲁光当年已经70岁，经常讲得口干舌燥。

鲁光很注意学习，当时，刚巧著名画家周韶华在我的家乡荣成举办画展，我联系车陪同鲁光到荣成博物馆观看画展，鲁光当场给周韶华打电话，说在看他的画展，迎奥运的画您别忘了。令人欣慰的是，所有参展画家都拿出了精品力作，有几个尚未有大名气的画家更是数易其稿，说鲁光的要求几近"冷酷"。有些名家为了写好对联，写一张扔掉一张，直至满意为止，一丝不苟的态度令人肃然起敬。

鲁光邀请我跟踪采访55位名画家为奥运办书画展，还让我帮助他邀请嘉宾。

2007年4月8日，中国名家画展在中国现代文学馆展出，我负责现场报道，早早地来到会场。在一进门的大厅里，摆着几排木条凳，我看到何振梁、翟泰丰、庄则栋等人都来到了会场，坐在木凳上静静地等候。

醉里挑灯看圣火，地球同做一个梦

2007年4月8日上午，在绿树掩映的中国现代文学馆，"情系2008中国名家书画展"隆重开幕。黄苗子、崔子范、吴冠中、冯其庸、刘勃舒、钱绍武、何振梁、翟泰丰、高占祥、周韶华、范曾、韩美林、刘大为、贾平凹、庄则栋、王富洲等55位名家一共拿出了自己的100多幅作品参展。

黄苗子为画展献上了一幅国画《歇一歇》，画面上一只喜鹊站在松枝上回眸凝视，颇有喜鹊登枝的喜庆。他还用篆书写了两张条幅："傲云淡河汉""踪雨露梧桐"，再配上形态各异的印章，更加具有书卷气。

崔子范是画界前辈，也是鲁光学画的老师。2007年春节，弟子鲁光亲自赶到他的家中看望他，邀请他拿出一幅新作来。得知鲁光要筹办奥运书画展，崔子范兴奋得睡不着觉，早晨5点钟就起床洗笔研墨。他仿佛返老还童，画了一棵褐色的大树干，树干上缠绕着一道道黑色的枝杈，酷似五线谱。树枝上站着一排排蓝色的飞鸟，飞鸟的眼睛呈鲜红色，树底下是茂盛的绿草。崔子范对色彩非常讲究，他用明快的色调来描绘北京的春色，画作充满了童趣。还美其名曰：我画的是五线谱和玉兰。他的这幅大写意《绝胜春色满京都》在画展中独树一帜。

著名画家吴冠中听说要为2008年奥运会办公益书画展，他就把自己的心血之作《休闲居》奉献出来了。画面上几棵黑色的大树刺破青天，显得苍凉浑厚。大树下的灰色民居前摆放着圆桌和藤椅，显得舒适静谧。四合院的门是红色的，颇有万绿丛中一点红的味道。吴老还在画的下面题字："休闲居，有人继居，休闲心态无处寻。"姜还是老的辣，吴冠中的画清新典雅笔墨老到，在展览大厅里显得格外抢眼。

著名红学家冯其庸既是学术精英，也是书画大家。他对"情系2008中国名家书画展"像对待红学研究那么投入，参展的水墨画上的葡萄画得栩栩如生，仿佛一捏就能流出水汪汪的甜汁来。

刘勃舒是徐悲鸿的入室弟子，得到过徐悲鸿的真传。他与鲁光有30多年的交情，体育界每有大事，鲁光找他画画，他都是有求必应。这回办迎奥运画展，他的参展作品《奔马》堪称一绝，颇有徐悲鸿先生的风骨。画面上的几匹马像展翼的神马，神态各异，充满活力。

鲁光请他写对联，他裁了十几张宣纸，饱蘸墨汁挥毫泼墨。写好一张，他不满意扔进了纸篓；又写好一张，还是不满意，再次扔进纸篓。画室的纸篓里、地板上堆满了白蝴蝶似的宣纸团，他却边写边念叨："纸有的是，字一定要写好！"

他终于用行书写出了满意的对联"同住地球村，共唱和谐歌"。这副对联笔力遒劲，笔墨老到，像他的画一样富有韵味。

著名雕塑家钱绍武如今已是桃李满天下，他的雕塑成就闻名遐迩。这次他为书画展画了一张速写《女人体》，意在歌颂人体美。他的书法作品也很棒，书写的"同一个世界，同一个梦想"的对联很有味道。

165

周韶华是来自山东荣成的大画家，也是中国现代大写意山水画的领军人物。这位当年的八路军战士身上充满了旺盛的生命力。他的眼前始终汹涌着奔腾的海浪。他和鲁光是挚友，他的家安在武汉，2007年来北京游览客居。老朋友相聚时，鲁光向周韶华说明要举办迎奥运书画展。他答应回到武汉立刻就画。谁知两位老友刚刚分别，第三天周韶华的夫人就给鲁光打电话说："你要的画周老已经画完，你过来取吧。"

鲁光惊讶地问道："怎么这么快，不是说好回武汉画吗？"

周韶华的夫人说："周老怕回去事情多耽误了，在北京住着有感觉就即兴画了一张。"

鲁光赶去一看喜不自胜，出生在海边的人富有激情，周韶华为迎接奥运会画的这幅印象派大写意《大千世界》，画面气势宏伟，荡气回肠。

画家范曾是宋代名臣范仲淹的第27代后辈，颇具先祖遗风。他是一位当代著名画家、书法家、国学大师。他多才多艺，其绘画在中国家喻户晓，在海外颇有名气。他是鲁光的老朋友，1985年第一届全国体育美展在中国美术馆举行，当鲁光向他征集画时，他画了一幅六尺整纸的画。一个老头儿在教一个男孩儿打猴拳，树上有一只猴子聚精会神地盯着他们。范曾给这幅画命名为《师古人亦师造化》。这幅画在第一届全国体育美展中获得荣誉奖。

范曾和体育界颇有情缘，与郑凤荣、徐寅生、李富荣、袁伟民、郎平等体育界人士关系非常好，很多体育名人家中都珍藏着他的字画。当年，中国女排红透半边天，鲁光满怀激情写了一部歌颂袁伟民率领中国女排英勇拼搏为国争光的报告文学《中国男子汉》，在《中国作家》杂志和《北京日报》上发表，荣获全国优秀报告文学奖。范曾读了这篇报告文学后激动万分，主动给袁伟民题写了"中国男子汉"的书法作品，托鲁光带给袁伟民。

鲁光转交后，范曾关切地问："袁伟民把我的字挂起来没有？"

鲁光故意诙谐地说："没有，你写什么不好，偏偏写这几个字。人家怎么能挂呢，挂在家里岂不成了自吹自擂了吗？"

鲁光本来是拿范曾调侃，谁知范曾却当了真。袁伟民退休后，范曾对鲁光说："我一定给袁伟民写一张能挂的横幅。"

他又给袁伟民写了一张四尺对开的横幅"激情岁月",再次托鲁光转交。还一个劲儿地念叨说:"这回他能挂了。"

《体育报》成立30周年时,鲁光代表报社邀请范曾画画。范曾二话没说就画了一幅踢足球的国画,取名为《狡童门齿落,知是踢球归》。

这回办奥运书画展,鲁光深知范曾有着深刻的体育情结,便给范曾打电话联系见面。范曾的手机交给夫人南莉保管,他的一切往来全靠夫人安排。夫人为了照顾丈夫,经常替他挡驾。可当南莉接到鲁光的电话时却一反常态说:"你随时可以来我们家,今天就可以。"

鲁光如约而至,把办迎奥运书画展的想法向范曾和盘托出。范曾立刻爽快地说:"我即兴画一张。"

他站在画案前,寥寥数笔就勾勒出一个上穿粉色衣服下着黑色裤子脚蹬黑色虎头鞋的顽童踢足球的形象,边画还边顽皮地抬腿做了一个踢足球的动作。他给这幅彩墨画命名为《未来足球先生》,还欣然题字:"中国足球岂可悲观　岁丁亥范曾写未来足球先生"。

范曾到底是大手笔,看似漫不经心的画,却成为画展佳作。这次书画展开幕式发给来宾的装画册的手提袋上,印的就是那个可爱的踢足球的顽童,令人忍俊不禁。

范曾不仅画画得好,而且字写得也漂亮。他为画展撰写了对联:"胜固欣然败亦可喜,强靡耻后弱待居先。"富有哲理,发人深省。

丹心跳跃五连环,痴情热望奥运会

何振梁是江南才子,他和鲁光既是昔日国家体委的同事,也是同乡好友。他满腔热情地为书画展写了书法作品"奥林匹克,我的追求我的梦"。

王富洲这位北京地质学院的高才生没有干他的本行勘探队员,却阴错阳差地当上了中国登山队队员。他不辱使命,1960年5月,与登山队员贡布、屈银华一道,首次从北坡登上世界最高峰——珠穆朗玛峰。

他和鲁光住在一栋楼,抬头不见低头见。鲁光对这个当年的登山英雄说:"富洲,我在筹办奥运书画展,你能不能写几个字?"

可能是当年爬雪山造成的后遗症,王富洲的视力急剧下降,面对面站着都看不清楚人。鲁光担心他会拒绝,谁知王富洲却满口答应下来,他一连写了10张"奥林匹克,我心中的珠穆朗玛",兴冲冲地交给了鲁光。鲁光端详着王富洲的书法,深深感到作者是一位具有探险精神的强者,是一位具有开拓精神的硬汉。书画展上,观众们惊讶地发现他的书法很有功底,真是冰冻三尺,非一日之寒。

庄则栋是20世纪六七十年代中国家喻户晓的人物,曾经蝉联第二十六、二十七、二十八届世界乒乓球锦标赛男子单打冠军。1964—1966年,他荣获全国乒乓球锦标赛男子单打三连冠。他不仅乒乓球技艺精湛,叱咤风云,而且机智灵活,公关能力极强。20世纪70年代初期,他在出访时送给美国运动员科恩一幅杭州织锦,与美国运动员广结友谊,为融化中美冰冻了20多年的冰山做出了贡献。

庄则栋去得最多的国家是日本,他现在的妻子佐佐木敦子就是日本人。日本人非常喜欢中国书法,退役后他一直坚持练毛笔字。鲁光是国家体委的笔杆子,当年多次报道过庄则栋的事迹。鲁光把办书画展的事向他一摊牌,他觉得自己是北京人,理所应当为自己家乡举办的奥运会做贡献,二话没说就写了一幅书法作品。中堂上写着"胜之不武,让之有德"八个大字,落款处有一行小字:周恩来总理1972年11月在我信中的批语,为庆祝奥运在北京召开而录 丙戌初冬庄则栋敬书。

我端详着"胜之不武,让之有德"八个大字,心中充满感慨。周总理的话太深刻了,要是中国运动员在2008年奥运会上都能够做到胜之不武,让之有德,那世界该有多美!

我在文学馆迎奥运书画展上流连忘返,一幅名为《娜斯姑娘》的国画拴住了我的腿脚。我在这幅画前站了很久很久,画面上的娜斯面容姣好,神态安详,梳着两条乌黑的长辫子,头戴一顶时髦的褐色蒙古族绒帽,身着一件美丽的藕荷色蒙古族长袍站在草原上。姑娘胸前佩戴着红、蓝、白三串项链,右手背在身后,左手拿着一束野花,像一朵美丽的紫罗兰盛开在绿色的沃野上。这幅画的主人公是用蒙古族美女做模特,堪称珍藏极品。这幅画的作者叫作官布,他用行书书写的对联"铸幸福生活,创和谐世界"苍凉遒劲,颇具震撼力。

鲁光和官布的友谊延续了近半个世纪,这次办奥运画展,鲁光自然忘不了向官布打招呼。官布拿来三幅画让鲁光挑。鲁光看完画没有吭声,眼睛却盯着官布手中的画册。官布会意地将画册递给鲁光,鲁光翻看着画册,一眼就相中了画册里的《娜斯姑娘》。他开玩笑地说:"老官布,真有你的。这么好的画怎么不拿出来?"

官布说:"你老兄眼睛真厉害。"

鲁光又问:"你说是那三幅画好还是这张好?"

官布憨厚地笑着说:"那三幅加一块儿我也不换这幅画。"

鲁光捶了官布一拳说:"是啊,我就看出这是你的精品。"

官布说:"这是画的我的侄女,她现在嫁到国外去了。"

在鲁光真情的盛邀下,在奥运精神的感召下,官布的这幅饱含深情的珍藏作品《娜斯姑娘》终于与大家见面了。

翟泰丰对中国作协组织的事儿特别热心。为了2008年奥运会,他满怀激情画了一幅国画《春》,画面上是一片白桦树,树林旁有一条小河,白色的树干和嫩绿的树叶交相辉映,河水里有着白桦树的倒影,给人一种神奇的美感。

翟泰丰的书法也很地道,斗方《同一个世界,同一个梦想》写得气势恢宏,使人领略到他的书画才气。

主办方向高占祥征集作品时,只晓得他的书法不错,谁知他不但为书画展题写了一幅龙飞凤舞的中堂,而且还独辟蹊径画了一幅岩彩画《赧赧乳峰山》,洋溢着生命活力。

韩美林作为一个从事绘画有50多年的老画家,主要画中国画。这次以《马》参展,寥寥数笔就勾勒出骏马的神韵。他还在画上题了一首李贺的诗:"此马非凡马,房星本是星。向前敲瘦骨,犹自带铜声。"

鬼才李贺的一首小诗韵味无穷,画家鲜明的个性跃然纸上。韩美林的画有一种独特的味道，观众在他的画前流连忘返，争相拍照。

陕西才子贾平凹不仅文章誉满天下，而且书法作品也价值连城。2006年深秋，贾平凹来北京开第七届全国作家代表大会，鲁光专门把他拉到自己的画室，请这位文坛才子留下墨宝。贾平凹在鲁光的画室流连忘返，一挥而就。他的书法"同一个世界，同一个梦想"笔墨韵味名不虚传。

鲁光在画展上展出了一幅国画《荷塘印象》，四只白色的鸭子在黑色的池塘里嬉戏，五朵红色的荷花在黑色的画面上显得格外醒目。这幅画是鲁光的独创。20多年来，他聚精会神地在追求一个理想目标，就是追求当代中国画的语境，找到自己特立独行的语言方式。他在这方面的一大创造，就是把中国画"知白守黑"的原理一反正负。把计白为黑颠倒过来，变计黑为白，反白为黑，让视觉效果反其道而行之，产生全新的视觉冲击力，给人以耳目一新之感。这种图式换型和语言转换，古未有之。

"香樟撑华盖，池塘春色深。大笔惊天下，纸上牧牛人。"欣赏鲁光的画，我突然醒悟他的报告文学为什么会荣获全国优秀报告文学奖头奖。他不喜欢吃别人嚼过的馍，特立独行，具有真知灼见是他的特点，无论是做文章还是作画，他都独辟蹊径，笔下生花。鲁光是作家，从文学入画，他的画得益于他的学识、修养和阅历。正如著名画家周韶华所赞扬的那样：鲁光的画是大视野、大思维、大格局、大气象。

文学和美术历来亲如一家，我在解放军艺术学院念书时读的就是文学美术系。我觉得文学应该吸纳包容，作家应该兼收并蓄，所以经常到美术系、戏剧系听课，结交了一些画家朋友。

中国画的特点是有画、有诗、有字、有印，图文并茂。55位中国当今有影响的美术家一齐上阵，为文学馆添彩，为奥运会鼓劲儿。这里既有大家对奥运会的期盼情结，更有大家对鲁光人品的敬重。

武士好剑，文人爱砚。这个砚就是砚台，泛指笔墨书画。中国作家喜爱书画是骨子里的情结，有着悠久的历史渊源。中国作家擅长书画是有传统的，在中国作家协会会员中，不少人是文学、书法、绘画三栖人才。中国现代文学馆是一座高雅的艺术殿堂，既然如此就要海纳百川，就应融会各种文学艺术精粹。书画同源，作家和艺术家同根，迎奥运书画展在文学馆举办，真是艺术家回娘家了！奥运会期间会有很多外国朋友来到北京，中国作家艺术家有责任让他们了解中国的传统文化。

望着来宾兴致勃勃的脸庞，我即兴创作出一首旧体诗：

七律　迎奥运五十五位书画家办画展
阳春三月百花盈，燕子翻飞柳浪轻。
芍药居前携画笔，鸿文馆里纵豪情。
山遥水近东风换，叶茂林深翠鸟鸣。
借此丹青铺梦想，我心互动五环旌。

全民健身

中国是竞技体育强于大众体育的国家，北京奥运会和北京冬奥会极大地推动了全社会体育观念和体育行动的进步。双奥之城最大的变化是改变了中国人的体育观念，竞技体育和大众体育手拉手协调发展，在运动场地、全民健身和青少年体育方面齐头并进，群众体育全民健身事业蓬勃发展，"三亿人参与冰雪运动"成为现实科技亮点。

2004年雅典奥运会，中国拿了金牌总数第二，但是我们的群众体育开展得如何，全民健身排在世界第几位呢？

群众体育和竞技体育是两座桥头堡，有了这两座桥头堡，中国体育事业这座金桥才能壮丽辉煌。

体育比赛的根本精神是发展体育运动，增强人民体质。金牌总数和人民体质应该双赢。现在，崇尚健康、热爱运动的理念日益深入人心，健身已经成为中国人继衣食住行后的第五大需求。2007年国家体育总局群众体育司在全国组织的全民健身活动如雨后春笋般遍地开花。老百姓真是周周有锻炼，月月有活动，年年有提高。随着迎奥运脚步的邻近，中国人中的体育人口像加热后的水银柱直线上升。

群众体育是体育事业的重要组成部分，是人文奥运的重要内容。国际上体育人口的概念是：每周不少于3次体育锻炼，每次锻炼不少于30分钟，每次的运动强度在中度以上。据统计：1995年，中国的体育人口为11.5%；2001年，中国的体育人口为33%；2021年底，中国经常参加体育锻炼人数占比37.2%。

2022年中国体育人口达4.4亿人，其中老年人占了相当大的比重。北京市参与健身的市民大多在两个时段，中老年人群相对集中在早晨7点至9点（晨练）及晚上的7点至8点（散步），分散在全市几千个晨晚练辅导站；中青年多在晚上，集中在健身房和体育馆。双休日和节假日是体育锻炼的时间，较多的运动项目是登山、打球、游泳。长跑运动、骑行和广场舞也成为主要健身项目。北京市定时参加锻炼的市民每天约有百万人次。

体育社会化是我国体育事业腾飞的一翼，社会体育是以群众参加的广泛性为特色的。中国人管全民健身叫作群众体育，毛泽东同志就教导我们：发展体育运动，增强人民体质。

体育是一种文化和观念，运动是一种生命存在的方式。体育不是可有可无的，而是不可或缺。毛泽东酷爱运动，早在长沙第一师范求学时，他就特别重视体格和意志的锻炼。他认为体育的目的不仅是强筋骨，还在于强意志；不仅在于养生，还在于卫国。力主文明其精神，野蛮其体魄。他经常进行冷水浴、风浴、雨浴、日光浴、登山、露宿、远足等活动，还自创了"六段锦"体操来锻炼身体。1917年4月1日，毛泽东同志在《新青年》杂志发表了他的第一篇论文《体育之研究》：体者，为知识之载而为道德之寓者也，其载知识也如车，其寓道德也如舍。

2008年，中国北京奥运会将中国的传统体育项目武术带入奥运会。奥运会是各国体育运动项目的融会，奥运会是东西方文化的大冲撞、大交流、大融合。体育运动是东西方文化交流的媒介，是强身健体延年益寿的酵母。

奥运会增强了中国人的体育意识，促进了全民健身运动的广泛开展。竞技体育以奥运会为最高目标，群众体育以全民健身为最高追求。体育运动是为大众服务的，奥运会上摘金夺银固然是中国体育的追求目标，但奥运会惠及于民、促进全民健身更是我们的终极目的。

人生犹如马拉松

给儿子报名参加2007年秋天的"全日空"杯北京国际马拉松比赛，他脱口而出："妈，我行吗？"

我反唇相讥："你妈都行，你有什么不行的？"

儿子扑哧一声笑了："妈，您要是行，我肯定行！"

我说："先别吹牛，是骡子是马拉出去遛遛。"

儿子乖乖地跑了一大圈，回来气喘吁吁地念叨："妈，我今天跑了8公里，还真有点累。"

我说："那当然，你以为马拉松运动员都是吃干饭的呢？"

眼看着第二天早上就要跑马拉松了，星期六晚上我一个劲儿地叮嘱儿子："把运动服、鞋、胸牌和别针准备好，别吃柿子等凉东西以免闹肚子，晚上早点睡……"

儿子调侃道："妈，马拉松有什么呀，您怎么有点儿紧张？您这个人肯

作者参加2007年北京国际马拉松比赛

定当不了运动员，要让您参加奥运会比赛，心理素质太差，有实力也发挥不出来。"

我说："我们这代人和你们不一样，我是认真惯了，凡事要么不干，要干就一定要尽全力干好。"

儿子不服气地说："我没说不干好，就是没必要那么当回事。"

我说："你把手机和闹钟都定好时，明天5点起床。咱们5点50分必须赶到健身俱乐部，从那里出发到奥体中心。"

2007年10月21日凌晨4点50分，我准时醒了。多年的军旅生涯使我养成了一种习惯，只要心里有事，保证准时醒来，比闹钟还准。我给儿子做好早餐，听着闹钟"嘀嗒""嘀嗒"的响声，却舍不得叫醒酣睡的儿子。可又一寻思，不行啊，不叫醒他怎么赶路啊？

我心疼地叫醒了他，又叮嘱道："你再眯几分钟吧，妈盯着表。"

走出家门，天空一片漆黑，星星眨着惺忪的睡眼神秘地冲着我们微笑。我发动汽车，风驰电掣般载着儿子向健身俱乐部驶去。黑夜中儿子一个劲儿地提醒我："妈，您别超速，来得及。"

东方欲晓，莫道君行早。当我们6点半赶到奥体中心时，那里早已人头攒动。晨风凛冽，不少人披着塑料雨披御寒，还有人用塑料袋包裹着自己，模样非常滑稽。一支支队伍在一起合影留念。看着熙熙攘攘的人群，我对儿子说："糟了，怎么参加马拉松赛的人都这么年轻，我是不是参赛者中年龄最大的？"

儿子安慰我说："妈，您别着急，我肯定能找到比您岁数大的。"

走了几步，突然看到一群中年人站在一起。儿子指着他们说："看，他们就比您大。"

我定睛细看，只见这群由中青年组成的队伍精神焕发，他们手中举着的横幅上写着："北京市抗癌协会明星俱乐部。"我内心腾起一阵热浪："磊磊，你看抗癌协会的人都来了，他们都是癌症患者，却在向癌症挑战，这才是人生的强者！"

一轮旭日从东方升起，霞光满天，染红了天际。清华大学的队伍来了，北京大学的队伍来了，中国农业大学的队伍来了，中国吉利大学的队伍来了，航空三院的队伍来了，惠普公司的队伍来了……一支由中老年人组成的队伍吸引了我的眼球，他们全副武装穿着运动服，在清晨5摄氏度的气温里冻得瑟瑟发抖。但他们仍然意气风发，谈笑风生。仔细打量，原来是一队日本长跑爱好者。

又过来一支队伍，清一色的男人全部是短打扮，举着小旗帜。我发现这些人身材挺拔，肌肉健美，精神矍铄，一定是长期坚持体育锻炼的结果。他们在寒风中做赛前热身，一个劲儿地蹦跳着。仔细一看，他们举的是韩国国旗。看来，这是一支由韩国长跑爱好者组成的队伍。

秋天是北京的黄金季节，也是最适合跑马拉松的季节。天公作美，阳光灿烂，微风和煦，气候干爽。健身俱乐部的工作人员帮我们看管衣物，8点15分，我们从奥体中心轻装前进。人太多了，跟随着众多的人流，我们先走了几十米才跑起来。扩音器里播放着高亢的音乐，队伍中有人披着雨披，有人戴着面具，路边的卡通人手举着"宝矿力水特"电解质补充饮料向我们招手致意。一切都是那么亲切随意，气氛非常热烈。耳边传来啦啦队的欢呼声，一位姑娘热情地冲我高喊："大姐，加油！"

我顿时受到鼓舞，仿佛浑身上下有使不完的力气。路过主席台时，我看到台上的一群人在热情地向我们挥手致意。这大概是大赛的组织者和来宾，我向他们挥挥手，继续前进。出了奥体西门，我们按照组织者的引领向中华民族园跑去。我对儿子说："你别管我，使劲儿往前跑。"

儿子仿佛没有听到，寸步不离地跟着我。路边站满了围观的市民和警察、志愿者，每隔一段就有一个水站和医疗点。跑在马路上，不时会听到素不相识的人冲我们喊："加油！"

有了儿子的陪伴，有了众人的支持，我像一只上满了发条的闹钟，嘀嗒嘀嗒地跑个不停。北辰桥到了，"水立方"到了，"鸟巢"到了，网球中心到了，曲棍球场到了，射箭比赛场到了……这些地方我太熟悉了，两年来的奥运会采访，我不知多少次光顾这里，2007年春节就是在"鸟巢"和"水立方"度过的。旁边的会展中心击剑馆和射击馆，奥体中心里的英东游泳馆和奥体中心体育场，上个月搞现代五项比赛时，我刚刚采访过。眼看着奥运场馆群在曙光中崛起，我的心仿佛泡在了蜜罐里。

一支队伍高举着红色的横幅，上面写着"地勘人盼奥运"，这无疑是石油界地质勘探人士打出的横幅。他们飞快地跑着，从他们兴高采烈的笑容中，我感受到了人民大众对奥运会发自内心的热切期盼。

路过"鸟巢"时，好多人停下脚步在那里拍照。北京国际马拉松比赛历年来都是在长安街举行，这次采用了全新的路线。调整后的路线体现了"穿越北京古老的历史，奔向未来的新北京"的主题。新线路不仅途经北京著名的元大都遗址，还经过2008年北京奥运会主体育场"鸟巢"等多个奥运场馆。马拉松比赛和奥运场馆交相辉映在中国是破天荒第一次，也是一道美丽独特的风景。

我俩撒丫子向前奔跑，当我们绕过奥体北门、东门、西门，再次进入奥体中心时，我还储存有很多力量。不能留一手了，我飞快地向前冲刺，一鼓作气跑到了终点。我觉得轻松极了，舒服极了，爽快极了，那种参与奥运的快乐是不可言状的。

观众们向我竖起大拇指，还有人指着我儿子赞叹道："你看这孩子多好，一直陪着他妈妈跑。"

健身俱乐部的工作人员热情地举起照相机，为我和儿子拍照。望着人们热情的笑脸，我不由得想起了34年前的一桩往事，那也是在一个金色的秋天，也是一次中长跑比赛：

1973年秋天，我们部队在北京房山举行军事大比武。我作为连队的中长跑越野赛选手参赛。大赛前夕本应养精蓄锐，可我们连偏偏要在大赛的前一天下午在总后大院修菜窖，而我又偏偏自告奋勇请战去修菜窖。事情就是那么寸，干活儿时一个女兵扔来一块砖头，不偏不倚正巧砸在我的右脚上。我疼得龇牙咧嘴，战友们也一个劲儿地埋怨连长："孙晶岩是咱连的种子选手，你找谁修菜窖不行非让她去？这下可好，她脚砸伤了，咱连的冠军也泡汤了。"

连长像一个做错了事的孩子关切地问我："文书，你还能跑吗？"

我咬紧牙关说:"当然能跑,轻伤不下火线!"

我们部队的大本营在房山,只有两个连队驻守在北京市。第二天凌晨,我们披星戴月乘卡车从北京市向房山进发。在卡车上站着颠簸了两个多钟头,终于到达了房山。大本营的选手以逸待劳,而我们经过长途跋涉已筋疲力尽。这是一次不对等的竞争,我的劣势一目了然。

我对身边的人说:"谁也不准把我脚受伤的消息泄露出去!"

那年头儿新兵蛋子买不起像样的运动鞋,就是买得起部队也不允许你穿。我上身穿着部队发的对襟绒衣,下身穿着一条肥大的绿军裤,脚蹬一双老式的鲇鱼头似的解放鞋,精神抖擞地站在跑道上,右脚脚趾却火辣辣地疼痛。

少女时代的我瘦得像棵豆芽菜,14岁入伍碰上缺油少盐的伙食,1.66米的个头,体重只有95斤。而我们部队的上百名女兵真是藏龙卧虎,强手如林,我一声不吭地盯着前方,心里寻思着出其不意后发制人。

发令枪响了,我箭一般冲了出去。一开始,我只是跑在中上游的水平,保持体力。啦啦队的助威声都献给了跑在前面的人,谁也没理会我这棵豆芽菜。当最后50米时,我像一头小豹子"嗖"地一下冲了出去,紧紧地黏住了运动健将。她使出浑身解数想甩掉我,但我却像牛皮糖似的越黏越紧,终于在撞线的一刹那超过她好几米。

当我跑到终点时,我们连的两个女兵热情地迎上前搀扶着我。我清楚地记得她俩的名字:河南兵邵月荣和上海兵章加宁。高音喇叭里传来这样的消息:女子800米中长跑冠军——八连的孙晶岩。

她俩高兴得又蹦又跳,那模样比她们自己得了冠军还高兴。我的腿一阵发软,坐在椅子上脱下鞋子,只见我的右脚大拇指肿得像个紫茄子,周围的几个脚趾也都淤血了。

我有生以来荣获的第一个冠军就是这样伴随着血水和汗水悄然而至。说实话,我的身体素质并不好,毫无体育细胞,我本不应该与体育冠军结缘。我的长跑成绩得益于我的母校——北京101中学。

体育是101中学的强项,我们的体育老师王寿生是北京市第一个特级体育教师。每天早晨和下午，母校大操场上都围满了锻炼的人群。101中毗邻圆明园，得天独厚的地理位置为学生的体育锻炼带来了福音。体育课上，老师带着我们围着圆明园的福海长跑，一圈下来两三千米，开始我跑不上半圈就喘得上气不接下气。几年下来，竟然也能毫不费力地跑两三圈了。我在班里最要好的女友伍志毅就曾经荣获北京市中学生田径比赛女子五项全能冠军。

14岁到了部队，我受到了严格的军事训练。我之所以能够夺得女子中长跑冠军和全团军械员手枪、冲锋枪、半自动步枪三种枪射击总分冠军，不是因为我的身体素质好，而是因为我把体育运动当成对意志力的锻炼，认认真真地做好每一个军事动作。我觉得人的竞争说到底是意志力的竞争，一个人是如此，一个国家也是如此。我没有过人之处，但是"坚忍"二字颇为助力。人生犹如马拉松，笑到最后的人笑得最好。

体育是一种文化和观念，运动是一种生命存在的方式。体育不是可有可无的，而是不可或缺的。

回家的路上，儿子问我感觉怎么样。我说："真爽，明年咱俩还来跑。"

儿子说："明年这时候我就在国外读书了。"

想到儿子即将远行，我一阵怅然，儿子安慰我说："没事儿，我会在美国为您加油的！"

42公里全程马拉松的人还在奔跑。望着他们矫健的身影，我对儿子说："这些人是强者，咱们应该仰慕强者，不妒强者，学习强者，赶超强者。"

儿子说："妈，我刚才看到清华大学来了30多辆大轿车。"

我说："对啊，这就是参与意识。清华大学是中国最棒的理工科高等学府，他们不仅抓学习成绩，还注重学生的综合素质。清华大学一贯非常重视体育教学，这得益于中国的体育教育家马约翰，他在清华大学任教时就倡导学生进行体育锻炼。这次奥运会志愿者，清华大学就做得很突出。年轻人不仅要学习好，还要富有激情，关心他人，奉献社会。"

经过2小时8分零8秒的奔跑，肯尼亚7号选手内法特·金亚珠夺得了2007全日空北京国际马拉松赛男子组冠军，中国选手任龙云荣获男子组亚军，中国选手韩刚荣获男子组季军，第四名的桂冠也被肯尼亚选手摘取。

我对儿子说:"尽管国际马拉松比赛1981年就落地北京,1989年北京就有了女子国际马拉松比赛,可以前我从来没有认真关注过这项运动。自从撰写奥运长篇报告文学以来,我身临其境地感受了奥运精神的召唤,对奥运会有了深切的理解和感悟。我参加马拉松比赛不是心血来潮,而是想亲身体验我参与、我奉献、我快乐的奥运精神,没想到得到的远远大于失去的。人在跑步时体内会产生一种物质叫作多巴胺,多巴胺能起到一种愉悦作用,所以我参赛后心灵的愉悦是无法用语言表达的。明年我还要参赛,路程还要加长,我会一直坚持跑下去,一方面是对我体能的测试,另一方面是对我意志的锻炼。"

儿子说:"对,您每天多跑100米,明年多跑一倍就很轻松。妈妈,我会永远陪伴您跑下去!"

为北京冬奥会打下美丽中国底色

2020年6月23日是国际奥林匹克日,早晨6点多钟,我赶到位于北京延庆的世园会门口,只见那里人头攒动,熙熙攘攘,忙碌的志愿者、保安、服务人员已经上岗。世园会本应上午9点开门,为什么7点钟就有人入园?原来,北京冬奥组委举办的"奔向2022 绿色起跑 全民开动"2019国际奥林匹克日冬奥主题活动暨阿里巴巴北京世园会公益跑活动今天在这里展开。

几天来北京连续播报高温蓝色预警,今天的会场大清早就艳阳高照,又是一个桑拿天啊!

然而,天气再炎热高温,也没有北京市民渴望举办冬奥会的热情高。在北京世界园艺博览会国际馆前的主席台上,体育健儿带领大家做跑前热身操,活动开始了预热。

中央电视台《体育新闻》和《体育世界》主持人袁文栋走上台,他简要地介绍了活动规则和意义。大屏幕上播放了北京冬奥会、冬残奥会低碳管理宣传片。

北京冬奥组委正式发布《北京2022年冬奥会和冬残奥会低碳管理工作方案》,积极倡导全社会低碳生活方式,创造奥运会碳普惠制的"北京案例"。这一活动也是中国奥委会国际奥林匹克日分会场活动。

出席的北京市领导表示：北京冬奥会是我国重要历史节点的重大标志性活动，也是我国加快冰雪运动发展、提升全民健康水平的重要契机。中央高度重视北京冬奥会筹办工作，习近平总书记做出了一系列重要指示。我们把冬奥筹办与群众体育工作紧密结合起来，大力推动群众冰雪运动普及，促进全民健身广泛开展，取得了积极成效。下一步，我们将秉持奥林匹克精神，紧紧围绕"三亿人参与冰雪运动"的宏伟目标，加快推动群众体育特别是冰雪运动蓬勃发展，为提升人民群众健康水平，增强幸福感和获得感，建设健康中国和体育强国，做出新的更大贡献。

重在参与，共同建设更加美好的世界，是奥林匹克精神的重要内涵。希望各界朋友们积极响应奥林匹克精神倡导，与我们紧密携手，深入落实绿色办奥理念，努力践行低碳管理工作方案各项措施，形成绿色发展方式和生活方式，共同建设天更蓝、山更绿、水更清的优美生态环境，为北京冬奥会打下美丽中国底色。

在活动现场，环保人士、"北京榜样"代表贺玉凤、运动员代表王皓、阿里巴巴集团代表周天宇等人共同发出了低碳环保倡议。他们倡议所有人都行动起来，积极宣传普及绿色办奥理念和低碳环保知识，踊跃参与全民低碳行动，共同为举办一届精彩、非凡、卓越的奥运盛会，为加快建设天更蓝、山更绿、水更清的美丽中国做出更大的贡献。

随后，近千名运动员、志愿者、文艺界人士、环保人士、市民、体育爱好者身穿白色的运动服开始奔跑，我近距离看到他们在北京世园会的跑道上挥洒汗水，用奔跑来支持北京冬奥会绿色低碳的目标。

体育意味着文化和精神，为了迎接北京奥运会，我参加过北京小马拉松赛；为了迎接北京冬奥会，我身穿运动服站在延庆世园会参加冬奥公益跑；2023年4月，我在江西省赣州市参加公益跑，上台演讲，打响奔跑发令枪，公益跑扫码捐款为赣州市上犹县农村学校捐赠体育用品，感到运动的火焰在熊熊燃烧，深深地为国人的体育热情而感动。两个奥运促进了中国人的体育意识，使得跑步和滑雪、滑冰的人群逐渐增多，这才是我想看到的。

我与冬奥人的友谊

知道郑方是在15年前采访北京奥运会的时候，国家游泳中心董事长康伟跟我提起过他的名字。2003年，他正式加入中建国家游泳中心设计联合体，负责"水立方"的设计工作。他是冬奥场馆"冰丝带"和"冰立方"的设计总负责人，我们在南礼士路的书房聊天。他拿着笔记本电脑，在我的面前展示自己的设计成果，举重若轻地陈述设计理念。他以优异的成绩考取了同济大学建筑学院读本科，又以优异的成绩考取了清华大学读建筑学硕士，最后又攻读博士。也许是多次采访建筑设计师的原因，如此复杂的冬奥建筑设计过程，经他深入浅出的解说，我很快就领悟了。他是1988年山东省高考理科状元，才智非凡，书写了两个奥运7个场馆设计的传奇。北京奥运会建设的"水立方"和北京冬奥会建设的"冰丝带"当之无愧地成为两个奥运的地标性建筑。

他文理兼修、知识渊博，不仅设计上是一个奇才，而且文学功底很好，酷爱跑步，还是马拉松爱好者，无数次在奥林匹克公园跑步时经过"水立方""冰丝带"、莲花球场，看到这些从自己设计的蓝图变成现实的建筑，内心总是充满自豪。回想起与同事们日夜奋战的岁月，他觉得所有的辛苦与付出都值了。千千万万人来到这些赛场，见证激动人心的历史时刻，那是他最期盼的美好瞬间。

他兴奋地告诉我：他和团队发明的国家速滑馆金属单元柔性屋面获评2021年度"建筑防水行业科学技术奖——技术进步奖"一等奖。

连续访问了十几个冰场，现场观看了2020—2021赛季全国速度滑冰冠军赛，我深感速度滑冰的魅力，这是速度与激情的展现。激动人心的比赛即将开始，屋顶上的3圈LED体育照明灯开启，曲线飞扬，星汉璀璨，犹如银河高悬空中。我觉得"冰丝带"的穹顶仿佛一枚巨大的钻戒，她的冰面酷似凝固的牛奶溢出乳香。在北京冬奥会期间，"冰丝带"助力运动员创造出奇迹，13次打破奥运会速度滑冰纪录。

郑方曾经陪同国际奥委会副主席、北京冬奥会协调委员会主席小萨马兰奇、世界冰壶联合会主席凯特·凯斯尼斯、国际滑冰联盟副主席创·埃斯普利及技术官员考察"冰丝带""冰立方"，也和我写到的外国制冰师马克和汉斯一起工作。我和他有很多共同语言，采访很顺利，创作得心应手。当我把初稿交给他审阅时，有些技术性词汇我们要反复沟通，直到双方都觉得读者会满意为止。就这样，他成了我的长篇报告文学《中国冬奥》的主人公。

我把写他的那段在《十月》杂志发表，他高兴地说："年轻的时候读这本杂志里的故事，没想到今天我会成为这本杂志的主人公，真没想到。"

书籍出版后，我第一时间寄给了他，很快就收到他发来的微信："收到，沉甸甸，感谢孙老师记载历史，文字和建筑都会。""我的同事们从当当买了《中国冬奥》，寄给您签字，再寄回。成吗？您发我一个地址。"

我知道他是认真看书了。2022年1月23日，人民文学出版社在北京王府井书店召开《中国冬奥》新书发布会，我邀请他出席，原以为他是大腕儿有可能婉拒，没想到他回答了八个字："与有荣焉，一定参加。"

我们在王府井书店见面了，他送给我为"冰丝带"特制的书签，我把几张心爱的书签送给了身边的人民文学出版社副总编。开会时郑方和诸位大名鼎鼎的嘉宾一起坐在旁边，而我却被安排坐在"C位"。主持人问郑方："您是一个著名的设计师，两个奥运都有重量级作品问世，'冰丝带'和'水立方'成为中国奥运的地标性建筑，您能谈一下您对北京冬奥会的期盼吗？您怎么会与作者成为好朋友？您的专业很深奥，您觉得作家写得如何？"

郑方侃侃而谈，他的发言透着睿智，他的谦和友好给我留下了深刻印象。

最近，他给我寄来了自己的新书《设计可持续的未来——从水立方到冰丝带》，在扉页上恭恭敬敬地写着："感谢记载冬奥故事，请孙晶岩老师指正！"

书做得很漂亮，我不能完全读懂其中的技术内容，但是我深切地感受到了作者的真诚和友好。

在长篇报告文学《中国冬奥》中我写了上百个人物，出版后用顺丰快递给人家寄去，一本书加上邮费将近100元，我寄出去100多本，有的一个地址就要寄出几本。郑方像许多奥运人士一样记住了我的付出。这其中有20多个中外冬奥人士和朋友给我发来了祝福的视频，郑方说得特别真诚，我打心眼儿里感谢这些朋友，我和他们也结下了深厚的友谊。

我离开哈尔滨时，王晓影校长问我有什么心愿。我说想看一眼松花江、中央大街和哈军工，她知道我每天采访到深夜，来黑龙江十多天了连松花江都没有来得及看一眼。她知道我曾经在军工系统工作过，对军工怀有感情，便利用周末的时间陪我去哈尔滨中央大街、松花江游览，又到哈军工去寻访，哈军工现在的校名叫作哈尔滨工程大学；薛东校长热情地邀请我给该校写的书作序；短道速滑运动员、体育教师孙杨不知道怎样表达谢意，真诚地说："孙老师，您下次来长春一定通知我，我教您滑雪、滑冰。"

我写到的长春三附小体育教师王希娣看到我总到贫困山区做公益，主动提出要为我讲过课的冀东抗日根据地的农村小学留守儿童捐赠书籍和衣服……现在，我和冬奥人结下了深厚的友谊，逢年过节经常收到来自全国各地的祝福，延庆赛区的建设者还开车拉着几百本《中国冬奥》到我家请我签名。

越有水平的人越谦逊，越有修养的人越懂得感恩。记住了"冰立方"和"冰丝带"就记住了郑方。我知道，他最近到北京交通大学去做教授了，教书育人，把自己的实践经验和理论思考传授给年轻的学子。现在，他赠送给我的书籍和书签就放在我的书房里，看到这些我就想起了这位"双奥"设计师，记住别人的好是一种修养，懂得感恩是一种美德！

祈福中国　平安奥运

打造奥运绿色安全食品

以往的奥运会没有中餐，而北京奥运会把中餐的比例提高到30%。为了让运动员能够吃饱、吃好，中国方面从源头上抓食品安全。

奥运会餐桌上的鸡主要采用北京生产的华都肉鸡，奥运会餐桌上的蔬菜主要是密云区生产的奥运蔬菜。密云区从世界各地引进奥运蔬菜，这些蔬菜在种植方式和生产方式上有别于普通蔬菜，奥运蔬菜参照欧盟的加工体系和生产标准，从种植到餐桌实行封闭管理，对品种质量要求很高。山东是北京的主要蔬菜供应地，闻名遐迩的章丘大葱、潍坊萝卜自不必说，平度马家沟的芹菜长得棒、纤维细、口感好，奥运会就定点从平度购买芹菜，还申请了专利，以防假冒伪劣。

我参观了国家市场监督管理总局视频监控中心，发现他们对食品加工企业的生产线实行全程电子监控。在食品质量把关上相当严格，谨防百密一疏。对出现食品安全质量问题的企业，统统记录在案，严格追究责任。从他们检测出的食品安全黑名单上，我看到既有出口食品，也有进口食品。

北京市疾病预防控制中心自2002年始就建立起"食品污染物监测网"，

对全市各类食品和原料进行监测。监测项目包括食品主要污染指标，如农药残留、重金属、食品添加剂、致病菌等。监测范围包括奥运签约宾馆、奥运场馆和签约宾馆周边餐厅、集体送餐单位以及大学食堂、著名风景区内的餐厅等。

自从北京开展"2008年北京奥运推荐果品评选系列活动"以来，全国近20个省市的名优果品产品积极参加评选。2008年4月中旬，来自新疆吐鲁番的葡萄、哈密瓜、库尔勒香梨、阿克苏冰糖心苹果、海南芒果、广东木瓜、云南荔枝等果品源源不断地运往北京，让北京市民先饱口福。为了防止运动员腹泻，奥运会期间运动员和记者食用的水果尽量采用带皮的，如香蕉、橘子等。小点心放在带盖的盘子里，保证卫生。

为了让运动员吃得可口，奥运村配备了很多技艺精湛的厨师，变着法儿地给他们做好吃的。全聚德烤鸭来自鲁菜，便宜坊烤鸭1416年在北京宣南菜市口米市胡同开业，至今已有600多年的历史。便宜坊的"便"字读biàn不读pián，意思是方便宜人，物有所值。全聚德是挂炉烤鸭，便宜坊是焖炉烤鸭。很多外国元首都曾经在便宜坊吃过饭。北京烤鸭成为奥运会餐饮业的一大亮点，一天同时有150个厨师给6000名运动员片鸭子吃，场面非常壮观。

奥运会烹饪师为运动员准备了五六十种烹饪技法，根据各国运动员的不同口味来设计菜肴。很多人喜欢吃海鲜，比如上海人喜欢吃红蚶，这种食品上海人吃着合适，北方人吃了有可能不习惯，因此食谱上就会取缔红蚶。

奥运会的运动员、教练员、记者有很多来自不同信仰的国家，在饮食方面有严格的禁忌和特殊的需求。如果在饮食上不能符合宗教民族食品的要求，那么奥运会的圆满进行就是一句空话。所以，要考虑到不同民族的饮食习惯。例如，北京奥运村专门设有穆斯林餐。牛羊肉和鸡肉都是经过阿訇念经后屠宰的。烹制清真食品的厨师有丰富的接待信仰伊斯兰教客人的经验，从食品原料、储藏、烹饪、餐具到就餐环境，都符合这些客人的要求，使客人有宾至如归的感觉。

在北京奥运会期间，有55万外国人来到北京。北京全聚德烤鸭店、便宜坊烤鸭店、东来顺和鸿宾楼等清真饭店、前门小吃一条街、簋街一条街等餐馆都迎来大批的食客。餐饮业分为ABCD四级，从2007年1月17日开始，北京市对小餐馆进行全面评估。凡是没有卫生许可证的、消毒没有达标的，立即停止营业，进行整改。

为了确保奥运食品安全，中国开展了以食品为重点的质量专项整治活动。中国输往日本的食品抽检合格率为99.42%；欧盟对中国食品的抽检合格率为99.8%。

中华饮食文化源远流长，古老的北京是美食之都。北京不仅有五花八门的小吃，而且形成了由地方菜、宫廷菜、官府菜融为一体的独特的京味菜。以全聚德、便宜坊为代表的北京烤鸭，以东来顺、烤肉季、鸿宾楼为代表的清真风味，以丰泽园、同和居为代表的庄馆大菜，以仿膳为代表的宫廷风味，以隆福寺和护国寺小吃为代表的北京小吃，构成了北京饮食的五大流派。考虑到西方人的饮食口味，位于崇文门的马克西姆餐厅会呈上一道道法国大菜；位于北京展览馆的莫斯科餐厅会呈上充满俄罗斯风味的俄式大餐……

中国人是讲究诚信的。奥运会期间，中国不仅要向世界各国朋友奉上一道道美味大餐，而且有能力确保奥运食品安全。

跟随奥运安保副总指挥探访奥运场馆安全保卫

2008年，第二十九届北京奥运会安全保卫工作协调小组办公室常务副主任、奥运安保指挥中心常务副总指挥刘绍武先生陪同我们参观了北京科技大学奥运场馆安全保卫系统，并介绍了北京奥运安保筹备工作。

北京科技大学体育馆正在进行"好运北京"柔道比赛。

根据北京奥运会的特点和我们的实战需求，开展并完成了奥运场馆治安、交通、消防管理、大型活动、反恐防暴、要人警卫等52项奥运安保总体性工作计划及500多项具体实施方案的编制工作。

奥运会是国际体育的盛典，奥运场馆是人员聚集地，所以奥运场馆的安全保卫就显得格外重要。

这次筹办奥运会，中国的安保部门将奥运场馆安保技术设施建设与场馆工程建设同步进行。也就是说在奥运场馆规划阶段，就编制了各场馆安保技术设施设计大纲，并纳入各场馆总招标文件。施工单位对安保监控系统的位置心中有数，在建设奥运场馆的过程中就预留了安保设施的地盘。各类安保监控系统和场馆工程同时建设、验收。场馆建成之日就是各类安保设施投入使用之时。这样做的好处是一勺烩，不用再为安保设施重新凿墙挖洞，节省了大量的建设资金。国际奥委会安保专家称赞：北京的做法非常明智，非常有远见，是我所见过的做得最好的一次。

中国安保部门还将奥运场馆安保运行设计与场馆工程设计同时进行，安保部门提前对场馆建筑图纸进行审核，特别是对所有场馆的出入口、观众疏散通道、楼梯、看台等重要位置的设计，由安保部门进行计算机动态仿真模拟实验，组织专家进行论证，提出安全意见，协调设计建设部门逐一解决，以消除隐患，确保观众安全。

安全保卫是一种职业，只有懂行的业内人士才做得好。所以，奥运会安保部门向所有竞赛场馆派出安保负责人，与体育、观众服务等部门密切配合，共同工作。

在奥运安保科技信息系统设计建设上，我们广泛借鉴了国外先进经验，主要依靠自己的力量，完成了全部奥运安保科技信息系统顶层总体设计。这个系统是以中国警方原有的科技信息系统建设成果为基础，依靠我国顶尖科研部门和企业集团的技术优势，吸收了国际大型活动安保技术系统建设经验开展设计和建设的。这个系统保证了各场馆之间与奥运各级指挥系统之间的网络、图像和信息通信联通，实现了各场馆间快捷、畅通的指挥调度。保证现有技术人员和一线安保人员熟练的应用能力，这些已经在测试赛中得到充分检验，并可以在今后其他大型活动中资源共享。

每个场馆按照赛事来安排安保措施。奥运场馆的安保分成ABCD四个等级。北京科技大学体育馆是中小型赛场，所以属于B级。分级安保的好处是能够节省资金，实事求是地安排警力。

整个奥运会期间，45个训练场馆和31个比赛场馆都要进行安保，中国用于场馆的警力不少于8万人。除了警察以外，还雇用了保安，外加安保志愿者。为了增加奥运会的祥和气氛，所有的警察在场馆都着志愿者的服装。每个场馆按照赛事和观众的多少来安排警力。竞赛分为预赛和决赛，进来多少观众，有没有参赛国的要人，安保部门可以与奥组委的贵宾接待系统联通随时了解情况。就拿首都体育馆来说，这里进行奥运会排球比赛。5.3万平方米的场馆，周围有3个社区、数百户居民、3家宾馆和162家餐厅。场馆里有物流区、餐饮区和电视转播区，有观众席、媒体席和贵宾席。1180米的封闭线，24小时有专人巡逻。贵宾要人区域如果有要人到场，一定要增派安保。前后院5个出口都要配备X光机，手持探测器，有线、无线通信设备。一旦发生突发事件，迅速疏导观众。

每个奥运场馆都有一个安保指挥所，这个指挥所里有一套科技信息指挥系统。在进入场馆大门时，安检工作就已启动。在大门口，安保部门设置了提示牌，上面明文规定禁止和限制带入场馆的物品。

刘绍武先带领我们参观安检门。进入场馆前要经过一个白色的安检棚，安检棚的两侧有柱状边界报警系统。安检设备动用红外线、激光等多种高科技手段，场馆周围任何一丝非正常震动都会被灵敏地捕捉到，并转入安保指挥所报警图像监控系统。门口是一机两门一套的安检设备，类似于首都机场的安检仪。这套国产的安检设备性能良好，X光机具有高灵敏探测能力，抗干扰能力强，能发现人身上携带的隐蔽性强的物品。

安检门是美国进口的盖瑞牌产品，探测非常灵敏。即使在鞋子里藏了东西都能够发现。这种一机两门的安检设备一个钟头内可以检测800名观众或400名媒体记者。因为记者带有照相摄像器材，检查起来较慢。

驶入奥运场馆的汽车进门时要经过一道金属路障，这个路障实际上就是国产的高性能车底盘检验设备。这套设备可以发现车底盘上的各类危险品。同时记录下该车的车牌和车型。每当汽车驶入安检地带，有4个工作人员会打开两侧车门、前车盖和后备厢，对其进行检查。检测车辆的安保人员都经过安保专业培训，使用先进仪器能够准确地查出车上是否放置了危险物品。一般情况下检查一辆车不超过两分钟。

走进安保指挥所，我仔细观察了奥运场馆的安保设施，发现监控图像清晰不留盲点，智能化分析，监控手段高超。我从监控图像上看到一个男人"鬼鬼祟祟"地站在场馆旁边的栅栏前探头探脑地向里窥视。我问道："这是什么人？他是否想非法越界？"

刘绍武开玩笑地说："别担心，这是我们的人扮演的。"

我如释重负，刘绍武说奥运场馆周围出现任何可疑人员或长时间滞留无人认领的物品，都会自动报警。刚才这个人贴近了栅栏，黑色报警器发出了信号，监控图像就自动切换到那里。

过了片刻，图像上出现了北京科技大学各项安检布阵图。在进入场馆的地点安装了视频探头，指挥所的人员点击探头可以弹出场馆四周的边界。监控系统对地下、出入口、所有楼梯等重要区域都进行了覆盖监控。指挥所会把场馆的全面情况传输到奥运安保国家指挥中心。

奥运场馆分为前院观众区和后院运行区。后院区官员和运动员须凭证进入。监控图像不仅能防止坏人破坏，而且还能把所有进入场馆的人的信息准确地反馈到指挥中心。如果有人遇到了晕倒、生病等突发事件，指挥所的人都能在第一时间发现。贵宾室和运动员休息室有很多按钮，贵宾和运动员发生不适，只要触动按钮，指挥所的人马上就能对其进行援助。如果场馆周围有非法入侵者，视频监视探头就会自动弹出对其进行监控。

如果没有意外情况，总指挥中心的人也会自动把监控图像切换到奥运场馆的各个角落进行监控。

图像上出现了奥运安保仰山桥总指挥中心的画面。刘绍武问道："仰山桥听到没有？"

一个穿警服的年轻警官回答："仰山桥听到。你们那里情况怎么样？"

刘绍武手握话筒说："这里一切正常。"

年轻警官说："仰山桥明白。"

原来，北京市奥运会安保指挥中心可以随时调出各奥运场馆的图像以便统一指挥。国际奥委会安保专家、国际安保机构和资深安保人员对这套监控设备评价很高。

奥运车辆是安保的重要一环，也是犯罪分子破坏的重要对象。为了确保奥运安保工作人员和运动员、教练员的安全，2008年，北京市建立了奥运交通管理智能系统。奥组委安保部和奥运安保指挥中心做到奥运会期间对所有与奥运有关的车辆的行车路线都实行全天无缝、智能监控。这些车辆无论走到什么地方，都有监控设施随时定位，没有一个死角。

刘绍武说："在国际警务联络部成立以前，北京奥运安保工作就已经开始开展国际警务联络工作。我们和203个国家和地区的奥委会及代表团建立正式联系，建立安保合作关系，为各国或地区代表团提供安保服务。"

2007年初，第二十九届奥运会安全保卫指挥中心国际警务联络部就在北京宣告成立。国际警务联络部代表第二十九届奥运会安全保卫指挥中心就北京奥运会安保工作与各国（地区）警务部门开展国际交流与合作。开始，每季度举行一次通报会，奥运会期间每天召开一次通报会，对奥运期间安保情况和其他重要情报进行通报，联手打击和预防各种跨国犯罪行为。

站在我身边的一位外国记者问道："北京奥运会期间，你们主要防范哪些恐怖组织？"

刘绍武说："奥运会期间，无论是国外恐怖势力还是国内恐怖组织，都是要防控和打击的对象。即使是一般性质的犯罪，只要对奥运安全造成威胁，警方都将严厉打击。现在，北京警方对数万名民警进行了奥运安全培训。"

在以往的28届奥运会期间，一共发生了37件大大小小的不安全事件，各国安保部门在奥运会安保方面各自都有经验教训。我们不能等到事件发生了才去处理，而应该防患于未然。为了了解国际奥运安保情况和动态，奥运安保指挥中心邀请了上百位奥运安保专家对2008年的奥运会安保集体会诊、出谋划策。

奥运安保指挥中心与举办过奥运会的城市联系，派人出国观看大型比赛，对他们在大型比赛中的安保措施进行学习考察，积极了解各参赛国和地区对于奥运期间的安保要求，重点学习借鉴往届奥运会主办国家和城市以及其他大型国际赛事的安保知识和经验，加强奥运会安保情报信息的国际合作，同各国安保机构建立并拓展情报信息沟通渠道，建立安保情报信息国际合作机制，为奥运会安全风险因素评估和安保措施的有效实施提供充分、准确、及时的支持。

奥运会的安全来自两个方面：一是举办国的安全因素；二是它所采取的安保措施。我们邀请国际安保专家来华讲课，借鉴往届奥运会安保的经验教训。中国政府对奥运安保高度重视，安全是北京奥运会成功举办的基础。北京奥运会的安全保卫绝不仅限于奥运场馆，因为我们奥运会的安全保卫工作绝不是从8月8日才开始。这是一条看不见的战线，这是一场弥漫着硝烟的战斗，我们任重而道远。

北京冬奥会期间，新冠疫情在全球肆虐，我们的安保和防疫工作做得特别到位。中国是世界上新冠疫情封控最严的国家、在全球疫情严重的情况下举办一届安全的体育盛会，可以说是蜀道难，难于上青天。北京冬奥会和冬残奥会是在闭环内进行，在此期间，东道主每天都要给运动员、教练员、工作人员、新闻记者全员做核酸检测，发放口罩，督促防护、洗手、消杀；在场馆和宾馆里，由机器人传送物品。在北京首都体育馆和五棵松体育中心等场馆，机器人自由穿梭，喷洒消毒剂，每个机器人能在一分钟内完成36平方米的消毒；还有咖啡机器人制作咖啡；物流机器人传送食品和包裹；在冬奥会主媒体中心，有机器人备餐并分发食物，这些措施有效地避免了新冠病毒的传播。

落实疫情防控和医疗救援各项部署，制订详细的工作预案，建立完善的工作体系，开展直升机长绳救援、雪道救援、疫情防控等实战演练，确保赛事顺利有序开展。东道主的热情服务、严格管理、循循善诱，向外展示了中国提供的是一种可行的操作模式，更是一种信念和勇气，用友善对待质疑，用科学关爱生命。

我们的安保严格防范，餐饮、场馆服务非常贴心，观众素质很高，为各国运动员的优异成绩热烈鼓掌，志愿者的微笑是北京和张家口最好的名片，使得一些原来不了解中国的运动员、教练员改变了对中国的看法。

中国登山队队长王勇峰赠送给我的奥运火炬登顶珠峰纪念盘

我到国家体育总局采访中国登山队，见到了中国登山队队长王勇峰，他赠送给我一个金色的2008年北京奥运火炬接力珠峰传递成功纪念盘。周围是火炬的祥云图案，中间的圆盘上面是2008年北京奥运会会徽和五环的造型，中间是"2008北京奥运火炬接力珠峰传递成功纪念"红色的大字。

火的应用是人类吃到的第一个智慧树上的"禁果"。火不仅使熟

中国登山队队长王勇峰赠送给作者的纪念盘

食成为可能，从而有利于人体和大脑的发育，结束了人类茹毛饮血的时代，还可把吃剩的动物的皮毛和骨骼当作装饰品。中国早在周口店的文化堆积层中就发现了用火的遗迹。

火炬传递一直是历届奥运会的传统节目，经国际奥委会批准，北京奥运

圣火再次从奥运会的故乡奥林匹亚启程，用5天时间在希腊境内进行火炬传递；2008年3月30日，在希腊泛雅典体育场，举行圣火交接仪式；2008年3月31日，圣火正式进入中国北京。

世界最高峰在中国，聪明的中国人想让圣火登上珠穆朗玛峰（以下简称珠峰），寓意奥林匹克精神无坚不摧。

为了安全、环保、顺利实施攀登珠峰的计划，50名候选珠峰火炬队员自2007年3月至5月就在珠峰大本营秘密集结，顺利实施了火炬珠峰登顶及点火预演。2008年春节刚过，中国登山队队长王勇峰就带领中国登山队员向珠峰进发了。

登山队员有一项重任是拍摄和直播圣火登顶，本来这些活儿应该由中央电视台的摄像记者做，但是这些摄像人员不善登山，只能对登山队员进行摄像培训。中国登山队的勇士们要背着沉重的转播设备攀登珠峰，还要进行电视现场直播。隔行如隔山，登山队员登上珠峰本来就筋疲力尽了，既要高举中国国旗、奥运五环旗和北京奥运会会徽旗，又要高举火种点燃火炬，还要拍摄录像，难度可想而知。

经过观测，气象专家预报珠峰之巅5月8日至9日是个好天气，8日珠峰之巅的风速低于每秒20米，相当于七级风。在珠峰之巅，七级风算是老天爷开眼。中尼双方友好协商：5月10日之前，尼泊尔封锁珠穆朗玛峰南坡；5月11日之后，珠峰南坡对外开放。全世界的登山家都可以来登山，谁都想挑个好天气，这就要求中国登山队必须在5月10日前登顶珠峰。

5月8日凌晨1点，全体登山队员起床，吃了饼干、喝了水、整理登山包，2点半时，风小了之后开始冲顶。8点50分爬到8840米，中国登山队队长王勇峰喘着粗气用沙哑的嗓子报告说："我们已经准备好了！"

上午9点11分，登山队员罗布占堆在珠峰之巅点燃了引火棒，38岁的女登山队员吉吉点燃了第一棒火炬，当她把"祥云"与王勇峰对接点燃的那一刻，心中充满了欢乐。

2008年5月8日9点17分，中国登山队员次仁旺姆高举着"祥云"火炬，向全世界庄严宣告奥运圣火第一次登上了世界最高峰。

我和王勇峰聊天，才知道他曾经在珠峰历险，一脚踩空在海拔8800米的"第二台阶"90度的梯子上倒挂金钟，这段峭壁直上直下，他几乎要冻僵了，只要手一松就会从悬崖上滑落，坠入万丈深渊。一般人遇到这种险情只能坐以待毙，可他却凭着顽强的毅力与死亡搏斗。冰爪和铝梯在峭壁上发出铿锵的撞击声，在空无一人的珠峰之巅显得格外清晰，这是生命的呐喊，这是灵魂的抗争！不知过了多久，他终于吃力地把身体转过来。按照惯例，24小时音信全无就意味着失踪，而在世界屋脊失踪就意味着死亡。王勇峰整整失踪了28小时，竟然奇迹般地返回了。他的命保住了，可是却失去了右脚大拇指、食指、中指三个脚趾。他脱下鞋子让我看他的脚，我的眼眶湿润了。为了中国的登山事业，为了让奥运圣火登顶珠峰，他付出了全部心血！

王勇峰赠送给我的奥运火炬登顶珠峰的纪念盘就放在我的书柜里，金光闪闪，灿烂夺目。光阴荏苒，我越发感到这个纪念盘的珍贵，我会永远珍藏，永世不忘。

福娃爸爸韩美林

历届奥运会吉祥物的设计基本是3种设计思路：第一种思路是用举办国的著名动物做形象。俄罗斯靠近北极，北极熊是那里的著名动物，莫斯科奥运会吉祥物就设计了熊；美国人崇尚竞争，亚特兰大奥运会吉祥物就设计了雄鹰。第二种思路是举办国文化的原始图腾形象。雅典奥运会的吉祥物是古希腊神话中的人物；高丽民族敬重老虎、崇拜老虎，老虎是高丽民族的图腾形象，所以，汉城奥运会的吉祥物就使用了老虎，平昌冬奥会的吉祥物是白虎。第三种思路是设计新的卡通形象。接到北京奥运会吉祥物设计的重任后，设计者绞尽脑汁设计了几百种方案，韩美林等人精心筛选了6个有代表性的形象，即大熊猫、藏羚羊、拨浪鼓、金丝猴、东北虎和中国龙。经过反复对比，他们觉得每一个单个形象都有讲头但都不能涵盖中国的奥运形象。就拿大熊猫来说吧，大熊猫是中国的国宝，独一无二。可又一琢磨觉得没有新意：亚运会吉祥物就是熊猫盼盼，如果奥运会吉祥物还是大熊猫，人家会觉得中国人思路狭窄。再说拨浪鼓吧，这玩意儿倒是挺中国味儿，叮咚叮咚敲着挺喜庆，可又不太契合奥运会的更高、更快、更强。金丝猴怎么样？既有孙悟空的意味，又有珍稀动物的美誉。可再一寻思不灵，金丝猴过于金贵，似乎和奥运会吉祥物的大众性不吻合。东北虎呢？不行，汉城奥运会的吉祥物就是虎，人家做在前了，咱总不能三个亚洲国家举办奥运会，整出两个老虎来当吉祥物吧？老外不说咱亚洲人单一思维才怪呢！虎不行，龙呢？谁不知道龙代表着中国的图腾形象？往深里想还是不满意，龙太威严了，是权力的象征。吉祥物不能高不可攀，必须有亲和力。

左不行右不行，一个动物你就是说得天花乱坠，大伙儿也能找出一万个"毙"掉的理由。中国人盼奥运会盼得太久了，奥运情结太深了，吉祥物被赋予的期望太高了，众口难调啊！

中国文化太博大精深了，一个动物做吉祥物很难表达中国文化的元素。专家组成员一遍遍地观看征集作品，突然，以中国古代陶瓷文化为背景的5个形象组合的设计方案给了韩美林灵感。他突发奇想：干吗非把奥运会吉祥物弄成单个形象，为什么不能弄成组合形象？

他话音刚落，设计组的人都兴奋地抬起头来。对啊，咱怎么那么死性呢？干吗非一根筋地弄什么拨浪鼓、龙虎斗？组合可以取长补短。他们熬了一夜，冥思苦想，韩美林想到了中国年画中的娃娃。

中国传统文化讲究"五行"，阴阳五行说指的是木火土金水，"五季"就是春夏长夏秋冬；"五色"就是青赤黄白黑；"五方"就是东西南北中；"五脏"就是心肝脾肺肾；"五官"就是鼻目耳舌口，"五味"就是甜酸苦辣咸。天有五星，地有五岳，人有五脏，茶有五行。想到这里，韩美林眼前一亮：对啊，"五行"代表了人与自然和谐共生的哲学理念。奥运会是五大洲的聚会，五环旗代表着五大洲。五个奥运会吉祥物，也和五环旗不谋而合。

在奥运会吉祥物的设计上，应该主打中华文化这面旗帜，用5个组合形象作为吉祥物可以涵盖很多内容。

民族风格和民族情感是韩美林创作的精神原动力。在奥运会吉祥物的设计中，韩美林韩始终考虑的是怎样完美地体现中华民族优秀的文化元素。他想到了在传统节日中给老百姓带来喜庆的年画娃娃，想到了娃娃头上常戴的老虎帽。他查阅了中国50多个民族的传统服饰后，发现有28个民族的服饰中都有这种"三块瓦"造型的帽子。

设想越来越清晰，思路越来越集中：这5个元素必须有中国特色，符合中国人的审美习惯，表达出中国人民的热情和喜庆气氛。他还是难以割舍大熊猫，大熊猫是中国的国宝，全世界只有中国才是大熊猫的原产地，敲定了！接着又想到了藏羚羊，青藏高原是一块净土，是世界屋脊。羊羔为了表达对母亲的感激和尊敬，吃奶时总是跪在地上。羊羔跪乳的典故在中国家喻户晓，孝顺是中国的传统文化。在古代汉语里，羊通祥，羊这种动物也为中国老百姓所喜爱。藏羚羊还有呼唤环保、爱护野生动物的意思，就是它了！

想到奥运会在北京召开，他要找一个跟北京有关的动物，对了，用京燕！燕子多可爱啊，报春的飞燕。燕还有燕的意思，北京旧时称"燕"，北京大学的前身不就叫作燕京大学吗？

地球有五大洲四大洋，鱼生活在水里，想到鱼就想到在水一方。东方文化把鱼作为图腾形象，中国人的年夜饭里必须有鱼，寓意年年有余。日本人也喜欢用鱼做装饰品，尤其是有男孩子的人家，一定要挂鱼的装饰品。再说了，汉字里的"鲜"字不就是鱼和羊组成的吗？有了羊了，没有鱼还称得上"鲜"吗？

4种动物都敲定了，还有一种元素呢！有人想到了龙，韩美林觉得龙倒是挺大气，可龙用得太多，有重复之嫌。另外，鱼和龙有相同之意，应该再出点绝招儿。他突然想起了踩着两个风火轮的哪吒。对了，火，奥林匹克圣火啊！奥林匹克是西方文化的产物，是从古希腊传来的。圣火本身就代表着灿烂的古希腊文化向世界的传递，象征着奥林匹克精神不朽。

这5种元素用什么来统一呢？对，用娃娃！娃娃太有亲和力了，这组娃娃应该叫作福娃。在北京奥运会这个千载难逢的机遇里，他要让福娃的每一个细胞里都糅进"中国"这两个字。于是，福娃的5个造型——鱼、大熊猫、火、藏羚羊和燕子就应运而生。在福娃的造型上，韩美林借鉴了中国传统年画和版画的许多色彩、技法，包括龙门石窟等佛教雕刻造型的线条。在福娃的色彩上，他想到了中国民间花会。红红火火过大年，春节期间，人们挂中国结、红灯笼、放鞭炮、贴春联、耍狮舞龙、走旱船、扭秧歌、踩高跷，颜色都是大红大绿。中国人的审美习惯喜欢色彩强烈，中国年画讲究色彩鲜艳，所以他选择了原色和对比色，福娃由红蓝绿黄黑5种鲜艳的颜色组成，和五环旗的颜色相同，表达了中国人的热情好客和喜庆气氛。

在以韩美林为首的艺术家的努力下，福娃终于诞生了。福娃的高明之处在于第一次把吉祥物和人的形象结合起来，既是人性化的动物，又是动物化的人；福娃第一次把奥林匹克元素融入吉祥物之中，福娃能够在人和吉祥物之间产生互动，小孩儿可以叠火娃帽子戴在头上；福娃还是历届奥运会吉祥物中数量最多的吉祥物，有5个娃。

福娃的色彩与灵感来源于奥林匹克五环，来源于中国辽阔的山川大地，江河湖海和人们喜爱的动物形象。福娃是5个可爱的亲密小伙伴，他们的造型融入了鱼、大熊猫、藏羚羊、燕子以及奥林匹克圣火的形象。

贝贝、晶晶、欢欢、迎迎、妮妮谐音是北京欢迎你，这是北京对世界的盛情邀请。福娃代表了中国人民的梦想和渴望。他们的原型和头饰蕴含着其与海洋、森林、火、大地和天空的联系，其形象设计应用了中国传统艺术的表现方式，展现了中国的灿烂文化。福娃向世界各地的孩子们传递了友谊、和平、积极进取的精神和人与自然和谐相处的美好愿望。

蓝色的贝贝代表海洋，传递的祝福是繁荣。在中国传统文化中，"鱼"和"水"的图案是繁荣和收获的象征。人们用"鲤鱼跳龙门"寓意事业有成和实现梦想。"鱼"还有年年有余、吉庆有余的含义。贝贝的头部纹饰使用了中国新石器时代的鱼纹图案。贝贝温柔纯洁，是水上运动的高手，和奥林匹克五环中的蓝环相互辉映。

黑色的晶晶是一只憨态可掬的大熊猫，无论走到哪里都会带给人们欢乐。作为中国国宝，大熊猫深得世界人民的喜爱。晶晶来自广袤的森林，象征着人与自然的和谐共存。他的头部纹饰源自宋瓷上的莲花瓣造型。晶晶憨厚乐观，充满力量，代表奥林匹克五环中黑色的一环。

红色的欢欢是福娃中的老大哥，他是一个火娃，象征奥林匹克圣火。欢欢是运动激情的化身，他将激情散播世界，传递"更快、更高、更强"的奥林匹克精神。欢欢所到之处，洋溢着北京2008对世界的热情。欢欢的头部纹饰源自敦煌壁画中火焰的纹样。他性格外向奔放，熟稔各项球类运动，代表奥林匹克五环中红色的一环。

黄色的迎迎是一只机敏灵活、驰骋如飞的藏羚羊。他来自中国辽阔的西部大地，将健康和美好祝福传向世界。迎迎是青藏高原特有的保护动物藏羚羊，是绿色奥运的展现。迎迎的头部纹饰融入了青藏高原和新疆等西部地区的装饰风格。他身手敏捷，是田径好手，代表奥林匹克五环中黄色的一环。

绿色的妮妮来自天空，是一只展翅飞翔的燕子。其创意造型来自北京传统的沙燕风筝。"燕"还代表燕京（古代北京的称谓）。妮妮把春天和喜悦带给人们，飞过之处散播"祝你好运"的美好祝福。天真无邪、欢快矫健的妮妮将在体操比赛中闪亮登场，她代表奥林匹克五环中绿色的一环。

韩美林对我说："李月久是中国体操队的骄傲。李月久在国际大赛中，人上了杠子，4颗牙被撞没了。他把血咽进肚子里继续拼搏，和队友们一道拿了男子体操团体冠军。等他从杠子上下来时，嘴上全是血。中国体操队经过30年的顽强拼搏才拿了一个世界冠军，他们是真正的民族英雄……动物、植物、水都不会说话，可它们是我们的朋友。"

韩美林送给我他写的《天书》，邀请我出席在人民大会堂举行的《天书》研讨会。还送给我他画的牛。昔日做福娃，今日写《天书》，福娃爸爸韩美林对弘扬中华文化乐此不疲。理解了这一点，就理解了北京奥运会吉祥物福娃为什么会有这么多的中国元素。

第三章 华夏热土多国器

人人都爱冰墩墩

在北京朝阳区北辰路和北土城西路到北土城东路交会处有一处景观，1990年亚洲运动会时，四川省赶制了一座吉祥物熊猫盼盼的汉白玉雕塑，立

作者手捧冰墩墩在北京广播电视台宣传北京冬奥会

于这一环岛上，因此环岛被称为"熊猫环岛"。虽然因为修地铁站拆除了雕塑，但是约定俗成的地名被保留下来。亚运会的吉祥物是熊猫盼盼，中国的熊猫受到世界各国人民的喜爱。

冰墩墩的设计负责人是广州美术学院视觉艺术设计学院教授曹雪。他觉得奥运会是世界盛会，吉祥物应该成为亲善友好的大使，让人们感到温暖可爱。冰墩墩象征中国向世界传递爱与温暖，释放的是暖意，借助冬奥会盛事，让全世界携手，一起走向未来。

冰墩墩结合了冷与暖、硬与软、透明与不透明、光滑与毛绒许多元素，既好看又好玩。这只熊猫穿了滑雪服，在做冰雪运动，这种设计拉近了吉祥物与大众的距离，老少咸宜。绒毛玩具放久了容易沾上灰尘，而冰墩墩有一层外壳，既好看，又不会弄脏熊猫，既适合让孩子拿在手里把玩，也适合让成人放在办公室或者家里陈列。

北京冬奥会，吉祥物冰墩墩受到人们追捧，以至于一"墩"难求。开始，冰墩墩上市时我没太在意，心想福娃当年非常好买，不着急。没想到冬奥会开幕式前夕销量急剧上升，很快就被抢购一空，亲朋好友托我在北京帮助购买，可为时晚矣，高价都买不到。

冰墩墩受到大家发自内心的喜爱，谷爱凌夺冠后头戴冰墩墩造型的帽子，十分可爱；外国运动员和教练员也把拥有冰墩墩作为一件幸事。2019年11月，我到国家速滑馆采访，刚下汽车，就看到两个国际滑联专家站在速滑馆门前的冰墩墩前抚摸冰墩墩的耳朵，开心地笑着，我立刻按动了快门，抢拍了这个镜头。我觉得这张照片抓住了人物性格特征，富有人情味儿。

冬奥会高山滑雪裁判们在酒店房间除了运动，就是看书，其间冰墩墩已经火热而脱销，他们用三八节发的彩铅笔，自己绘制冰墩墩。

到北京广播电视台做冬奥会节目，我手捧冰墩墩与主持人合影。在冰晶外壳的包装下，黑白相间的大熊猫憨态可掬，大眼睛痴情地望着你，红嘴巴憨厚地朝着你微笑，下面是北京冬奥会会徽，叫你如何不想拥有它？

冰墩墩不仅在地球受欢迎，而且上了月球和火星，愿冰墩墩这个友好使者遨游宇宙，向全人类传递温暖、和平与爱。

吴为山为奥运之父顾拜旦塑像

教育是奥林匹克运动的核心内容之一。顾拜旦对体育、教育与文化相结合理念的持守，使得奥林匹克运动不再是单纯的体育运动，而升华为具有多种教育和文化价值的社会运动。顾拜旦创立奥林匹克运动真正的目的就是以一种新的角度、新的方式去教育青年，促进青年身心和谐发展，从而为建立一个和平美好的世界作出贡献。

2017年，国际奥委会主席巴赫先生邀请中国美术馆馆长、著名国际雕塑家吴为山为顾拜旦塑像。顾拜旦是"现代奥运之父"，吴为山欣然接受，呕心沥血，完成了佳作，这尊铜像现在矗立在瑞士洛桑国际奥委会总部。我很

作者与吴为山合影

喜欢他雕塑的铜像《微笑的顾拜旦》，顾拜旦目光炯炯有神，梳着分头，蓄着胡子，胡子上翘，抿着嘴唇，身穿正装，系着领带，和蔼可亲，表情生动。

　　吴为山是一个充满生活情趣的人。接到巴赫主席的邀请后，他根据顾拜旦的照片反复构思，决定把功夫放在微笑上。他说："我选择了顾拜旦先生的微笑，因为这种微笑表达了对胜利的希望、对于一切困难的藐视，当然也充满必胜的信心。对于我们来讲，人类每一次的进步，中华民族都是参与者，也是人类文明的推动者，所以顾拜旦的微笑，也是中国的微笑。"

　　国际奥委会主席托马斯·巴赫观赏了吴为山创作的顾拜旦雕像后，对他的雕塑艺术给予高度赞扬。他说："我最喜欢这尊雕塑的笑容，他的笑容既充满活力，又透出一种坚毅。以一种独特的手法塑造了顾拜旦先生的形象。"

　　世界上的雕塑家千千万，国际奥委会为什么会选中吴为山的作品？顾拜旦的胡须微微上翘，眼神中带着温暖。雕塑家为什么赋予这尊雕塑一个微笑的表情？他是通过怎样的艺术处理让顾拜旦雕像微笑起来的？吴为山先生的心路历程蕴含着独立的艺术思想，顾拜旦在他的眼前活了起来，他在吴为山的眼中是鲜活而立体的。

　　吴为山的作品有思想、有灵魂、有情感、有温度、有魂魄，需要细细品味，每一尊雕塑都有一段历史。他机敏、聪慧、博学，有中国情怀和国际视野，将传承中国精神、守护文化灵魂、积极参与国际雕塑艺术的对话交流纳入自己的创作中。他的雕塑是用丹心铸造的灵魂，深深地叩击着人们的心灵。

　　吴为山先生有澎湃的诗情、激昂的诗心。他的雕塑作品给人以诗的联想。雕塑是个智慧活儿加力气活儿，他在雕塑作品时全身心地投入，衬衣被汗水湿透紧紧地贴在身上。他全神贯注如入无人之境，唯有痴迷才出精品，唯有专注才有建树。

　　2014年，吴为山受邀为南京青年奥林匹克运动会创作的大型奥运主题雕塑，跨度36米，矗立在南京国际机场高速路主干道。青奥会期间，《跨越——火炬手》向世界传达出积极、热情、奋进、拼搏的运动精神，成为青奥精神的重要象征，也成为奥运文化的永久财富。

为了丰富奥林匹克博物馆的收藏序列，同时反映中国时代进程的步伐和中国当代奥运文化的发展水平，国际奥委会希望在奥运博物馆展出中国杰出艺术家的作品。2017年7月，巴赫主席在访华期间，专门会见了吴为山，诚邀他再次创作《跨越——火炬手》，此作品后永久落户奥林匹克博物馆。他还到中国美术馆，将带有奥运五环标志和国际奥委会主席授权签名的金牌赠给吴为山。

我曾经多次观看吴为山先生的雕塑作品，第一次是到中国雕塑院他的工作室，我们在一起座谈后，我仔细地观看起来。他赠送给我他的书籍和雕塑画册。他工作室的墙上挂着巨幅书法作品，我发现他不仅雕塑作品出类拔萃，而且书法作品也很出色。

第二次是2019年5月26日上午，应吴为山先生之邀到国家博物馆观展。那天由于我在天安门广场有重要活动，比约定时间晚来了一会儿，冒着倾盆大雨赶到国家博物馆时，大家已经参观了一半，我站在吴为山先生身后，默默地倾听着他的讲解。

第三次是在开展4天之后，考虑到他的雕塑展马上要撤展，我再次来到国家博物馆，从一楼大厅到二楼，把170尊雕塑逐个看完，才敢提起手中的笔。

2020年1月21日上

国际奥委会主席巴赫向吴为山颁发国际奥委会主席奖
（吴为山提供）

午,应巴赫主席邀请,吴为山一行到访瑞士洛桑国际奥委会总部,与国际奥委会主席巴赫、国际奥委会副主席于再清亲切会面。吴为山诚邀巴赫担任中国美术馆国际顾问,并向他赠送了雕塑作品《问道——孔子问道老子》,该作品体现了中国人向世界问道、向世界学习的价值观。

吴为山先生告诉我:"中国美术馆收藏的13万件美术作品中,有很多体育的佳作。我们在北京冬奥会、冬残奥会期间展出这些作品,组织全国优秀的美术家创作奥运题材的作品,展现的是体育精神。这不仅是弘扬奥林匹克精神,也是让多元文明的世界更加了解中国艺术和中国精神。"

为了表彰吴为山长期以来对奥林匹克文化做出的贡献,巴赫主席向吴为山颁发了国际奥委会主席奖。

吴为山先生对北京冬奥会充满感情,他亲自为我的长篇报告文学《中国冬奥》写推荐语:

孙晶岩是一个用心深入生活、潜心创作的作家,富有家国情怀,笔端常带感情。《中国冬奥》邀无极之野,入无穷之门,进入心灵,走向审美,晶莹溢彩,岩上花放。

冬奥会京张高铁列车票

我一共买过两辆汽车，第一辆是2006年为了采访北京奥运会而买，第一个采访点就是2006年参观正在施工的"鸟巢"；第二辆是2018年为了采访北京冬奥会而买，第一个采访点是2018年4月到首钢西十筒仓出席冬奥组委组织的平昌冬奥会大讨论。

以往从北京到张家口开车需要3个半小时，有了奥运高铁专列，从北京北

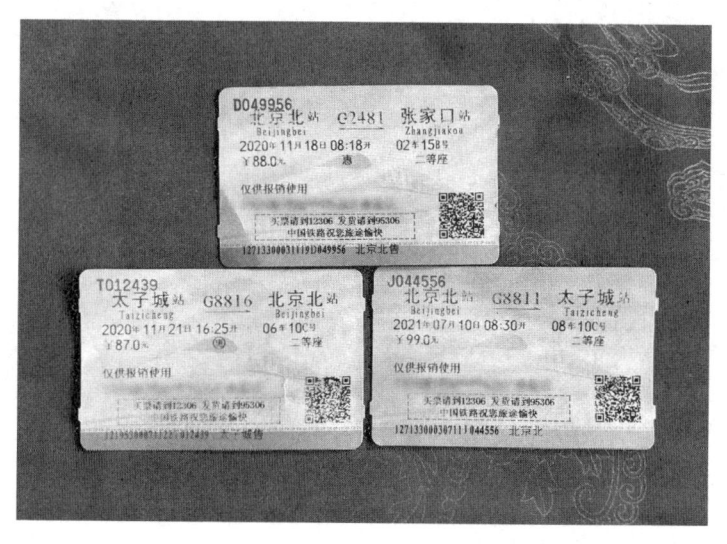

作者乘坐的北京至张家口和太子城的高铁列车票

站乘车65分钟抵达崇礼太子城；从北京清河站出发50分钟抵达崇礼太子城。

过去14年里的两次"战役式采访"，让我深切感受到祖国的日新月异。延庆自古以来就是北京通向北方的交通要道，辽、金、元时期多条专道、驿道经此而过，形成了"三朝御路"。最初，到延庆赛区采访要早晨5点起床赶路，到崇礼更是旅途艰辛。如今，建设了一条高铁（京张高铁）经过延庆、张家口；3条高速（京礼、京藏、京新），京礼高速在延庆和崇礼都开了出入口，还建设了24条城市主干路、19条城市次干路，基础设施提速。在奔波中我亲眼见证了京礼高速和京张高铁的开通，一小时交通圈大大方便了老百姓出行。

我保留着从北京北站到张家口采访时的高铁票，淡蓝色的车票清楚地记载着我的采访日期。从北京北站到张家口站乘坐的是G2481次高铁；从北京北站到太子城站乘坐的是G8811次高铁。

坐在京张高铁上，延庆、怀来、宣化在我的眼前掠过，我将永远铭记中国铁路之父——詹天佑。

亲历双奥志愿者招募大会

两届奥运会招募志愿者，我都在现场。2007年3月19日，我在人民大会堂参加北京奥运会奥运志愿者全球招募启动大会，新闻发布刚刚30分钟，全国就有2200人报名参加。

主席台前有一个红色的北京奥运会志愿者立体标志。心心相扣的心形，

作者在北京奥运会志愿者招募大会主席台

象征志愿者和运动员、奥林匹克大家庭和所有宾客心连心。用心服务、奉献爱心,为奥林匹克运动增添光彩。欢快舞动的人形,展现了志愿者以奉献为乐的志愿精神。志愿者真挚的笑容、出色的服务、友善的行为将唤起每一个奥运参与者的心灵共鸣。

奉献、友爱、互助、进步是志愿服务精神。志愿者在付出的过程中收获的是被他人需要、被社会认可的满足,这一回报不是金钱,不是物质,而是一种内在的精神价值。它使生命充满了意义,使社会充满了温馨,激励志愿者投入志愿活动中。

现在,理想主义已经久违了、不时髦了,人们追逐实惠、追逐票子,理想主义似乎成了一张过期的船票。如今,在志愿者的身上,我看到了理想主义、大公无私精神的闪光。他们的理想主义、使命感和社会责任感令我感动。不管社会怎么前进,理想主义都不能丢,社会责任感、助人为乐的风尚都不能丢。我突然醒悟到自己为什么那么喜欢志愿者,因为志愿者的身上浸透着理想主义,而我的骨子里还是崇尚理想主义的。

志愿者是奥林匹克运动的基石。志愿者在从事志愿服务工作时,不仅是在帮助他人,也学到了新的知识和技能。杜大卫在义务为北京纠正错误的英语标识时,也熟悉了北京的人文地理风土人情,加强了对汉语的理解;梁苏会在为多哈亚运会的观众服务时,也改掉了自己性格孤僻的毛病,增强了与人沟通的能力;王伟力在为残疾人服务的过程中,也学会了广播电视节目制作技术,领会了电影解说的诀窍;李庭晏在为奥运会当驾驶员志愿者时,也提高了自己的驾驶技术,熟悉了北京的路况;史永久在奥组委新闻宣传部工作时,也焕发了青春,思维总是处于活跃状态。

我观察过很多志愿者,发现他们共同的特点就是富有爱心,性格乐观,健康向上,充满活力。志愿者的善举不仅回报了社会,帮助了他人,同时也充实了自己的生活,升华了自己的灵魂,实现了自己的人生价值。

如今,国外的志愿服务已经成为促进社会发展必不可少的一部分。志愿活动遍布于战争救护、重建家园、扶贫济困、经济建设、环境保护、社会进步的各个领域。美国的志愿服务非常发达,每4个美国公民中就有3个人是慈

首钢滑雪大跳台前北京冬奥会志愿者招募大会

善事业的定期捐助者，杜大卫就是美国志愿者的杰出代表。英国有着悠久的慈善和志愿服务传统，大约有一半的英国人参与了志愿服务活动。英国姑娘珍妮到非洲去和大猩猩朝夕相处，她保护野生动物的善举也是一种跨国志愿者行动。志愿服务精神在法国颇为盛行，有五分之一的法国人从事志愿者服务。德国有很多环保志愿者，大约每3个成年人中就有1个人每月花费15小时从事志愿服务工作。中国的环保组织"自然之友"，在2000年运行了中国第一辆环境教育教学车——"羚羊车"，就是从德国引进的流动环境教学模式。澳大利亚悉尼奥运会上有一些老年志愿者，他们不是光会笑，而是竭尽全力帮助别人。雅典奥运会的志愿者特别热情，哪怕是一件很小的事情，他们也会在地中海强烈的阳光下陪着你去处理，直到你满意为止。汉城奥运会后，志愿服务活动在韩国蔚然成风，韩国有1600个志愿服务组织，3.5万名志愿者。日本青年积极参与海外志愿服务……

由此可见，志愿活动是一种跨越国界的崇高行为，奥运会对志愿精神是一种弘扬和推动。我国的志愿者组织如雨后春笋，志愿服务活动多姿多彩，志愿者的队伍日益壮大。数万名经过培训的志愿者通过自身行动示范着志愿精神，让更多的人走近志愿者，了解志愿者。志愿者的无私奉献感染着每一个中国人，当代中国需要志愿精神，奥运会壮大了中国志愿者的队伍，对中国人的精神境界是一种提升。

令人欣喜的是，北京奥运会共有来自98个国家和地区的74615名志愿者参与赛会服务，40万名城市志愿者、170万名社会志愿者分别投入了城市运行和社会服务。志愿者的微笑是北京最好的名片。

2019年12月5日清晨，北京的气温是零下8摄氏度，我来到首钢滑雪大跳台前，这个地方我太熟悉了，从这里奠基开始，我就见证着建设者在这里摸爬滚打。看到滑雪大跳台在蓝天白云的映衬下傲然挺立的身影，我的心里比喝了蜜还甜。

走进会场，看到1000名志愿者站在那里排练队形，喊着口号，我的心里涌出深深的感动。

国际奥委会主席托马斯·巴赫发表了视频致辞，他表示，志愿者是奥运会筹办团队中不可或缺的部分，全世界都会记住他们的微笑和服务。北京冬奥会志愿者工作会激发公众对冬季项目的参与热情，尤其是年青一代。北京正在创造历史，成为全世界第一个"双奥之城"。巴赫鼓励每一个人参与书写这一令人振奋的奥林匹克历史新篇章，成为北京冬奥会赛会志愿者，是一件值得一生铭记的事情。

北京冬奥会共招募赛会志愿者1.8万余人，其中35岁以下青年占比为94%，成为冬奥志愿服务的主力军。北京冬奥会的成功举办离不开志愿者的辛勤劳动，冬奥会的志愿者很多是在户外服务，他们战胜寒冷和疫情，在北京、延庆和张家口三大赛区默默奉献，展现出中国青年的崭新精神风貌，堪称无名英雄。青年人有担当，国家有希望。

第三章 华夏热土多国器

高山滑雪裁判的故事

高山滑雪被誉为冬奥会皇冠上的明珠，比赛精彩绝伦。许晶1974年出生于北京一个军人家庭，父母皆从事我国的载人航天事业。他考入北京101中学，酷爱运动，师从体育教师梁学成老师，在短跑等方面略有造诣，高中期

作者采访北京冬奥会高山滑雪裁判许晶

间不耷寒暑、拼搏训练，在高手如云、竞争激烈的101中学运动会上多次夺得200米奖牌。1992年初中毕业后，先后在北京邮电大学学习通信工程和管理工程，获工学硕士，后长期从事通信、网络运营和地图导航、智能硬件研发等工作。

他始终没有放弃对体育运动的热爱，业余时间师从中国铁人三项运动协会主席张健老师，从事铁人三项和马拉松运动。铁人三项是将游泳、自行车和跑步这三项运动结合起来而创造的一项新兴的体育运动项目，是考验运动员训练能力、运动技术和意志品质的现代运动。铁人三项诞生于20世纪70年代的美国，1994年被国际奥委会列为奥运会比赛项目。

除此之外，他还是国家滑翔伞注册飞行员，喜欢滑冰和滑雪，曾经参与岭南地区的龙舟竞渡，常年参与北京国际马拉松赛，系北京武术协会太极拳陈氏研究会会员。他身体强壮，在网络上给自己起名为"打铁三哥"。

他曾经长期在境外和南方工作、生活，参与翻译和编写《铁人三项运动——完全训练宝典》《全球马拉松》《经济学百题问答》《互联网+和高校创业》等专著。在喜马拉雅和荔枝微课等平台上，他原创播出了大量的体育专项和运动康复方面的内容。后进入体育公司工作，致力于体育高科技产品的推广。

铁人三项的基本构成要素是游泳、骑车、跑步，每一项都是奥运和洲际赛会的大项，许晶自然而然对奥运充满向往。中国的高山滑雪属于初级阶段，尤其我们要主办冬奥会这样的高水平大赛，缺乏裁判。2021年4月，北京冬奥组委开始对高山滑雪裁判招兵买马，许晶提交了自己冬季运动和夏季运动的简历，以出色的体育成绩被延庆赛区高山滑雪团队聘为竞技团队旗门裁判二组组长。高山滑雪裁判主要来自两个渠道：一是体育界专项人士，二是高校体育专业老师，他和清华、北大的老师在一个裁判团队里。

到岗之后，高山滑雪裁判的主管部长叫安林彬。安林彬名字里有4个木，顾名思义与林木有关，他来自大兴安岭，哥儿仨都是八一队、黑龙江省队滑雪队员，先后获得过全国高山滑雪冠军。安部长和竞赛长对裁判团队制定了系统的岗前测试以及滑雪竞速和竞技四大项目的培训，颁发了国际雪联制定的中英文版的规则综述，根据国际裁判规则集中组织理论学习和沙盘演练，最后集结做有针对性的14天培训，使得裁判团队进一步系统地夯实了高山滑雪裁判的规则尺度和临场把控能力。

滑雪裁判的工作艰苦而危险，工作时有人不幸摔骨折了，女儿惦记父亲的安危，送给许晶一个钥匙作为护身符，还做了一个镜框，里面镶嵌着冬奥滑雪运动员戴着头盔参加滑雪比赛的照片，还有五环和雪花的图案，镜框下面写着：许朵儿于冬奥运。

女儿是爸爸的贴心小棉袄，许晶把镜框带到闭环的宿舍，放在桌子上作为陪伴。

接着，他们来到赛道开始熟悉环境，进行赛道基本的滑行练习和旗门裁判的站位练习，监督运动员能否规范地过旗门。上午培训，下午到现场，他们不能滑赛道，赛道的冰状雪是给运动员准备的。为了工作方便，赛场还修建了连接各个赛道密密麻麻的工作道，专门供技术官员和裁判工作时滑行。通过理论与实践的培训，裁判团队获得了赛道状况、裁判站位和临场执裁的第一手经验，临场经验还包含针对严寒和恶劣天气的现场经验。

裁判只能滑工作道。通过理论与实践的培训，获得了赛道以及旗门裁判站位和执裁的第一手经验。

2022年1月21日，裁判团队进入大闭环集结，而小闭环里住着运动员和教练员们；因为赛事和防疫等组委会的特殊要求，所以大小闭环的人员和物流不可自由流动和随意交叉。高山滑雪比赛时要滑冰状雪，之前只有一部分小众的专业人士，如运动员和教练员才接触过。故雪道制作时，造雪压紧后，还要往赛道雪面下注水让其结冰，竞速赛道要求有40%的冰状雪，而竞技赛道要有70%的冰状雪；比赛时，每滑下来一个运动员，工作人员就要跟下去两三个人推雪，以保证雪面平整和比赛公平。赛场地处大风口，冬季山上西北风怒吼，山顶气温很低，光荣的使命落在了许晶和其他裁判身上。在亲历了真正的冬奥高山滑雪赛道后，他们为了不辱使命，始终咬牙坚守在各自的岗位上。由于对冰状雪场地的不适应，摔伤过很多工作人员。

这支裁判队伍大多是来自专业队以及北大、清华等高校的老师，大家见多识广，经验丰富。在业余时间里，他们还自发组织裁判进行雪上项目的知识学习，做滑雪技能的提高培训以及滑雪板的检修等专业培训，充分发挥了来自不同领域专家的专业特长和技术能力。竞技赛道有200多名裁判，竞速赛道也有200多名裁判，加起来共有500多名技术官员。大家有了使命感，责任心自然强，有比赛时他们每天凌晨3点就起床、用餐，大家互相督促吃早餐、准时乘车出发，清晨五六点就乘坐缆车上山了。许晶作为组长，需要每天上车统计实到人数，用"冬奥通App"来报每个人的体温和健康状况……回程也要统计归队人数，最重要的就是下车统计每天每人的核酸状况。他们面对的大多是外国运动员，仔细观察运动员高速滑行中（可达时速120公里以上）滑得是否规范，是否合规绕过旗门，是否单脚或双脚错过旗门杆，等等。延庆海坨山顶极寒，他们在用手机拍摄现场状况时，有的手机还剩30%～40%的电时就会因低温而关机，许晶就会转用自己随身携带的华为备用机，供电持久性能强大。除干裁判的工作外，他们还要帮助赛道、推雪和准入等兄弟团队，运送旗门杆、AB保护网，以及其他装备，整个儿一个高海拔搬运工。

除了负责制作赛道和雪面的山地运行团队，奥运会负责赛事管理和运行的专业人员分为以下几个团队：

红衫——推雪

绿衫——应急、准入

紫衫——赛道

蓝衫——旗门

由于赛事调整，许晶转岗到准入的缆车控制等位置，主要负责中外运动员的安全提示，协助排除缆车故障，整理训练区的雪板雪具以及其他装备器材，提示和排除安全隐患。他工作的位置接近终点区，关系到运动员和教练员在训练中的安全和效率，他竭尽全力给各国运动员与教练员带来便利和安全保障。

除了裁判业务，他还参与到日常管理中，每天要登记上车人数报奥运通，下班要登记返程班车及核酸检测情况。还要对手中的雪具、服装、装备、器材、对讲机等进行细致的登记和有效的管理，对赛事中间产生的各种管理要求认真传达并督促落实。

他的工作非常辛苦，赶上比赛凌晨3点钟就要起床吃饭，乘车到缆车处上山做好赛前准备，到晚上五六点钟下山，在野外工作十几个小时后才能休息；有段时间干活时不慎摔伤，每天上山下山这段路程和十几个小时的坚持就格外难熬。循环往复，辛苦至极，疲劳一阵阵袭来。有时候乘坐缆车人多、遭遇恶劣天气缆车偶尔被强制停运，他们就踩着滑雪板从竞技赛道旁的工作道上一路飞驰下来，仅需七八分钟，倘若从竞速团队处滑下来就更快。

北京冬奥组委要求运动员训练时必须戴口罩和头盔，大多数国家的运动员都愉快服从，尤其是德国、奥地利、瑞士等阿尔卑斯山周边国家的运动员和教练员很严谨，训练全程戴口罩和头盔。许晶有外语基础，又会讲粤语，非常注意与各国运动员和港澳台地区的运动员、教练员交流。他和几个裁判自费购买了200多个熊猫、长城、天安门图案的纪念徽章送给各国运动员，他把纪念章送给人家，人家也反赠徽章给他。德国、奥地利、瑞士等国的运动员诚实守信，有时候没有戴徽章就告诉他："明天我在这个地方等你。"果然，第二天他们就带着自己国家的徽章在那里等候他，还指着自己滑雪服上的汉字对他说："你看，我的衣服上有中国字。"在担任裁判的日子里，许晶收获了信任和友谊，他觉得各国运动员、裁判员之间交换纪念章就是在分享快乐，分享信任，分享彼此的文化、历史和民族的精神。

见到中国香港队的运动员，他就用粤语与他们交流，香港没有雪，中国香港队师从波黑教练在波黑训练，有个项目的男队员滑得很艰难，但是仍咬牙坚持，争取完赛。甚至冒着受伤的危险，在终点前一两百米处多次跌倒，同样体现了中华民族自强不息的精神。碰到中国台湾地区的队员，他就用普通话与他们打招呼，拉近彼此的距离，让他们感受到海峡两岸一家人的骨肉情深。

冬奥会期间的防疫抓得很紧，每天每人发10个N95口罩，戴口罩上山，哈气时气体上升到雪镜里形成一层雾，摘掉雪镜想擦拭，里面的水珠立刻冻成霜，要是遇到近视眼戴雪镜和近视镜可遭罪了。延庆小海陀山是个大风口，建设者造2米高的雪,这样可以在山体表面形成一个大保温层,万一气温升高,底层的雪融化了,上面的雪面和冰状雪都不会受到太大的影响。

赛事结束后,他们还要在闭环里隔离两周,这段日子非常寂寞,不能随便出房间,不能串门,只能在房间里看书、看电视。他们组建了一个裁判隔离群,大家在群里聊天解闷儿。三八妇女节,冬奥组委给女裁判们发了彩色笔,他说:"你们把笔给我几支,我给你们画画吧。"

智能机器人带着笔来到他的房间门口,电话铃声响起:"您好,您的商品到了,请出门领取。"

他爱好书画,在北京101中学当过宣传委员,出墙报、出黑板报锻炼了画画的本事,拿起彩笔画起了熊猫冰墩墩踩着单板滑雪板滑雪,他还能迅速以"雪飞燕"、海陀山、奥运五环、双板滑雪为题材作画,发到裁判隔离群,群里一片惊呼:"老许,你还有这个本事?买不到冰墩墩,看看你画的冰墩墩也解馋啊!"

他觉得作为体育达人,能够切身参与到冬奥会的赛事中是国家和时代赋予自己的重大历史机遇,他深感荣幸,再苦再累也要坚持。他觉得在冬奥会上担任高山滑雪裁判收获大于付出,不仅在专业技术、裁判水准上有很大提高,而且有着强烈的荣誉感。冬奥会是一笔巨大的精神财富,让自己终身受益。

闭环集合十几天以后,理发的问题凸显出来。许晶是个有心人,几百人的团队,仅他带了两把理发推子。于是,大家轮番上阵喊里喀喳理了十几个人的头发。他会理发,给20多个人的裁判团队每人都理过发。理发是最好的社交活动之一,让不同团队和小组的同事增进了沟通和了解,加深了彼此的感情。

许晶擅长文创,北京冬奥组委发了各式各样的口罩,他把口罩收集起来,形成了九宫格。春节期间,他拿出那版红色口罩,请裁判们在红色的口罩上签名,做成一个创意纪念品镶嵌在镜框里作为纪念。我看到上面用黑色签字笔写满了密密麻麻的名字,许晶告诉我:"周峻峰是大连电视台体育记者兼导演、李玉超是越野滑雪运动员、卫虹霞来自国家体育总局法律部、佟奇来自大连机场集团、周文瑞来自哈尔滨高校、彭燕龙来自哈尔滨教育局、常晋福（芒莱）来自内蒙古海拉尔学院……"

闭环隔离的日子要自己找乐儿，大家在房间里练习高尔夫球发球，赵兴星、许晶、李成伟、刘浩原、高朗等人在红色的高尔夫球上签名，在寂寞的日子里留个纪念。李成伟是福建人，曾经荣获世界杯跳水系列赛男子十米台冠军、双人冠军、团体冠军、混合团体冠军等，系国际健将。他是清华大学硕士、清华大学体育部副教授，清华大学水上运动中心和游泳馆馆长。同时负责滑雪、冰球、冰壶和速滑四大社团协会的运行管理。他和许晶是近20年的朋友，还一起参与过2008年奥运舵手的选拔赛，一起进入前十名，两个奥运，他们都是参与者和见证人。

担任裁判员，许晶深深感到过去中国没有这么好的雪场，这次在高山滑雪赛道上中国有了重大的突破，北京冬奥会中国建造了国际雪联专家认可的冰状雪雪场。每滑过一个运动员对雪道就是一次破坏，需要专业人员上去推雪。过去，我们的高山滑雪赛道长度只有1公里，现在，延庆的高山滑雪赛道是10公里长，竞技和竞速赛道分别是3~4公里长。我们的装备好了，滑雪装备、滑雪服、滑雪板、头盔都进步了，器材也提高了。北京需要有一个高山滑雪赛场举行高山滑雪国际比赛。延庆要建两三个商业雪场，必须配套大众的需求，既要考虑在初中级雪道和魔毯上回收资金，又要为普通大众娱乐提供方便。

一日干奥运，终身奥运情，许晶保留着一些冬奥会期间的工作花絮视频，闲来观看仍然禁不住泪流满面。在茫茫的人海里，我是哪一个？在奔腾的浪花里，我是哪一朵？在征服宇宙的大军里，那默默奉献的就是我；在辉煌事业的长河里，那永远奔腾的就是我。不需要你认识我，不渴望你知道我，我把青春融进祖国的江河。在攀登的队伍里，我是哪一个？在灿烂的群星里，我是哪一颗？在通往宇宙的征途上，那无私拼搏的就是我；在共和国的星河里，那永远闪光的就是我。不需要你歌颂我，不渴望你报答我，我把光辉融进祖国的星座。山知道我，江河知道我，祖国不会忘记我。

多少次的滑坠，多少次的受伤，多少风险和困难，都一一渡过，他感受到国家的力量,民族团结的凝聚力。光阴似箭,始终不变的是我们这片国土上生活着一群有血有肉的人,在困难面前,始终有一群人愿意冲在前面,为自己的人民服务。

运动能够激活青年人用来学习的所有脑细胞,奥运给人带来奋斗的激情。祝福"打铁三哥"不断飞跃,百尺竿头更进一步。

奥林匹克的中国盛典

奥运会是全人类的文化体育盛典，开幕式是"巨型狂欢节"的第一道大餐，必定吸引全世界的目光。作为人类文化体育盛宴的第一道大餐，开幕式究竟如何表现才最吸引人？2008年8月8日，第二十九届奥运会在北京隆重举行，一个有着五千年文明的东方古国，一个曾经历尽百年沧桑的民族，终于呈现给世界一个绚丽夺目的夜晚。世界舆论纷纷评价：北京奥运会开幕式盛况空前，创意惊艳，令人震撼！然而，这个为中国赢得崇高声誉的开幕式究竟是怎么策划、如何演练出来的呢？

奥运会开幕式是文化体育盛宴的第一道大餐

奥运会的开幕式是奥林匹克运动献给人类文明的一块文化瑰宝，是一个民族文化形象的最鲜明夺目的展示。早期的奥运会，开幕式是被人遗忘的角落。人们把目光盯着赛场，谁也不在乎开幕式是否绚丽多彩。在人们的心目中，开幕式更多注重的是仪式感。1896年第一届雅典奥运会开幕式上，伴随着雄壮的《萨马拉斯颂歌》，成千上万只白鸽飞向蓝天。场面蔚为壮观，气氛热烈活跃，成为开幕式最亮丽的一道风景。

1920年安特卫普奥运会开幕式，大会场燃起了火焰，破天荒加了一段舞蹈，以悼念在第一次世界大战中阵亡的奥运选手及协约国的将士们。从这届奥运会开始，放飞和平鸽仪式成为奥运会开幕式的必修课。

1928年阿姆斯特丹奥运会开幕式，东道主新建了一座高塔。在奥运会期间，高塔一直燃烧着熊熊火焰。火种来自奥林匹亚，用聚光镜聚集阳光点燃火炬，然后通过接力传送。途经希腊、南斯拉夫、奥地利、德国4个国家，最后传到东道主荷兰的主办地——阿姆斯特丹。这是有史以来第一次点燃的奥运会圣火。

1964年东京奥运会开幕式，8000只白鸽在会场上空翱翔，5架飞机在空中盘旋，烟花绘出了五环的标志。一位在原子弹广岛投掷当天出生的男孩儿——19岁的早稻田大学学生坂井义则点燃了象征和平的奥林匹克火焰。

1968年墨西哥城奥运会的开幕式典礼比上一届更为壮观。4万个彩球飘浮在空中，1万只白鸽在湛蓝的天空上展翅飞翔。礼炮声、号角声、乐曲声响彻云霄。整个会场笼罩在富有南美特色的狂欢气氛中，使人情不自禁地想跳桑巴舞。20岁的墨西哥女田径选手克塔·巴西利奥高举火炬绕场一周，登上90级台阶点燃火焰。这是奥运会历史上首次由女运动员点燃火炬。

1984年洛杉矶奥运会开幕式在《洛杉矶奥运会会歌》中缓缓拉开帷幕。随着五环旗的冉冉升起，4000只象征着和平的白鸽腾空而起，扑向天际。国际儿童合唱团的孩子们高唱贝多芬第九交响乐《欢乐颂》。好莱坞著名导演戴·沃尔帕主持了一幕幕富有美国民族特色的歌舞，2000多名舞蹈演员与场内的运动员一起载歌载舞。"伸出你们的双手，把世界改造成更美丽的天地。"激情洋溢的歌词在场上回响，从女生独唱，到千名歌手齐唱，再汇成万人大合唱。这是奥运会开幕式第一次在运动员入场前加的歌舞演出，一个小时富有好莱坞特色的歌舞表演引人入胜，揭开了奥运会开幕式激荡人心的艺术盛会的序幕。紧接着，一个身穿太空服的太空飞人从空中飞旋下来，舞台美术中高科技的应用给开幕式带来了出人意料的惊喜。五彩缤纷的礼花在夜空绽放，开幕式成了激情与欢乐的海洋。

1988年汉城奥运会开幕式，红色和绿色的烟幕营造了鲜明的民族文化特色。一个在赢得汉城1988年奥运会举办权当天出世的小男孩儿在主会场滚着铁环出场。铁环象征着世界，滚铁环代表着团结。绚丽的荷花翩翩起舞，韩国艺术家身着鲜艳的民族服装，用人海战术表演了大型团体操，将一台富有浓郁东方文化气息的表演呈现给世界。奥运主题歌《手拉手》以富有哲理的歌词和扣人心弦的乐曲迅速风靡全世界，被誉为奥运会历史上最成功的主题歌，至今仍然在五湖四海传唱。

1992年巴塞罗那奥运会开幕式，船在体育场中行驶，寓意着在地中海上航行。有很多"神怪"出场，表现出西班牙人的神话想象。英俊的西班牙斗牛士们向世界讲述了巴塞罗那城的起源。残奥会银牌得主雷波洛从轮椅上站起来，用火种点燃箭头，准确地射中70米远、21米高的圣火台，给全世界的观众留下了深刻的印象。

1996年的亚特兰大奥运会，主题是开发西部。不拘一格的美国西部牛仔赶着牛车上场，使人领略到美国人开发西部的热情。这一年是现代奥运会的百年诞辰，为了纪念奥运百年，身穿红、黄、绿、蓝、黑色服装的美国人在开幕式上组成了五环旗的图案；身穿白色服装的美国艺术家载歌载舞，组成了一个大大的阿拉伯数字：100。患帕金森综合征的拳王阿里用颤抖的手臂点燃了奥运会圣火。

2000年的悉尼奥运会把开幕式做成了一次艺术盛会，充满了激情和创意。开幕式前的圣火传递就颇有新意，组织者充分利用了水、陆、空各种运输方式，圣火由潜水运动员带到了水下。

2004年雅典奥运会的开幕式使人过目不忘，用现代的科技手段，以超现实、科幻的方式演绎了古老的文化内涵，被誉为"希腊海洋"的大型表演创意相当精彩。很多雕塑的造型是静态的，海水的创意更是神来之笔。蔚蓝色的地中海像一面平静的镜子出现在雅典体育场，观众坐在体育场，仿佛置身于爱琴海边。水的意境使人浮想联翩，由活动人形雕塑展现的古希腊神话令人痴迷沉醉。一个英俊的希腊男人在水中敲鼓，一个可爱的男孩子笑眯眯地乘船行驶在水面，孩子的眼睛漂亮深情，酷似小天使。古希腊文化是西方文化的源头，希腊艺术家精湛的表演让人们领略了古希腊丰富的文化内涵和深厚的文化底蕴，海天一色的景象令人震撼。体现了希腊悠久的历史和灿烂的文化。

随着奥运会开幕式的规格不断升级，大型文艺表演在其中的地位也越来越重要；随着奥运会开幕式高科技的介入，其费用也在不断攀升。

1984年洛杉矶奥运会，开幕式耗资700万美元；

1992年巴塞罗那奥运会，开幕式耗资翻了三倍，达2500万美元；

2006年多哈亚运会，开幕式耗资1.8亿美元；

2004年雅典奥运会的开幕式被誉为世界上最棒的奥运会开幕式。作为人类文化体育盛宴的第一道大餐，究竟什么样的开幕式最吸引人？什么样的开幕式能让中外观众过目不忘？

张艺谋和他的五虎上将

张艺谋是2008年奥运会总导演，五虎上将指的是张和平、张继钢、陈维亚、陈其钢、王宁。张艺谋的奥运会导演资格不是长官意志、要人钦点，而是经过严格的竞标选中的。当初，张艺谋和他的老搭档陈维亚携手竞标2008年北京奥运会开闭幕式导演权。张艺谋曾经执导了《红高粱》《秋菊打官司》《菊豆》等众多有影响的电影，又执导了申奥等短片。不管人们是否买他的账，他成为奥运会开闭幕式导演热门人选的事实是毋庸置疑的。

国家歌舞团副团长、艺术总监陈维亚曾经参与歌剧《图兰朵》的编导。他的强项是编排舞蹈，对大型舞蹈的场面控制驾轻就熟。

张继钢是总政歌舞团团长，曾经成功地编导过《千手观音》等舞蹈，在春节晚会上一鸣惊人，《千手观音》被评为当年春晚最受观众欢迎的舞蹈。尔后又出访欧美，掀起了阵阵《千手观音》热。雅典残奥会闭幕式上，他编排的《千手观音》节目震撼了世界。这回他竞争北京残奥会导演，真是当之无愧。

开幕式历来是奥运会的重头戏，在开幕式上既要反映出以和平、团结、友谊为宗旨的奥林匹克精神，也要展现出东道国的民族文化、地方风俗和组织工作的水平。同时还要表达对世界各国来宾的热情欢迎。

礼花齐放，映照着各国国旗。2008年我们相聚在北京。请收下我们的邀请，请珍藏我们的约定。此时此刻，张艺谋站在这样一个舞台上。他导演过很多影片，从来没有像这次这么宏大，这么引人注目。

奥运会开幕式上除进行一系列基本的仪式外，还会有绚丽多彩、激情四射的体育与文艺表演，为即将开始的奥运会定下基调。开幕式3个半钟头的流程，三分之二的时间进行运动员入场式，展现各个国家运动员的精神风貌。入场式既要精彩时间又不能长，这2个钟头是仪式的经典，是东西方文化的荟萃，是运动员精神风貌的展示。接下来是文艺演出，一个小时的文艺演出要展现中国五千年的灿烂文化，展示中国人宽大的国际胸怀。

为了把2008年奥运会开幕式办得有声有色，张艺谋和他的五虎上将调看了从1980年至2004年历届奥运会开幕式的录像带。五虎上将们承担着4个仪式：奥运会开幕式、奥运会闭幕式、残奥会开幕式、残奥会闭幕式。

这4个仪式由一个团队负责，具体分工是：张艺谋负责奥运会开幕式，张继钢负责残奥会开闭幕式，陈维亚负责奥运会闭幕式的创意制作。

总导演张艺谋是一个有着鲜明个性色彩的人，有很多好点子。但奥运会开闭幕式不能他一个人说了算。从祖国四面八方请来的专家教授开了上千次会议，平均每天开3个会议。他们每天早早就来到办公室，讨论创意方案和实施方案。经常是观点相同，意见相左，有时争论得面红耳赤不相上下，尔后又肝胆相照握手言欢。

陈维亚出任2008年北京奥运会开闭幕式副总导演。这位留着大胡子的男人曾经担任过2001年北京世界大学生运动会开幕式总导演。世界大学生运动会开幕式的经典之作是：滔滔黄河水从天而降，场地中间由黄色气球组成的黄河水汹涌澎湃。一会儿又似巨龙摆尾，最后，几十条巨龙缓缓升天而去。古乐声中，雄浑的兵马俑、轻盈婀娜的飞天、中国古代四大发明等造型勾勒出秦汉古韵，唐宋遗风。古乐声悠扬而深沉，使人仿佛回到了几千年前的古老中国。

他从西班牙巴塞罗那奥运会开幕式上受到很多启迪，也被洛杉矶奥运会开幕式所震撼，一片白色的沙漠使人联想到100年前的奥林匹亚。

张继钢也出任2008年北京奥运会开闭幕式副总导演。他表示东西方文化虽然有差异，但并不是相互排斥的，两者之间可以统一协调。他觉得2004年雅典奥运会开幕式出现的那片水是经典，彻底颠覆了他的创作理念。这位精明的山西男人有着良好的军人素质，着装严谨，举止端庄。他的北京残奥会开闭幕式创意方案早早就得到了国际残奥委会的批准。管中窥豹，从在北京世纪坛举行的残奥会倒计时一周年庆典演出中，我已经看出他导演手笔的端倪。我当时猜想舞蹈《千手观音》、盲人金元辉的钢琴演奏、肢体残疾人雷庆瑶的歌唱、肢体残疾人马丽和翟孝伟的双人舞、残奥会形象大使成龙的歌、女歌手韩红和谭晶的歌、国际影星章子怡的舞蹈等节目，将是他残奥会开闭幕式节目的法宝。

张艺谋觉得2004年雅典奥运会开幕式是大手笔，体现了全新的设计理念，其设计观念与历届奥运会开幕式大相径庭。奥运会开幕式的设计离不开主会场的外部环境，2008年奥运会开幕式就要紧紧地依托"鸟巢"的建筑风格。"鸟巢"是一个半封闭的场地，从来就没有适合不适合的场地，关键看设计师的创意眼光。"鸟巢"是一个全新的建筑艺术品场馆，开幕式创意就要尽可能地利用场馆，文艺演出与场馆建筑融合在一起，创意策划与实施计划有条不紊地进行。

张和平时任北京市政协副主席、北京奥组委开闭幕式工作部部长、北京人民艺术剧院院长。他沉稳老练充满智慧，身兼数任却总是从容不迫。他曾经成功地制作了电影《甲方乙方》《云水谣》《张思德》的美术设计。他说北京奥运会开闭幕式主创团队追求的是"众口不难调"，一定要竭尽全力，精益求精，一丝不苟地办好2008年奥运会开闭幕式。

北京奥组委开闭幕式工作部常务副部长、北京奥运会开闭幕式运营中心主任王宁虽然年轻，却是新中国成立50周年大庆天安门游行队伍总指挥。他觉得办好一届奥运会开幕式需要集中艺术家、专业人士、技术部门、美术总设计的智慧。中心有50多个部门、300多个工作人员，内容涉及舞台美术、服装、道具、灯光、音响、焰火、地面、空中等多项内容。各个单项方案最终要汇成一个总体方案。开幕式的服装设计邀请了世界顶尖级的艺术家加盟增加创意。开幕式时的"鸟巢"是一条时光隧道，焰火也是开幕式的重头戏。开幕式景观设计制作难度很大。他希望2008年北京奥运会开闭幕式的每一个细节都给人们留下深刻的印象。

中国将向世界展现什么

2008年奥运会开幕式把中华民族文化的魅力和现代高科技相结合，尽量保持东方的古老神韵和现代朝气。而这些目标除了焰火等外围手段，开始打算主要以龙为主题来表现。

点燃火炬是奥运会开幕式的一大亮点，于建平是载人航天神舟六号的副总设计师，2008年北京奥运会开幕式要动用很多光、声、电、材料、机电、计算机等高科技的东西，千方百计实现总导演张艺谋的要求。为此，他组织了（原）总装备部科研院所的技术人才，成立了18个工作室，确保点燃火炬时安全可靠万无一失。按照张艺谋的创意，大量的实验都运用了成熟的技术，给人以耳目一新的感觉。

2008年北京奥运会开幕式要动用4万名演员，这些演员来自国家机关各部委、解放军、武警部队等。这是一次大制作，组织5万人次的入场式。制订了细致的方案，数十万件道具，仅一项照明亮度就超过以往国内演出场馆灯光的10倍。中国是一个发展中国家，我们没有发达国家那么雄厚的财力，卡塔尔举办的多哈亚运会的开幕式几乎是拿金子堆起来的。中国的奥运会开幕式拼的是智慧而不是经费。这是一个荟萃了中外杰出人才的设计团队，一要体现社会主义大协作精神，二要体现勤俭办奥运，要对人民负责，对历史负责。4个团队合一，一个大团队要做4个仪式，总体支出不超过雅典奥运会开幕式的经费。导演的个人酬金上比其他国家少。也就是说，张艺谋煞费苦心搞了几年的奥运会开幕式，酬金可能都没有他拍一部电影的报酬多。

作为总导演，张艺谋发现奥运会开幕式的难度远远超出了他拍过的任何一部电影。他擅长用色彩营造氛围，以往拍摄电影《红高粱》，他可以到山东高密的庄稼地里种一片红高粱；拍摄电影《英雄》，他可以到四川九寨沟和新疆的胡杨林中去寻找感觉；拍摄电影《十面埋伏》，他可以在四川永川的竹林和乌克兰的白桦林中去寻找外景。导演开幕式，他宁肯要个旧场地，随他挖地三尺、彻底翻新地折腾。可"鸟巢"不行，"鸟巢"是一个全新的建筑，你没有权利改造，只能因地制宜。张艺谋是一个富有创意的导演，他喜欢天马行空，汪洋恣肆，无拘无束。"鸟巢"是一个庞大的钢铁长城，口很小，有压抑感。但他毕竟是一个睿智的导演，他发现了"鸟巢"在建筑艺术上的独创性。根据场馆的流程，从宽泛的角度构思，天人合一，他学会了挑战自我，集中智囊团的智慧。他表示，奥运会的开幕式是一个隆重的仪式，是一个电视收视人群高达40多亿人的节目，不敢有任何马虎。整个开幕式中，点火环节最为重要，是整个奥运会开幕的最高潮。

  北京奥运会开幕式有两个重点：文明与和谐。主要流程分成三部分：第一部分为文艺表演前仪式部分，包括欢迎仪式、展示奥运五环、中国国旗入场、升中华人民共和国国旗、奏中华人民共和国国歌等。这部分大约14分钟。第二部分为文艺表演部分，文艺表演的名字叫作《美丽的奥林匹克》，分为上下两篇。上篇名为《灿烂文明》，下篇名为《辉煌时代》，文艺表演部分大约一个小时。第三部分为文艺表演后仪式部分，包括运动员入场式、北京奥组委主席致辞、中国国家主席宣布奥运会开幕、奥林匹克会旗入场、奏奥运会会歌、升奥林匹克会旗、运动员代表宣誓、放飞和平鸽、场内火炬传递及最终的点火仪式，以及到最后的欢庆焰火。这部分将近两个半小时。

  文艺表演第一个场景是男人方阵，每人面前一个方台，四角是方的，中间有一个圆形的缶。缶是中国古代的一种大肚子小口的瓦器，可以演奏出不同的音乐。导演还把缶加上了灯，演员们像组字似的变幻出不同的灯光，营造出一种壮观的氛围。

  "鸟巢"中间的可升降舞台做成一个长长的画轴，颇具中国文化特色。这似乎是一个时间隧道，以绘画长卷为线索，以中国美学的写意精神展现东方文明的底蕴，演员用精湛的表演展现了中国文化的发展过程及融入世界文明的过程。

中国历史上的西周、东周（春秋、战国）时期是中国文明史的重要时期。大约在公元前11世纪，周武王伐纣，建立了西周。西周、东周是中国历史上奴隶社会向封建社会转化的重要时期，是政治思想异常活跃的时期，也是列国兼并战争迭起的时期。在战争的苦难中，诞生了一个统一的中国。

周朝人们的穿着已经绚丽多彩，在我国第一部诗歌总集《诗经》中有许多关于服装的精彩描述。例如，"七月鸣䴗，八月载绩。载玄载黄，我朱孔阳，为公子裳"，"锦衣狐裘，颜如渥丹"，"缟衣綦巾、聊乐我员"，等等。可以看出当时不仅有了多彩的丝麻织品，而且有了名贵的裘皮衣裳。在特定的圈子里，还流行着佩玉的习俗。

在古代中国、古印度、古埃及、古巴比伦等世界文明发祥地，大河流域地区人们的服饰都崇尚宽松。孔子穿的逢掖之衣，用今天的话来说就是蝙蝠衫，很宽松。

装扮成孔子三千弟子的演员高声朗诵着孔子的教诲："四海之内皆兄弟""和为贵""学而不厌，诲人不倦"，演员们通过组字突出一个银灰色的"和"字，给人留下了深刻印象。

画卷上出现了火药、指南针、造纸术、印刷术四大发明以及笔墨纸砚、中国书法、汉代陶罐、三星堆、长城、天坛的画面，升降舞台上出现了一些演员，有京剧脸谱、提线木偶、太极拳、兵马俑，秦汉古韵，唐宋遗风，把中华五千年的文明展现得淋漓尽致。

秦始皇统一中国，到西汉才真正巩固起来。汉武帝加强了中央集权，打败了强敌匈奴，经济上日益强大。张骞出使西域，丝绸之路的开通，使西汉走向了一个民族的鼎盛时期。

绘画长卷上出现了《万里河山图》，彰显汉唐气象，丝绸之路，舞蹈演员在毯子上跳的飞天舞蹈，把丝路花雨播撒在天涯海角。紧接着是海上丝绸之路，众多男演员用桨的造型做出划船的动作，黄色的桨在蓝色的海洋上显得格外醒目。

在历史长河中，文化交流往往总是伴随着服饰的演变。古代的中国人向世界敞开胸怀，海纳百川，广交天下。文艺复兴的鼎盛时期，由于与欧洲文化交流的增多，大大促进了中国服饰的演变。南北朝时期，西域文化沿着丝绸之路缓缓东流，深刻地影响着中原文化。紧身、裸胸、喇叭裤等服饰的出现，正是西域文化的印迹。唐代国家统一，经济繁荣，形制更加开放，服饰愈益华丽。唐代女装的特点是裙、衫、帔的统一，在妇女中出现了袒胸露臂的装束。众多女演员身着唐朝服饰，曼束罗裙半露胸，跳着霓裳羽衣舞，优美的舞姿令人眼花缭乱。

接下来是《辉煌时代》，演员们用绚烂的色彩展示当代中国的勃勃生机，2008个笑脸的创意来自奥运会筹办期间"寻找北京最美的笑脸"活动。空中飞人和电声光的运用，旋转的地球上每一层都有人在表演，还有刘翔、程菲等运动员激情跨越的镜头。用富有创意的当代艺术表现形式，赋予开幕式以现代性和国际性的风貌。

奥运会主题曲由中国歌手刘欢和英国著名歌手莎拉·布莱曼共同演唱。主题曲长度为3分多钟，是从奥组委历时5年、举办了4届的征歌活动中脱颖而出，并经过专门的评审程序确定的。

张艺谋总能给人们带来惊喜，就像他的名字那样每天都在为艺术而谋划。2008年8月8日夜晚，他奉献给世界一个金光璀璨、无人入睡的夜晚。

陈维亚具体负责奥运会闭幕式，闭幕式当天上午是马拉松比赛，给奥运会闭幕式带来了时间上的限制。他想发挥创意，给全世界一个最好的闭幕式。他说开闭幕式的文艺表演是面向大众的，好听、好看是其中最基本的。当天，虽然只有8.9万名观众坐在国家体育场现场，但电视机前坐着40亿观众。电视是一门视觉艺术，电视转播的沟通协调至关重要。

蔡国强是奥运会开闭幕式运营中心视觉特效总监，他绞尽脑汁地琢磨如何中西合璧创造最佳的视觉效果。他觉得4个仪式都会充分展示了焰火的魅力，这是北京奥运会开闭幕式的一大特点。五环怎样在"鸟巢"中升起来？2001年国际欧佩克会议焰火升起的镜头启发了他。中国人发明了火药，他想到了焰火的艺术构思和艺术效果。焰火可以塑造形象、营造氛围、调动情绪。但是焰火的掌握要恰到好处。焰火小了效果欠佳，焰火大了物极必反。

奥运会开幕式的文艺演出是一门综合艺术，张艺谋邀请留法著名音乐家陈其钢担纲奥运会开闭幕式的音乐制作。4个小时的音乐究竟如何打造？这是一种极大的挑战。陈其钢在国外生活了几十年，对东西方文化有着深切的体会。他觉得在开闭幕式上，几乎每一秒钟都会有音乐出现。奥运会开闭幕式的音乐创作会动员全国最优秀的音乐人来参与。他要用音乐来填满开闭幕式的每一分钟，所有的仪式都要原创音乐。他组织了几十个音乐制作人，这个团队非常年轻化，最小的才21岁。音乐不是技术活儿，需要有艺术灵感。

2008年8月8日夜晚23点30分，来自205个国家和地区的运动员入场式结束后，第二十九届奥运会的火炬将在"鸟巢"点燃。点燃火炬是历届奥运会开幕式交响曲中真正的高潮，各国的点火仪式都充满了激情和创意。"鸟巢"内的主火炬由最后一棒火炬手李宁来点燃，主要是考虑到他在体育方面的成就、社会影响力和奥运因素。

1992年巴塞罗那奥运会开幕式上，一位西班牙运动员用射箭点燃火炬的场面至今还在人们的脑海里闪现。

1996年亚特兰大奥运会开幕式上，身患帕金森综合征的拳王阿里用颤颤巍巍的手臂点燃火炬的场面至今还历历在目。

2000年悉尼奥运会开幕式上，一位澳大利亚土著运动员在水中点燃火炬，并潜水首次将奥运圣火穿越海底世界的场面至今还随着那湛蓝的波涛拍打着我们的记忆。

2006年冬奥会是从体育场的周边点火，很有新意。点火方式是历届奥运会的悬念，也是精彩的看点。目前，北京奥运会开幕式的点火方案只有4个人知道，属于特级机密，这个方案最终要经过国际奥委会批准。别看一个点火，学问大了去了。过分表现本土化不行，只有你东道主懂怎么行？亚特兰大奥运会上美国人让拳王阿里用颤颤巍巍的手臂点燃火炬打的是名人牌，全世界的人都懂得选择阿里来点火的人文含义；巴塞罗那奥运会上西班牙运动员用射箭点燃火炬打的是创意牌，这种别开生面的点火形式令人过目不忘；北京奥运会怎么点火？让巨龙吐出的珠子来点燃火炬吗？答案只有在2008年8月8日晚上才见分晓。

闭幕式上还有个熄灭火炬的问题，陈维亚想，一定要给观众留下一个终生难忘无限留恋的场面。寸金难买寸光阴，他要用每一分钟的努力工作来塑造奥运会开闭幕式的辉煌。

奥运会和残奥会的点火同样神圣，张继钢要给残疾人一个出人意料的惊喜。他说：礼花谁都见过，我期待2008年8月8日夜晚的礼花格外灿烂。

2008年北京奥运会难度之大可想而知，百年奥运，百年圆梦，中国人经过100年的奋斗，终于迎来了盼望已久的奥运会，对本届奥运会的期望值太高了。这是中国人首次承办奥运会，全国人民都投入了极大的热情和关注。张艺谋和他的五虎上将是以竞标的方式选出的，要对得起全国13亿观众的期待，这个压力是不言而喻的。

奥运会是一个全球性的体育盛会，开幕式的起点和水准是世界级的，五虎上将虽然以前策划过大型活动，但大部分都是国家级或地区级的活动，奥运会的策划要远远高于这些活动。

北京奥运会开闭幕式，残奥会开闭幕式，光演员就有4万多人，服装道具上百万件。在极短的时间内四场大活动要你方唱罢我登场，谈何容易？灯光、音响、舞美、烟花等各方面的设计、调度，涉及的范围非常广泛，而且不能出任何差错，这是极大的挑战。

随着对外开放，人们的审美呈多元化趋势。一个家庭做饭还众口难调呢，更何况是40亿人观看的盛宴。奥运会开幕式不是给中国人做菜，而是给世界人做菜。萝卜白菜各有所爱，要让世界上各个民族、各个国家、各种文化背景的人都喜欢你是很难的。

北京奥运会要接待10700名运动员，有40亿电视观众收看整个赛事，这是史无前例的。

张艺谋和他的五虎上将绝不仅仅是几个人，而是一支国际级的强大团队。这里有澳大利亚著名大型活动制作人里克·伯奇做艺术顾问，有载人航天发射场系统副总设计师于建平做技术顾问，有很多国学大师做幕后策划，组成了一个2008年北京奥运会开闭幕式方案智囊团。张艺谋说："奥运会开闭幕式是一项规模庞大的工程，绝非依靠一两个人的力量能独立完成的，必须发挥集体智慧。"

我问王宁："张艺谋会不会把开幕式搞成一个大红灯笼高高挂加满城尽带黄金甲？"

他说："他这次不考虑个人风格、特点，以大局为重。而且，我们的所有方案都是集体讨论，绝不是个人说了算的。"

2008年北京奥运会开闭幕式充分利用"鸟巢"的建筑特点，达到舞台美术、演员表演与体育场馆浑然天成的效果。届时，五彩缤纷的焰火、碧波荡漾的海水、如梦如幻的灯光、悠扬迷人的音乐和出奇制胜的表演通过五虎上将的精心编排，烘托出中国传统文化的主题，展现出中国文化艺术的魅力。

中国通过举办奥运会，把全世界的体育精英聚到一起，展现公平竞技顽强拼搏的精神，也为世界提供了一个相互交流思想和观点、相互了解传统和文化的平台。国家与国家、民族与民族、人与人之间应当相互了解、相互欣赏、相互学习、相互竞争，以达到和谐的境界。这是迈向开放与公正的表现，这是环球同此凉热的印证。

北京奥运会给中国带来了向世界展示自己的重大机遇，也提供了让外国人更多了解中国的机会。我们要努力把北京奥运会办成一次中国与世界各国之间文化交流的盛会。尽情展示历史悠久、灿烂辉煌、内涵丰富的中国文化，展现当今中国走向繁荣和崛起的勃勃生机。

奥运会是全人类的文化体育盛典，开幕式是巨型狂欢节的第一道大餐，必定吸引全世界的目光。一个有着五千年文明的东方古国，一个曾经百年沧桑历经忧患的民族，一个把奥运梦作为祖国腾飞契机的民族，他所呈现给世界的一定是一个绚丽夺目的夜晚。

那一天，全世界85个皇室成员、国家元首、政府首脑齐聚北京，全场9万名观众共同见证这一激动人心的历史时刻。开幕式演出为世界献上了一份视觉和听觉的盛宴，中华文明向世界展示了自己的独特风采。

北京冬奥会的开闭幕式精彩纷呈

两个奥运的开幕式主会场都是在国家体育场,开场节目都给人留下了深刻印象。14年前,是2008名演员击缶而歌,奏出中国的奋进之声;14年后,是从24开始倒计时,寓意二十四节气之首——立春的来临。

当焰火打出的数字归零时,蒲公英的种子飞向空中,春天降临,冬梦已醒。"立春之日",这场盛典再次拉开帷幕,寓意着各国朋友共同迎来一个新的春天,也寓意着冰雪运动前程似锦。

绚丽的焰火在夜空中闪耀,化为满天流星。中文的"立春"和英文的"SPRING"(春天)在空中交相辉映,向世界传递着春天的喜讯。

我非常欣赏场地中央的"冰立方",24道激光,打造了24届冬奥会的举办场景,这是世界视角,从1924年的法国夏蒙尼到2022年的中国北京,冬奥会走过了不平凡的历程。

2022年2月20日晚,北京冬奥会闭幕式在"双奥场馆"国家体育场举行,闭幕式再续"一朵雪花"的故事,"折柳寄情"向世界传递来自"双奥之城"的浪漫与温馨。

中国运动员高亭宇和徐梦桃担任旗手,他们以独特方式挥舞五星红旗入场,徐梦桃坐在高亭宇的肩膀上,成为全场最高的"旗手"。飞舞的五星红旗,彰显的是中华的崛起、民族的自豪。

12辆冰车驶入场内,冰车采用了十二生肖的造型,这十二生肖涵盖了所有人的属相。小朋友们登上冰车在场内飞舞滑行,痕迹形成了一个中国结。来自河北省阜平县山区的"马兰花童声合唱团"的孩子们高声演唱《奥林匹克颂》。

在最后熄灭冬奥会火种时,出现了2008年北京奥运会一个经典瞬间,好像时光倒流一样,整个北京城弥漫着金色的雪花。

折柳寄情体现了中国文化,"柳"和"留"同音,古人送别亲朋好友时总要折一支柳条相赠,随着《送别》的乐曲,80名舞蹈家在冰面上走出了一幅垂柳图，接着，365人手捧柳枝来到场中央，寓意着一年365天的怀念。光影由白变绿，绿色是生命的象征，春天的象征，生生不息的象征。

2000多名各国运动员参与的闭幕式，比预定人数翻了三倍多，正如总导演张艺谋所说："闭幕式是一个大Party，大家快乐、温暖、感动，这是重点。世界大同，天下一家，北京冬奥会赛场内的一场场比赛，运动员之间的友好交往，折射出中国坚实的文化自信，彰显从容的大国气度。"

历届奥运会纪念章

在第十三届国际奥林匹克收藏展上，我购买了历届奥运会纪念章，其中有1984年美国洛杉矶奥运会纪念章、1988年韩国汉城奥运会纪念章、1992年

作者珍藏的福娃纪念币

第十三届世界奥林匹克收藏博览会上的纪念品

西班牙巴塞罗那奥运会纪念章、1996年美国亚特兰大奥运会纪念章、2000年澳大利亚悉尼奥运会纪念章、2004年希腊雅典奥运会纪念章、2008年中国北京奥运会纪念章……

  这些纪念章造型别致，图案新颖，有的是奥运会吉祥物，有的是奥运会会徽，比如1996年亚特兰大奥运会的吉祥物Izzy（伊兹）是一个幻想出来的生物，也是奥运会第一个用电脑制作的吉祥物；2004年雅典奥运会吉祥物为雅典娜和费沃斯，这是希腊古典神话中的两个神，是一对兄妹。吉祥物的创意来自古希腊的一种玩具形象。这种数千年前的玩具是在希腊的一座历史遗迹中发现的。尽管两个吉祥物诞生于现代，但他们的名字都来源于古希腊传说中的人物。其中费沃斯是光明和音乐之神，通常也被称为太阳神；雅典娜则是智慧女神和雅典城的守护神。费沃斯和雅典娜一起，象征着希腊的历史和现代奥运会的结合。这些纪念徽章展现出奥运会举办国的文化和历史。

作者珍藏的历届奥运会吉祥物纪念章

第四章
CHAPTER 04

国际友人与双奥

萨马兰奇出席奥林匹克会议

小萨马兰奇视察国家速滑馆工程
（郑方提供）

作者2021年春节采访拉脱维亚、俄罗斯、加拿大、法国四国制冰师

作者采访为北京冬奥会作出杰出贡献的马来西亚爱国华侨林致华

作者赠送给西班牙前首相萨帕特罗著作并与他谈起萨马兰奇

云顶的金花阁是中国申冬奥的福地

第四章　国际友人与双奥

萨马兰奇父子与北京奥运情缘

2008年北京奥运会期间，我有幸两次见过改变世界体育21年的前国际奥委会主席胡安·安东尼奥·萨马兰奇先生。一次是在北京西城区德胜门举办的第十三届世界奥林匹克收藏博览会上；另一次是在中国人民大学举办的中国人文社会科学论坛暨北京奥运国际论坛上。

申办奥运会赔钱和赚钱是关系到奥运会前途的抉择。萨马兰奇正是在1980年国际奥委会生死存亡的关键时刻当上了国际奥委会主席。这个西班牙人1920年7月17日出生于巴塞罗那一个贵族家庭，自幼喜欢体育，酷爱拳击。他会讲法语、英语、西班牙语，喜欢收藏。他既是政治家，又是银行家，还是外交家，曾经担任过西班牙驻苏联大使。他头脑聪明，富有亲和力，刚走马上任就大刀阔斧改革国际奥委会制度，把反对国际奥委会的人吸纳进来，提高了奥委会的包容度和国际化。

在萨马兰奇上任之前，国际社会没人愿意办奥运会，因为以往的奥运会谁办谁赔钱。1984年，洛杉矶奥运会萨马兰奇凭借银行家的经济头脑果断拍板：允许职业运动员参加奥运会比赛，奥运会要适当职业化、商业化。

在此之前，奥运会不允许职业运动员参赛，也就是说奥运会上见不到顶尖级的运动员，那收视率怎么可能提高啊？顶尖级运动员出场了，观众数量上来了，收视率上来了，广告量上来了，企业的经济效益也就上来了。这是决定奥运会命运的一着棋，这个新政策帮助了美国的旅游公司经理尤布罗斯，由他承办的洛杉矶奥运会改写了几十年来举办奥运会赔钱的历史。从此，尤布罗斯与奥运结下了不解之缘。后来，尤布罗斯担任了美国奥委会主席。

1993年9月，中国组成一个庞大的申奥代表团奔赴摩纳哥的蒙特卡洛，第101次国际奥委会全委会即将在这座"赌城"举行。四年一届的奥运会是一次极具诱惑力的体育盛典，谁不想赢得举办权呢？

北京申办奥运会代表团由李岚清带队，秘书长是霍英东。出发时一架波音747客机上座无虚席，中国人以澎湃的激情奔向地中海畔。一到蒙特卡洛，魏纪中就拜会了国际奥委会主席萨马兰奇，他俩是老相识了。1974年，魏纪中作为中国体育代表团的翻译来到西班牙，他在马德里的一家饭店里第一次见到了萨马兰奇。他用西班牙语对国际奥委会委员萨马兰奇先生说："世界上只有一个中国，希望他能够主持正义，支持恢复中国奥委会在国际奥委会中的合法席位。"

萨马兰奇说："好，我一定尽力！"

萨马兰奇是一个正直守信的人，他承诺了并且不遗余力地做到了，中国感激他！

萨马兰奇有一个愿望，就是在他担任国际奥委会主席期间要访问所有国际奥委会所在的国家和地区。他风尘仆仆地在世界各地奔波，每到一个地方不去游山玩水，不要盛宴接待，只要求与所在国奥委会领导谈工作，与体育工作者见面，了解他们的困难和问题；与运动员见面，鼓励他们创造更好的成绩；与媒体见面，宣扬奥林匹克精神；与广大群众见面，推动他们参加健身活动。这位德高望重的老人终于在他八十多岁时走遍了200个国际奥委会所在的国家和地区。

2001年，当萨马兰奇在莫斯科郑重宣布"2008年，北京"时，李岚清兴奋地与萨马兰奇拥抱，众人激动地振臂高呼，魏纪中忍不住热泪盈眶，兴奋地对同行说："全国人民见证了申奥成功的这一刻，让全国共享成功的喜悦，我们这些为申奥奔忙的工作人员也就心满意足了！"

2007年6月23日上午，我应邀到北京德胜国际文化交流中心采访"第十三届世界奥林匹克收藏博览会"开幕式。那天天气很热，老百姓里三层外三层围在那里，举着的横幅上写着"中国吉祥福娃祝福北京奥运会圆满成功""萨马兰奇先生是中国人民的好朋友"，横幅上有很多人的签名，我手拿福娃在现场拍摄了照片。

上午9点，萨马兰奇先生和北京市委书记、北京奥运会组委会主席刘淇，国家体育总局局长刘鹏，第二十九届奥林匹克运动会组织委员会顾问、执委何振梁，国家体育总局训练局高希生副局长，2008年北京奥组委高级顾问魏纪中等人一道亲临会场。

这场活动的举办源于高希生的一次洛桑之行。2006年秋天，国际奥委会邀请中国奥委会负责文化工作的领导去开会，国家体育总局委派体育文化中心副主任高希生一行4人到洛桑国际奥委会开会，这是高希生第一次近距离见到萨马兰奇，他们坐在一个会议厅的圆桌前，萨马兰奇先生真诚地说："我已经卸任国际奥委会主席，由罗格先生接任。我现在担任瑞士洛桑奥林匹克博物馆基金会主席，我想把我收藏的奥运遗产在全球展示，希望能够在北京奥运会前夕在北京展出，您能否帮我实现这个愿望？"

高希生一听觉得这是件好事，便满口答应："萨马兰奇先生对中国体育做出了突出贡献，这个任务我责无旁贷，一定完成好！"

在高希生的精心组织策划下，"第十三届世界奥林匹克收藏博览会"由国际奥委会、中国奥委会、北京奥组委和中国邮政主办，华帝火炬成功入选了本次世界奥林匹克收藏博览会。高希生邀请中央电视台体育频道主持人张斌主持，张斌爽快地说："能够为萨马兰奇先生主持活动我很荣幸，一定尽力。"

"第十三届世界奥林匹克收藏博览会"大到奥运火炬、奖杯、运动服，小到奥运徽章、纪念币、邮品……来自世界各地的奥林匹克收藏家及相关厂家、商家携带见证现代奥林匹克运动发展各个历史时期的纪念品云集盛会。

作为第五届"北京2008"奥林匹克文化节活动之一，本届博览会由国际奥委会、中国奥委会、北京奥组委和中国邮政总公司联合主办，参展单位来自中国、美国、英国等30多个国家和地区，展览规模超过以往历届。这也是世界奥林匹克收藏博览会自1995年创办以来首次在中国举行。

刘淇在博览会开幕式上致辞说，文化是奥林匹克运动的三大支柱之一。体育与文化相结合是现代奥林匹克运动的重要思想和实践。作为奥林匹克文化的重要组成部分，奥林匹克收藏品记载了奥林匹克运动的历史轨迹，讲述了人类奋发向上、超越极限的动人故事，折射出奥林匹克追求和平进步的崇高理想和人文价值。奥林匹克收藏工作为弘扬奥林匹克精神、丰富奥林匹克文化、推动奥林匹克运动发展发挥了重要作用。

国际奥委会终身名誉主席、国际奥林匹克集邮纪念币纪念品委员会主席萨马兰奇先生如约而至，他身穿一件浅灰色的西装，系着浅灰色的领带，神采奕奕，精神抖擞地站在舞台上致辞。他说："世界奥林匹克收藏博览会举办13年来，越来越多的国家和地区积极参与，促进了奥林匹克运动的发展和世界各民族文化的交流与融合。本届博览会是'北京2008'奥林匹克文化节活动之一，北京的奥运筹办工作取得了举世瞩目的成就，我深信2008年奥运会定将成为历史上最出色的一届奥运会。北京的天气热，北京老百姓对奥运的热情更热。"

萨马兰奇先生热情地为开幕式剪彩，我为他拍摄了几张致辞并剪彩的照片。他很热情，也很平易近人，就是在这次采访活动中，我得知他不仅喜欢奥林匹克运动，而且酷爱奥林匹克收藏，国际奥林匹克收藏博览会就是由他亲自发起的，是全球范围内最权威、最齐全的有关奥林匹克收藏品的盛会。

我还拍摄了各国嘉宾前来参加盛会的照片，盛会所涉及的展品琳琅满目，美不胜收。开幕式后，萨马兰奇先生饶有兴趣地参观了可口可乐奥运收藏品展区，我见缝插针拍摄了可口可乐展区的珍贵照片。

在萨马兰奇先生担任国际奥委会主席长达21年的时间里，他成功地将奥林匹克运动打造成包容、普世、无歧视的运动，使奥运会成为公平的竞技场，他把一生奉献给了体育和奥林匹克事业，献给了世界和平和发展。萨马兰奇先生是奥运理念和价值的革新者，是奥林匹克精神的践行者，是奥林匹克运动的复兴者。

参观奥林匹克国际收藏展时，我切身感到奥林匹克源于西方文化，奥林匹克文化源于古希腊的思想。每一枚纪念章、每一张首日封、每一个纪念品上都打上了不同国家文化的烙印。这届国际奥林匹克收藏展就是东西方文化的融合。

我把目光再次投向萨马兰奇，那天会场并不豪华，展厅并不宽阔，我担心群众蜂拥而至会不会挤伤了他，但是87岁高龄的萨马兰奇先生依然热情地参与活动，为奥林匹克加油鼓劲。萨马兰奇先生曾经29次访问中国，在中国收获了爱和友谊。他是一位热爱中国的西班牙老人，在担任国际奥委会主席期间，不仅全力支持北京申办2008年夏季奥运会，也为中国融入世界奥林匹克大家庭做出了巨大贡献。1984年，许海峰在洛杉矶为中国摘得首枚奥运会金牌，萨马兰奇先生亲自为他颁奖；中国乒乓球世界冠军邓亚萍也曾亲口向我讲述萨马兰奇先生对她的关心，萨马兰奇不仅给她颁奖，还亲切地拍了拍她，仿佛爷爷对孙女般的疼爱。萨马兰奇先生的和蔼真诚给我留下了深刻的印象。

受到萨马兰奇先生的启发，我也开始关注奥林匹克收藏，这对我来说是一个崭新的领域。

我的书房里摆放着萨马兰奇诞辰100周年雕像纪念章，萨马兰奇先生的微笑透着慈祥、安宁与温暖。为了缅怀萨马兰奇先生，萨马兰奇体育发展基金会出品了限量版《萨马兰奇诞辰100周年纪念章》，正面为萨马兰奇先生肖像，背面由奥林匹克会旗、胜利女神、橄榄花枝等元素组成。纪念章材质为黄铜，直径80毫米，编号发行。我收藏的那枚纪念章编号为149号，系国际奥委会朋友赠送。

2007年6月的一天下午，我应邀参加在中国人民大学举办的中国人文社会科学论坛暨北京奥运国际论坛，亲眼看到萨马兰奇先生身穿深灰色的西装入场，他步伐缓慢而沉稳，当他经过我身边时，我与他只有一米的距离，端着照相机近距离地从侧面给他抓拍了照片，清晰地勾勒出他的面部线条和轮廓，这是一张珍贵的人物肖像照片。

他走上主席台，与中国人民大学校长纪宝成、第二十九届奥林匹克运动会组织委员会顾问、执委何振梁等人一道坐在主席台上。论坛的主题是"奥林匹克：人文理念、社会价值与和谐世界"，他戴着耳机，静静地倾听着大家发言的同传翻译。会议期间，有人向他赠送了自己绘制的巨幅萨马兰奇肖像，他接过画像，高兴地笑起来。我觉得他亲切和蔼、平易近人、幽默风趣，这些精彩的瞬间都被我的镜头捕捉到了。

萨马兰奇先生曾亲手颁发中国在历史上获得的第一枚奥运金牌。他长期关心和支持中国的体育事业，为中国1979年重返国际奥林匹克大家庭及中国成功申办2008年夏季奥运会做出重大贡献。他出生和逝世都在西班牙巴塞罗那，享年89岁。中国人对帮助过自己的人永远铭记在心。2018年12月18日，党中央、国务院授予胡安·安东尼奥·萨马兰奇中国改革友谊奖章。

北京冬奥会倒计时1000天时，我应邀出席北京奥林匹克公园玲珑塔前的盛典，亲眼看到北京市委书记蔡奇、国际奥委会副主席胡安·安东尼奥·小萨马兰奇与运动员、演员一道启动倒计时装置。

2021年秋天，当中国正在紧锣密鼓地筹办2022年北京冬奥会时，我采访了萨马兰奇先生的儿子小萨马兰奇。小萨马兰奇于1959年出生，获得美国纽约大学工商管理硕士、西班牙巴塞罗那大学工业工程师学位，是一名会计师。他热爱体育，从事过滑雪、高尔夫球、体操、网球等运动，是国际奥委会副主席、萨马兰奇体育发展基金会的发起人。

我问道："尊敬的萨马兰奇先生，请问疫情下的奥林匹克运动如何发展？国际奥委会对今后奥运会有什么改革创新计划？"

他说："2020年东京奥运会的成功向世界表明，在当前的疫情大流行中举办奥运会是可能的。有了正确的应对措施和所有利益相关者的合作，世界上的运动员可以团结起来，安全地参加体育比赛。

"作为我们为2020年东京奥运会所做准备的一部分，我们开展了大量的工作，以确保奥运会能够适应疫情带来的挑战。因此，我们设计了50多项措施，以最大限度地节约成本，提高效率。这些措施是2014年12月作为《奥林匹克2020议程》的一部分引入的改革措施的延续，目的是使奥运会更灵活、更可持续、更简单地组织并更好地适应其东道国的需求。

第四章　国际友人与双奥

"最近，随着《奥林匹克2020+5议程》的通过，这些改革措施得到了进一步加强。塑造奥林匹克运动未来的主要趋势包括团结、数字化、可持续性、公信力以及经济的金融方面的韧性。"

我又问道："北京冬奥会可以从2020年东京奥运会得到了什么经验教训和启示？"

他回答："在整个2020年东京奥运会和残奥会期间，北京2022年冬奥会组委会，以及东京2020年、巴黎2024年、米兰科蒂纳2026年和洛杉矶2028年组委会的代表都参加了国际奥委会的奥运体验计划（GEP）。该计划的重点是主运营中心、场馆运营、体育项目的具体要求和运营，以及利益相关者的运营等。它是国际奥委会长期'信息、知识和学习（IKL）'项目的一部分，该项目旨在为即将举行夏季或冬季奥运会的举办方提供关于奥运会规划、举办、会后管理等方面的支持。

"我们已经收到了参加该计划的北京2022年冬奥会团队的非常积极的反馈。我相信，北京2022年冬奥会组委会将吸收他们在东京学到的经验并加以改进，以进一步完善他们关于北京冬奥会的筹备工作。"

我继续问道："您对中国举办冬奥会有什么期待，如何评价中国筹办冬奥会？"

他热情地说："北京2022年冬奥会的举办进展顺利，将于2022年2月4日举行开幕式。

"所有比赛场馆都已完工，2021年10月至12月将举行一系列测试活动，以进一步测试它们。许多非竞赛场馆，如主运营中心（MOC）和奥林匹克运输指挥中心（OTC），均已经投入使用，而主媒体中心（MMC）和张家口山地新闻中心（ZBC）已正式移交给奥林匹克广播服务公司（OBS）。

"北京2022年冬奥会也在最大限度地利用现有场馆，包括2008年北京夏季奥运会使用的场馆。一些冰上项目，包括花样滑冰、短道速滑、冰球和冰壶，将在2008年奥运会使用过的场地举行，开幕式和闭幕式将再次在有'鸟巢'之称的标志性国家体育场举行。

"所以，在北京2022年冬奥会正式开幕之前，组委会就已经向我们展示了他们在北京2008年夏季奥运会的会后管理方面取得的巨大进展。

"中国人参与冬季运动的人数创下了新高。北京2022年冬奥会正朝着让中国3亿人参与冬季运动的方向前进。根据中国旅游研究院的数据，仅在2018—2019赛季，中国（大陆地区）就有2.24亿人参与了冬季运动。中国（大陆地区）现在共有654个标准冰场，自2015年以来增加了317%，还有803个室内和室外滑雪场，自2015年以来增加了41%。"

小萨马兰奇先生和父亲一样对中国充满感情，尽管2020年东京奥运会和东京残奥会期间他十分繁忙，仍然在东京奥运会结束后欣然接受我的采访，他觉得自己家三代的人生都和中国紧紧相连，能够为中国体育事业发展做出贡献，这是萨马兰奇家族的巨大荣誉。

小萨马兰奇还说道："我的父亲在领导奥林匹克运动的21年中，将奥林匹克理想融入社会的核心价值观。从1984年的洛杉矶奥运会和萨拉热窝冬奥会到2000年悉尼奥运会，奥林匹克价值通过不断革新而被现代世界所接纳，即更加崇尚公平和平等的社会。这些革新起源于1981年的巴登—巴登奥林匹克大会，那届大会最主要的成果是使运动员可以参与到未来的体育改革过程中。现任国际奥委会主席托马斯·巴赫就是当年的奥运冠军之一（1976年蒙特利尔奥运会击剑比赛）。巴赫当时被选入的运动员小组，也就是现在国际奥委会和奥林匹克大家庭中最重要的核心机构——国际奥委会运动委员会的雏形。"

在北京成功举办冬奥会的日子里，我格外怀念老萨马兰奇这位中国人民的老朋友。2022年大年初六到北京图书大厦出席长篇报告文学《中国冬奥》新书分享会，我路过德胜门，眼前又晃动着萨马兰奇的身影。我常常想假如萨马兰奇先生还活着会是怎样，他能够想到北京会成为"双奥之城"吗？他还会为中国运动员颁奖吗？他还会收藏北京冬奥会的纪念品吗？尽管他已经长眠，但是他的儿子小萨马兰奇先生秉承了父亲对中国人民的友好情感，全力以赴地支持中国办冬奥会，他的血管里流淌着父亲的血液。中国比当年漂亮多了，又增加了很多奥运新地标，冰雪运动在蓬蓬勃勃地展开。这一切，相信老萨马兰奇先生在天堂都会看到。

每当我看到老萨马兰奇先生的雕像，就会想起这位中国人民的老朋友，他的慈祥、平易近人、人格魅力和对中国人民的友好将永远铭刻在我的心中。

美国老杜的东方情结

2007年3月28日晚,在北京的二十一世纪饭店,"十佳志愿者颁奖晚会"正在隆重举行。坐在贵宾席上,我清楚地看到10位获奖者喜气洋洋的表情。一个身穿黑底红花唐装的外国人引起了我的注意,只见他高个子、长脸庞、前额宽大、眼睛深邃、络腮胡子,他就是获奖者中唯一的外国人杜大卫。他把奖杯高高地举过头顶,喜悦之情溢于言表。他的胡子有些花白,站姿却像白杨树一样笔直,仿佛受过正规的军事训练。他的微笑耐人寻味,直觉告诉我这是一个很有意思的采访对象。

大兵成了"十佳优秀志愿者"

初夏的一个下午,我如约来到杜大卫的公寓。进门前,我看到门口挂着几个颇有中国味道的面具,一个面具的胡子长长地耷拉下来,神态非常滑稽。挂这些面具是什么意思?为什么要挂三个面具呢?我满腹狐疑地敲响了门,杜大卫热情地打开门,用英语说:"请进,朋友!"

我走进门厅,只见他穿着一件黑底黄花的短袖唐装,套着一件黑马甲。唐装上黄色的铜钱状的花纹在黑色缎子的衬托下显得既古朴又乍眼。他热情地给我沏茶，动作敏捷而麻利。职业的敏感使我觉得他的精明干练有点像军人，可他怎么会大老远跑到中国一门心思地纠正不规范的英语标识呢？

来到客厅，一股强烈的中国民俗气息袭击着我的眼球。雕工精细的红木家具、深蓝色的蜡染、土黄色的唐三彩、绿色的陶瓷瓶、蓝白相间的青花瓷器、咖啡色的傩面具、红色的中国结、五彩斑斓的风筝、古色古香的木钟、色泽鲜艳的凤翔彩塑、土味儿十足的庆阳香包、浓墨重彩的京剧脸谱……把小小的斗室装扮得五彩缤纷，俨然一个小型的民俗博物馆。这位老外的审美趣味怎么这么中国化呢？

他发现我对这些古董很感兴趣，便兴致勃勃地向我介绍："这幅国画是在兰州买的，这个瓷瓶是在北京潘家园买的，这个中国结是在庙会上买的……"

他曾去过一次香港，买了4幅中国画。他发现自己对东方文化特别着迷，就要求回到大学继续读越南文化硕士。原福州大学陈校长是南加利福尼亚大学亚洲研究系主任，他对杜大卫说："你要是想研究越南文化、日本文化、韩国文化，首先就要弄懂中国文化。因为中国文化是亚洲文化的核心，日本、韩国、越南的很多文化是从中国传去的。"

陈主任的话像一盏明灯照亮了他的心，他采纳了陈主任的建议，到南加利福尼亚大学东亚文化地理系学习中国文化地理。他的文化地理研究课题是黄河。他特别喜欢黄河，风在吼，马在叫，黄河在咆哮……

1990年，他第一次来到中国，在兰州大学担任写作客座教授和大学管理顾问。黄河在兰州的怀抱中穿过，兰州黄河大桥旁有一尊黄河母亲的雕像，充满了母爱的温馨。从见到黄河的第一眼起，他就觉得自己与这条河流有一种前世的约会。

瀚海心迹，寻觅着浑黄的风景；大漠足音，激荡着远古的回声。从黄河源头到黄河入海口的迁徙；从黄河文化到黄河音乐；他竟然着魔般地迷上了黄河，钻研得头头是道。由黄河又爱上了黄皮肤的华夏子孙。

他每个礼拜至少有四五天要到兰州的东方红广场，那里有很多剧团在表演。有京剧、曲剧、上党邦子、眉户和秦腔。他喜欢听中国的京剧，有人问

251

他:"老杜,你听得懂吗?"

他说:"我看懂了,京剧里有戏曲、音乐、服饰、脸谱、生旦净末丑角色和唱腔,每部京剧几乎讲的都是一段历史故事。这是中国最好的艺术形式。"

他更喜欢听秦腔。他觉得秦腔的阳刚之气特别有神韵。慢慢地,他熟悉了中国的京剧和秦腔,深深地被中国文化的博大精深所吸引,顺嘴还能唱上两嗓子。

他从小就特别喜欢吃中餐,对洋快餐反而不适应。他觉得中国人很善良,中国文化有非凡的魅力,他和中国人之间关系特别融洽。他尽心尽力地帮助兰州大学的老教授撰写英语论文,指导年轻教师修改英语论文,被甘肃省政府和兰州大学授予模范教师称号。

敦煌离兰州很近,他利用假期到敦煌采风,研究敦煌的历史文化。他了解了丝绸之路的历史文化风土人情。1992年,首届丝绸之路节在甘肃举行。甘肃省政府印了很多介绍丝绸之路的小册子散发给中外来宾。前来参观的杜大卫发现甘肃省博物馆的英文解说词有很多翻译上的错误,就志愿当义务纠错员。甘肃省政府知道后,索性把小册子寄给他,让他纠正小册子里不规范的英文内容。于是,他一边纠正错误一边编辑《甘肃丝绸之路——英汉旅游手册》,这本书对中外游客了解丝绸之路提供了指南。

当时很多中国人想出国访问,可又不会写英文个人简历。杜大卫就撰写了《学者个人简历书写指南》的文章,刊登在《教学与研究》杂志上,有的放矢地指导中国学者。

看到中国人在大班英语课上口语能力差,不敢张嘴说英语。他撰写了《没有多媒体设备,如何教好大班会话课?》的文章。他的文章深入浅出,很对中国人的胃口。为此,他被甘肃省政府授予"优秀外国专家"的称号,这是当地政府首次授予外国教授的奖项。

他酷爱游学,利用暑假来到甘肃拉卜楞寺,在那里待了一个月,对佛教产生了兴趣。后来,他的妻子舍仁遇到了一个信奉小乘佛教的斯里兰卡高僧,这位高僧是伦敦大学的宗教学博士和美国哥伦比亚大学的宗教学硕士,在洛杉矶开办佛学院。高僧让杜大卫到斯里兰卡佛学院学习教育管理学，他欣然前往斯里兰卡，学成归来后义务帮助高僧管理洛杉矶佛学院。

2001年，高僧圆寂。妻子舍仁希望他和自己一道在洛杉矶安度晚年，可他却鬼使神差地来到了中国。恰逢在兰州大学任地质系主任的老朋友顾大哥退休后定居北京，他给杜大卫出主意："老杜，你别待在兰州了，要想真正弄懂中国文化，你必须在首都北京工作上一段时间。"

杜大卫耸了耸肩膀两手一摊说："我是想到北京工作，可我不知道该到哪里应聘。"

顾大哥说："这好办，北京第二外国语大学我有熟人，你干脆到二外教书吧。"

在顾大哥的热心相助下，他来到北京第二外国语大学国际经济贸易学院教授英语和分析思维课。他的儿子威廉是美国加州大学伯克力分校陶瓷艺术专业的讲师，儿媳妇是陶瓷艺术家，小两口生了个可爱的儿子。这对喜欢陶瓷的男女给自己爱的结晶起名为ARGIL，在意大利语里是"陶土"的意思。中国是陶瓷的故乡，在英语里，瓷和中国是一个词汇。威廉想来中国看望父亲，顺便到陶瓷之乡请教陶瓷专家。杜大卫在家门口挂的老中幼三个面具代表着杜大卫和他的儿子、孙子。那个长胡子老头就是杜大卫的化身。

北京街头的"啄木鸟"

由于历史原因使中国缺乏国际交流，再加上中英文之间毫无共通性，很多翻译弄不懂英文的意译。在不少中国酒店的菜单上，蹩脚的翻译把"四喜丸子"翻译成"四个高兴的肉团"，把"红烧狮子头"翻译成"烧红了的狮子头"，把"口水鸡"翻译成"哈喇子流出来的鸡"，把"麻婆豆腐"翻译成"满脸雀斑的女人制作的豆腐"，把"夫妻肺片"翻译成"皇帝的妻子的肺切成片"，把"驴打滚"翻译成"打滚的驴"……像这种错误的直译已经令人啼笑皆非，老外不知道菜单上所写指的是什么。

有一天，杜大卫到某大剧院看京剧《美猴王》。当孙悟空腾云驾雾出场时，英文字幕把孙悟空驾着"祥云"（Clouds）翻译成驾着"土疙瘩"（Clods），在场的外国人哈哈大笑起来，而中国观众却莫名其妙地看着他们，有人还皱着眉头投来不满的目光。看到这个场面，杜大卫心里很不是滋味儿。他知道Clods比Clouds少了一个字母u，这对于中国人来说是很容易犯的错误。汉字如果少一横一竖人们仍然能够猜到字意，而英文少一个字母意思就会拧。公共场所出现不规范的英语标识，外国人觉得中国人英文水平差，没文化；中国人觉得外国人的哈哈大笑是对自己文化的不尊重，双方产生了误会。东西方文化有很大差异，在中国公共场所的英文标识，经常犯的就是英文字母丢三落四的错误，这时候很需要有人来纠正，起到一个沟通东西方文化的桥梁的作用。

对东方文化的了解和研读，使得杜大卫对东方文化产生了深厚的感情。他希望中国这个有着五千年文明历史的东方古国的文化应被尊重，并以其本来的样子呈现给世界，不希望外国人因为不规范的英语标识而哄堂大笑，从而使中国人误认为外国人在嘲笑自己。

于是，他给有关部门写信，说北京市的公共场所很多英语标识不规范，自己愿意无偿地帮助北京市纠正错误的英语标识，为北京市的名胜古迹撰写高水平的英文导读。

杜大卫的这封信写得正是时候，中国申办奥运会成功了，公共场所需要规范的英语标识。他的信得到了有关领导的高度重视。2002年，北京市民讲外语活动组委会办公室的工作人员专程来北京市第二外国语大学找杜大卫，说您的来信我们收到了，我们对您的建议表示认可和感谢，想聘请您为北京市民讲外语活动组委会的专家教授，帮助我们修改地铁里的不规范英语标识。

杜大卫说："何止是地铁？我志愿做北京市所有旅游景点和博物馆、画廊等文化景点英语标识的义务纠错员。"

来人说："杜教授，感谢您对北京、对2008年奥运会的支持。但是饭要一口一口地吃，您先把北京市地铁里的不规范英语标识消灭了吧。"

于是，在北京市的地铁车厢里，经常会出现一个高个子、深眼窝、花白胡子、身穿唐装、脚蹬中式布鞋的老外，他端着照相机逐字逐句地把不规范的英语标识牌拍摄下来，回到家里修改好，再寄给北京市外事办公室。他像一只辛勤的啄木鸟，见到不规范的英语标识就像见到虫子一样，非要把它消灭光。地铁里的虫子吃完了，他又把目光瞄向了旅游景点和饭店。

他发现不规范的英语标识大致有4种情况：一是旅游景点和博物馆的英语导读张冠李戴，景观介绍驴唇不对马嘴；二是英文单词丢三落四漏洞百出；三是有些酒吧老板出于某种商业需求，故意把英文含义翻译错；四是对一些英语单词的源流没有搞懂。比如：很多中国人喜欢把"Toilet"（卫生间）翻译成"WC"（卫生间）。为了弄懂这两个英文的词性，他专门跑到英国驻中国大使馆，对这两个单词的源流进行考察。原来，美国人是不讲"WC"的，这是英国本土讲的俚语。就像某些中国人将卫生间俗称为"1号"。"Toilet"来源于拉丁语，用这个词，无论是讲英语的英国人，还是讲拉丁语系的西班牙人、葡萄牙人、巴西人、阿根廷人，也无论是讲美式英语的美国人，还是其他讲英式英语的人，都能够理解意思。世界通用的商务英语是美式英语而不是英式英语，在中国的商务活动中应用最广泛的也是美式英语。杜大卫觉得既然是英语标识，就应该是应用最广泛的谁都能懂的规范英语。

于是，他找到北京市人民政府外来办公室，凭着三寸不烂之舌苦口婆心地做工作。经过不懈的努力，现在，北京公共场所的"W·C"（卫生间）统统变成了"Toilet"；"Way Out"（出口）也被更为常见的"Exit"所取代。

杜大卫朋友的儿子赵忠林在北京大学法学院念书，朋友托他照顾一下自己的孩子。他发现这孩子英文好，就对他说："我要到北京的各个旅游景点给错误的英语标识挑刺儿，如果你能帮我的忙，我就会负责你在北京大学的住宿费、生活费和学费。"

赵忠林乐不可支，成天陪大卫伯伯在北京市各旅游景点寻觅。幸好二外门口有个地铁站，杜大卫每天用一刻钟时间从公寓快速走到地铁站，自费乘车在地铁里转悠，再乘出租车到二环、三环、四环、五环、六环的文化景点。每到一处，他的眼睛都像雷达一样迅速捕捉到目标。如果是路牌上的错误英语标识，他就先说服北京市交通局的人，再向交通部门反映。路牌上有些约定俗成的地名，只要不滑稽，他尽量保留原貌，减少人家的工作量。

他的书柜里摆着《英汉艺术词典》《紫禁城宫殿建筑装饰翻译词典》等书籍，有空就拿出来翻阅。如果是文化景点英语导读的不规范标识，他就用照相机拍摄下来，回来后慢慢翻译成正确的。他像爱护自己眼珠儿那样爱护英语标识的纯洁性，为了给故宫博物院的英语标识挑刺儿，他不顾旅途劳累，一遍又一遍地来到故宫，反复校正各个景点的英语说明。当时故宫正在大修，有的英语解说词要镌刻在大理石上。他认真执拗地挑着刺儿，一丝不苟地校译着，生怕出现一丝纰漏给中国人丢脸。如果对方有电子信箱，他就把自己修改好的文字用电子邮件发给人家；如果对方没有电子信箱，他就用传真机发给对方或直接送到对方手里。就这样，几年来杜大卫平均每周都要拿出60个钟头给北京市不规范的英文标识找碴儿，仅博物馆文化景点、五星级酒店和交通路牌几项，他就纠正了6万多个不规范的英语标识。

为了避免不规范的英文菜名在奥运会期间闹笑话，北京市形成了最新的《中文菜单英文译法》讨论稿，对2753道中国菜和酒水进行了相对规范的命名。其规律是：对于以主料开头的中国菜名，比如"西蓝花扣海参"，就直接写西蓝花和海参，中间用连词连接。

对于以烹饪方法开头的中国菜名，如熘肝尖、水煮鱼、炖猪蹄，就采用烹饪方法的相应动词，再加上菜肴的主料来表示。比如水煮鱼不译为"鱼在开水里翻滚"，而译为"热辣油里的鱼片"（Fish Filets in Hot Chili Oil），使外国朋友一目了然。

对于以人名、地名命名的菜肴，直接以菜肴的创始人或发源地的拼音加主料来表示。比如"宫保鸡丁"里的宫保怎么翻译？以前是一串冗长的译文老外还不知所云，现在索性直接以汉语拼音组合成英文菜名"Kung Po Chicken"，Kung Po是汉语拼音的发音，Chicken在英文里是"鸡"的意思，这种中西合璧的英文菜名既简捷又好记。

对于具有中国特色又被外国人普遍接受的中国传统食品，而且英语又不能确切表达含义的，全部使用汉语拼音。比如饺子、汤圆、油条、粽子、元宵、馄饨等。杜大卫很赞成这种音译法，他觉得这种译法在其他国家屡见不鲜。日本寿司（SUSHI）、日本清酒（SAKE）、朝鲜泡菜（KIMCHI）都是直接用的音译。汉语也引进了不少外来词汇。正如中国人目前对沙发、咖啡、吉他、吉普、坦克、雷达、的士、维生素这些印欧语的外来词耳熟能详一样，老外将来也会对饺子、粽子、元宵、汤圆、油条这些汉语词汇了如指掌。因为这些词汇本身就渗透着中国文化的底蕴。饺子、粽子、元宵、月饼和中国的传统节日之间有着千丝万缕的联系，记住这些食品名称的过程也是熟悉中国传统节日文化的过程。

为了迎接奥运会的到来，2002年，北京人开展了北京市民学外语活动。他担任了北京市市民讲外语活动委员会专家顾问、英语教授、英语大赛评委。他觉得志愿者在为他人服务的过程中得到了心灵的愉悦。如果能发动老年人当志愿者，会大大丰富老年人的精神生活。他以一颗燃烧的心活跃在志愿者的队伍中，把中国文化和东方文明传递给更多的人。他架起了东西方文化的桥梁，荣获2006年北京"长城友谊奖"。

告别杜大卫时，他在我的本子上用英文写道：

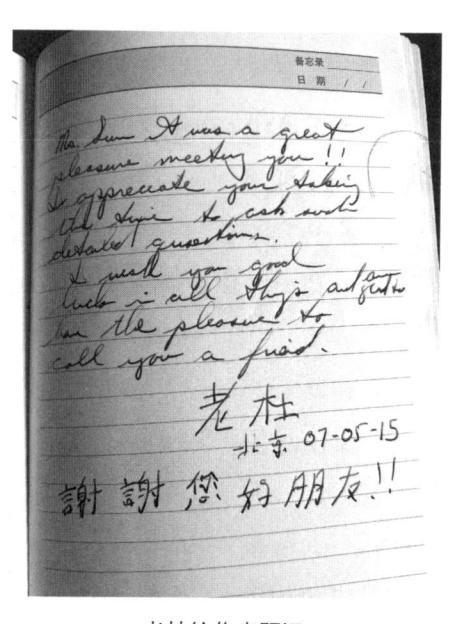

老杜给作者题词

孙女士，很高兴能认识您。我很欣赏您能提出这么有趣细致的问题。祝您好运。我很高兴能叫您一声朋友。

谢谢您，好朋友！

老杜
北京2007年5月15日

奥地利维也纳大学孔子学院院长谈中国文化和体育

2016年12月,我应邀出席在云南昆明举办的第11届全球孔子学院大会,来自140个国家和地区的大学校长、孔子学院代表共2200多人就中华文化对外交流、孔子学院与"一带一路"建设等主题进行了为期两天的探讨交流。

本届孔子学院大会共举办了14场中外大学校长论坛和孔子学院院长论坛,召开了"中医、太极等中华文化对外交流座谈会""孔子学院与'一带一路'建设工作座谈会"及圆桌论坛3个专题会议,并举办了孔子学院汉语教材展、文化创意展等系列活动。

我见证了孔子学院总部与国家体育总局战略合作备忘录签署仪式,出席了中医、太极等中华文化对外交流座谈会,并且拍摄了照片,发现中医和太极在外国友人中备受推崇。

茶歇期间,我与奥地利维也纳大学孔子学院院长李夏德聊中国文化和体育。他告诉我:"1973年,维也纳大学设立汉学系,他是第一批学生。他申请了中国政府奖学金,来到北京语言学院(现北京语言大学)学习了两个学期。空闲时间就骑着自行车在北京的大街小巷转悠,他对中国的汉语、文学、哲学、文化有兴趣,给学生们讲中国文学课。"

我真诚地说:"听了全球孔子学院大会中华文化对外交流座谈会的发

作者与时任奥地利维也纳大学孔子学院院长、著名汉学家李夏德聊奥运和中国文化

言,我感受到外国朋友对中医、太极有强烈的兴趣。2008年北京奥运会开幕式上的太极表演震撼人心,向世界展示了太极拳这一优秀的中国传统文化,太极拳传承着中华民族的文化基因,成为对外文化交流的重要纽带。奥运会给中国留下很多奥运遗产,文化和体育密不可分。"

李夏德对中国非常友好,我们交流得很愉快。我到山东曲阜孔子研究院采访,杨朝明院长带我参观了维也纳孔子学院李夏德种的松树,旁边的碑上镌刻着红色的大字:友谊树,奥地利维也纳大学孔子学院赠,2011年9月。

李夏德与孔子研究院的交流很频繁,他多次莅临曲阜,他和王静女士一起种下的中奥友谊树,长得枝繁叶茂。

后来,我到奥地利拜访了阿尔卑斯山、格拉茨和哈尔施塔特小镇。

在李夏德的故乡奥地利,我不停地问自己:孔子学院和奥林匹克究竟有什么关系?

在中华民族历史上,儒家思想是民族生生不息、发展壮大的重要滋养。儒家认为体育活动只有以德调和、以德融通,才会超越自身。孔子所言君子

"六艺"中有"射""御","射"指的是射箭,"御"指的是驾驶马车的技术,在现代奥林匹克比赛中也有类似项目,射箭和马术都是奥运会项目。孔子心中的"射"讲究礼让精神,在乎竞争的公平,体现的是君子之争,这与奥林匹克精神重在参与是一致的。

奥林匹克运动创立之初就非常重视体育与文化的结合,体育和文化是奥林匹克运动的重要理念。国际奥委会主席巴赫的办公桌上就摆放了一尊孔子雕像。国际著名雕塑家吴为山先生应邀访问国际奥委会总部时,向巴赫主席赠送了雕塑作品《问道——孔子问道老子》,这尊雕塑体现了中国人向世界问道、向世界学习的价值观。

巴赫主席是德国人,还是德国前击剑运动员。德国与奥地利是邻居,奥地利的官方语言是德语。巴赫对孔子的思想十分推崇,并希望未来有机会能拜谒孔子故乡。我想如果有一天他真到了曲阜,一定会看到李夏德院长亲手种的那棵友谊树。

2021年,为庆祝中国—奥地利建交50周年,吴为山应邀将其雕塑作品《画家齐白石》雕塑捐赠给维也纳世界博物馆永久珍藏。维也纳世界博物馆始建于1876年,是奥地利最大的人类学博物馆,致力于展示世界文化多样性,见证人类社会的变迁。《画家齐白石》在此安放,为中奥艺术交流提供了良好契机。

李夏德院长居住在维也纳,他一定看到了这尊雕塑,孔子的"有朋自远方来,不亦乐乎"、费孝通先生的"各美其美,美人之美,美美与共,天下大同"十六字箴言与奥林匹克精神是一脉相承的。

搭建中加冰雪友谊桥梁

当前的国际形势十分严峻，某些国家千方百计抹黑中国，我写北京冬奥会绝不只是单纯写体育，我想在采访创作的过程中努力宣传中国文化，所以我写走近冬奥会，走进冰雪运动强国。北京冬奥会赛场见证了一幕幕超越政治、国家、种族的友谊场景，这就是奥林匹克的意义。

2019年12月，外交圈年终友谊沙龙在北京举行，我应邀出席了这场活动，亲眼见证了中国和加拿大冰雪项目签约仪式。

我采访了加拿大冰雪制冷产业国际知名专家、国际氨制冷学会亚太区副主席、中国制冷学会高级顾问、加拿大CTC冰雪体育设备公司柯路蒂总裁，他不仅是冰雪、冬季运动以及休闲娱乐领域的开拓者，也是领军者。他长期专注于中国及东南亚市场，指导开发了中国首个商业冰场项目——北京国贸滑冰场，很早就涉足于室内冰雪产业，致力于绿色和节能技术的引进和使用，还参与过北京冬奥会场馆的建设。

他组织了中国有史以来第一个获北美冰球职业联盟（NHL）认可的冰球夏令营和示范教学班，邀请了NHL历史上最著名的球队——蒙特利尔加拿大人队及其冰球学校和校友明星球员参加。2016年，当中国总理李克强访问加拿大时，参观当地"加拿大人"冰球队，获赠印有他名字的球衣。李克强总理穿上球衣为参加训练的小球员开球。柯路蒂先生为冰雪项目的设计和设施（如溜冰场、雪穹顶、雪场、冰壶等）领域提供专业知识。作为冰雪领域的世界著名专家之一，他直接参与了全球30多个国家和地区的800多个冰雪项目。他与国际奥委会（IOC）和加拿大奥委会及其技术顾问、国际体育联合会（ISF）及国家体育协会（NSA）密切合作并提供咨询意见。

柯路蒂先生已经在亚洲居住了18年，娶了一个中国太太，生了一个漂亮的混血儿子，叫Aivon（艾冯），已经9岁了。他喜欢滑雪，多次带着儿子到崇礼滑雪场滑雪，与儿子一起打雪仗。他积极参与2022年北京冬奥会的开发与推广。

我问道："现在中加关系有点紧张，您为什么要这么热心地帮助我们中国的冬奥会场馆建设，不怕加拿大政府不高兴吗？"

他爽快地说："我才不管他们是否高兴呢。"

我热情地说："体育无国界，加拿大是冰雪运动强国，感谢您对中国的

作者采访加拿大冰雪制冰专家柯路蒂

帮助。您会打冰球吗？"

他胸有成竹地对我说："当然，在我们加拿大，几乎所有人都会打冰球。冰球不是加拿大人的专属运动，而是我们送给这个世界的礼物，我期待全世界的人都能来分享这个礼物。"

最近，柯路蒂给我发来贺卡，我问柯路蒂先生在为北京冬奥会忙些什么。他兴奋地说："喂，晶岩，你好吗？我在北京参与了最后一个阶段的冰场馆的准备。"

他发来了他身穿防护服，戴着口罩和医用隔离面罩站在冰面上，左手握着冰壶的照片，我一眼就认出这是冰立方——冬奥会期间的冰壶场馆。

柯路蒂热爱中国，我经常看到他在朋友圈发冰雪运动的消息，还发了白求恩的照片。他积极参与北京冬奥会国家速滑馆和国家体育馆项目的开发，出现在中国的冬奥场馆一线。疫情防控期间办冬奥有多么艰难，在冬奥场馆，运动员和比赛区域实行闭环管理，我看到了一群像白求恩那样的外国友人为了北京冬奥会兢兢业业地工作着，我从心里感激他们。

北京大使村里有很多不同形状的石头，各国大使用不同文字在上面刻着"和平"的字样。德意志联邦共和国驻华大使写道：没有自由，就没有和平；没有和平，就没有自由。厄立特里亚国驻华大使写道：当一些国家还处于战乱时，任何国家都无法安定。让和平精神遍布星球上的每一个国家。

我举起照相机拍照，心中充满对和平的向往。窗外白雪皑皑，屋里温暖如春。我欣喜地看到中加两国建立冰雪外交，促进两国之间的友好关系。当年，乒乓外交使得小球推动大球，而今我多么希望冰雪外交能够促进世界各国人民之间的友谊，推动冬季奥林匹克运动，祝愿中加冰雪友谊之花盛开。

我把两年前采访柯路蒂的照片发给他，他幽默地说："Nice picture and a nice encounter（美好的画面和美好的邂逅）。"

长篇报告文学《中国冬奥》出版后，我给柯路蒂寄去，他收到后热情地给我录了一段视频表示感谢，还把我的《中国冬奥》的片段翻译成英文宣传，盛赞《中国冬奥》。有一天，他把我和中央电视台的著名导演辛少英拉进一个群，热情地说："It's my pleasure to put you in touch here（这是我的荣幸，让你们在这里联系。）"

辛导演以为我在国外，用英语问候我，我热情地用英语问候辛少英，柯路蒂笑着说："你们都在北京，可以直接用中文交流。"

柯路蒂的心与中国和冰雪事业紧紧地连在一起。

柯路蒂在"鸟巢"

首钢园采访加拿大制冰师吉米

国家体育总局冬季运动管理中心的冰上运动员原来在首都体育馆训练,由于北京冬奥会之前首都体育馆要装修改建,国家体育总局决定在首钢建立冬训中心的四个馆,即"四块冰":短道速滑馆、花样滑冰馆、冰壶馆、冰球馆。

冰壶运动对于冰面的温度、湿度和硬度有着极高的要求,在首钢冰壶馆,我看到加拿大制冰工程师吉米带领首钢工人在制冰,本来冰场应该半个月做好,但是运动员着急训练,吉米带领一班人赶制,7天就完工了。吉米告诉我:"冰雪运动很烧钱,加拿大的冰雪运动十分发达,参加者很多。我今年59岁,有44年的制冰经验,我非常喜欢中国,期盼2022年冬奥会在北京成功举办。标准的冰场长60米、宽30米,下面敷设冰管,上面喷射冰漆,最上面一层是训练用冰,花样滑冰需要5~6厘米厚的冰,用清冰车压实扫平,制成一块冰需要刮冰200次,我要给北京人带来一流的冰面。"

吉米上了岁数,身材较胖,他每天在冰上要走几万步,他黑色的T恤衫上布满了白色的漆点儿,但他毫不介意。为了给运动员创造一流的冰面进行训练,他废寝忘食、兢兢业业。

冰壶馆门口设计了喷泉景观,建设者将拆除的混凝土仿旧后重新制作,训练馆里楼梯台阶是水泥的,木头扶手,顶棚的钢梁刷上油漆,国家队的运动员称赞道:"这才叫场馆呢!"

见证中国双奥

作者在首钢采访加拿大制冰师吉米

春节，我与四国制冰师在延庆赛区

2021年的春节狂风怒号，寒气逼人，我在北京冬奥会延庆赛区度过，看到国家雪车雪橇中心的建设者在加班工作，运动员在积极备战，8位制冰师远离亲人，为了北京冬奥会顽强拼搏。大年初五是"相约北京"冬季体育系列测试赛，他们一刻也不能停，与运动员一起并肩作战。他们来自不同的国度，却因为奥运而相聚，携手奉献，迎接北京冬奥会的到来。

2021年春节，在延庆赛区国家雪车雪橇中心，我见到了8个外国制冰师，分别来自拉脱维亚、俄罗斯、法国和加拿大，每个国家有两个人。他们很年轻，充满朝气，当我给他们拍照时，一个制冰师把腿跷起来抱着另一个制冰师，做出滑稽的动作，显得活泼俏皮。在这群制冰师中，有一对来自拉脱维亚的兄弟，哥哥叫马丁斯·绍赛斯，弟弟叫奥斯卡斯·绍赛斯。哥儿俩长得很像，但是哥哥的身高比弟弟高一头。马丁斯是一个美男子，一双锐利的眼睛显得机敏睿智，鼻梁高挺，嘴唇很薄，络腮胡子，栗色的头发在后脑勺上扎成一个发髻，用棒球帽套住，比实际年龄显得老成。

马丁斯高中毕业后考取大学，学经济专业。东北欧国家气候寒冷，冬季运动普及，他酷爱冰雪运动，大学期间曾到冰场勤工俭学。他特别喜欢雪车，觉得那是战车，滑行起来时速130多公里，呜呜的叫声震耳欲聋，很刺激，于是就在雪车赛道跟着师傅学习制冰。

热爱是最好的老师，他很快就上手了，每天制冰、刮冰、修冰，从20岁开始一干就是12年。由于他制冰技术好，被邀请到拉脱维亚、加拿大、俄罗斯、奥地利、韩国制冰，名气也随之越来越大。制冰的一技之长使他有机会去了世界很多国家，亚洲、欧洲、北美他都去过，眼界也变得开阔了。

中国成功申办冬奥会后，冰雪运动蒸蒸日上，有关方面向马丁斯抛出了橄榄枝。2019年8月23日，他应邀来到中国陕西，觉得天气好热啊！他喜欢西安的文化底蕴，多么古老的城市，十几个朝代在那里建都，有大雁塔、小雁塔、钟楼、碑林、半坡遗址、兵马俑、华清池、骊山、大唐芙蓉园。中国不仅风景美，而且饮食香、人友好，他在西安的冰场制冰，在炎热的夏天给古城的人们带来清凉的欢乐。

2020年1月，他应邀来到北京冬奥会延庆赛区雪车雪橇场馆，精心制冰，一直干了3个多月。4月雪季结束，他回国休假，见到了父亲和母亲，滔滔不绝地向他们讲述在中国的经历。延庆赛区国家雪车雪橇中心是国内首个雪车雪橇场馆，各项工程于2020年全面完工，并通过国际雪橇联合会、国际雪车联合会专家的认证，已经具备办赛条件。这里设有雪车、钢架雪车、雪橇三大竞赛项目，将产生10块冬奥会金牌。

雪车雪橇赛道建好了，运动员到位了，万事俱备只欠东风，最后就需要优秀的制冰师来维护赛道。中国邀请了世界顶尖级的制冰师，有俄罗斯索契冬奥会雪车雪橇竞赛部长卡萨特金·尼古拉、制冰师格奥尔基·弗洛塔尔金，法国制冰师罗曼·扬·查马耶、阿诺德·阿尔宾·法比安·杰卢安，加拿大制冰师马克斯韦尔·托马斯·安德森·麦克阿瑟、托马斯·詹姆斯·林福德，拉脱维亚制冰师马丁斯·绍赛斯、奥斯卡斯·绍赛斯等人。

2020年8月，马丁斯和弟弟奥斯卡斯再次来到北京延庆小海陀山，马丁斯觉得延庆赛区的雪车雪橇赛道是世界上最大的赛道，技术含量很高，制冰对自己也是挑战。有人说"教会徒弟，饿死师傅"，马丁斯却不这样想，他觉得技术无国界，既然中国盛情邀请我，我就要在这里挑大梁，对得起东道主的信任。他的手很巧，带领中外制冰师一起制冰。修冰刀在他的手中仿佛一把魔刀，所到之处冰变得格外平整。他从冰面结霜厚度、冰面洒水气阀调整、大型进口设备的使用、修冰刀等方面，通过实地操作手把手毫无保留地对徒弟进行传帮带。

马丁斯对赛道了如指掌，力求不断造出理想的冰型，冰制得好，滑行者才能节约时间。

我问道："马丁斯先生，360度回旋弯难修吗？"

他眨眨眼睛，一本正经地告诉我："360度弯不是最难的，我担心的是第14弯至第15弯，是赛道的最低点，有4段上坡路，经常有人在这里翻车，只有制冰理想、修冰平整才能保证运动员的安全。"

雪车和钢架雪车有刹车，而雪橇是没有刹车的，结束区赛道就需要用上坡控制速度，运动员滑行一轮，雪车雪橇的冰刀会在冰面上造成划痕，制冰师必须用修冰刀及时修冰。欧洲人双休日是必须休息的，圣诞节更是隆重的节日，拉脱维亚人的新年、情人节、耶稣受难日、复活节、劳动节、母亲

作者采访拉脱维亚制冰师马丁斯·绍塞斯

节、圣灵降临节、仲夏节、父亲节、万圣节等都是法定的节日，他多么期待阖家团聚啊。可是为了保证北京冬奥会备战，从2020年8月至今，马丁斯一直奋战在延庆赛区，圣诞节、元旦新年和中国的春节，他都坚守在工作岗位，履行着自己的职责，没有与家人团聚。

2021年2月16日是中国的大年初五，俗称"破五"，也是中国老百姓吃饺子、迎财神的日子，"相约北京"冬季体育系列测试活动2020—2021赛季全国雪橇邀请赛在延庆赛区举行，这是北京冬奥会的热身赛、模拟赛。我看到马丁斯和他的团队正在一丝不苟地工作，他们没有节假日，没有休息，仍然奋战在一线，与运动员并肩作战。他们来自不同的国度，拥有不同的技能，从不同的角度观察世界，他们有着不同的背景，却因为奥运这个相同的目标聚集在一起。

在拉脱维亚，拉脱维亚语是官方语言，通用俄语。拉脱维亚语属于斯拉夫语系。马丁斯会讲一口流利的英语，只要一谈起雪车雪橇赛道，他的眼睛就直放光。他告诉我："奥林匹克是一个大家庭，奥林匹克的意义就是世界各国人民友好相处。我爱制冰，我要竭尽全力帮助中国制造最好的冰面，让运动员在延庆赛区创造好成绩！"

雪车雪橇赛道是一个开放空间，冬天冻冰后可以训练，春夏秋季冰化了就不能训练。为了抓紧备战，建设者在赛道旁建设了一个冰屋，冰屋是全封闭的，像冰箱一样冷，一年365天，运动员都可以在这里训练出发。墙上挂着这样的标语："进一步提升我国竞技体育的综合实力。"

运动员训练十分艰苦，雪车雪橇又是高危运动，由于速度太快，训练时摔倒撞伤的事情时有发生，温哥华冬奥会期间就有一位格鲁吉亚运动员在比赛中由于车速太快不幸撞击身亡。雪车雪橇运动不是中国队的强项，但是运动员熟悉场地非常重要，每条雪车雪橇赛道的设计都是不同的，延庆国家雪车雪橇中心是按照德国国王湖雪车雪橇赛道的图纸建造的。在延庆国家雪车雪橇中心的训练中，有的运动员在训练中撞骨折了，有的身上撞破了，缝了几十针仍然不下火线。你天天在这里训练，自然熟悉赛道，看到雪车雪橇运动员春节不休息在训练，所有的节假日、双休日都在坚守，把别人喝咖啡、打麻将的时间都用来训练，我想他们一定能出成绩，所以我预测我国的雪车雪橇项目一定会夺得奖牌。果然北京冬奥会男子钢架雪车比赛，中国选手闫文港获得铜牌，创造了历史。

世界是一个地球村，中国人应该有文化自信，以博大的胸怀去拥抱这个世界，要主动与世界对话，让世界了解中国，让中国融入世界。

马来西亚拿督的冬奥情缘

2022年1月28日，马来西亚政府致函中国政府，对北京举办冬奥会表示热烈祝贺，公函提及两位马来西亚华人企业家林国泰、林致华兄弟对北京冬奥会的贡献。

马来西亚华人华侨对祖籍国的挚爱和支持有着悠久的传统。从辛亥革命之前孙中山从事革命活动的筹款到中国的抗战军费筹措。在抗日战争最艰苦的时期，马来西亚华人华侨纷纷捐款。在1939年到1942年的三年中，马来西亚华人华侨组织了3200名卡车驾驶员和维修技工志愿者队伍回到祖国，带着1.5万辆卡车，运送了50多万吨军用物资，有力地支援了中国抗日战争，其中1000多名华人华侨志愿者牺牲在火线上。林国泰、林致华两兄弟秉承了父辈们这些传统，为冬奥会申办、筹办和举办作出了贡献。

2015年7月31日，在马来西亚首都吉隆坡，国际奥委会主席托马斯·巴赫举起双手向世界郑重宣布：2022年冬季奥运会的主办城市是北京，北京联合张家口获得2022年冬奥会主办权。

掌声如奔涌的潮水一浪高过一浪，有谁知道在热烈的掌声背后有多少人为这个结果而付出了艰辛的努力。

时光倒回到2009年9月，国际奥委会挪威籍荣誉委员杰哈德·海博格考察了正在河北省张家口市崇礼建设的密苑云顶滑雪乐园，决定和马来西亚卓越集团主席林致华拿督一起向中国政府建议，由中国政府向国际奥委会申请2022年冬季奥运会主办权。

当年中国申办2022年冬奥会强有力的竞争对手是哈萨克斯坦的阿拉木图，阿拉木图不仅有良好的雪场，而且已经连续申办了三届，评委容易打同情牌投他们的票。在中国政府和海外华侨华人的共同努力下，北京如愿以偿。

中国办奥运，从申办、筹办到举办，每个环节都洒下了爱国华侨的心血和汗水。2008年北京奥运会，华侨们捐款在北京建造了"水立方"；2022年北京冬奥会，华侨们再次捐款在张家口崇礼建造了华侨冰雪博物馆。血浓于水，我们永远不会忘记爱国华侨为中国两个奥运所奉献的一片冰心。

两个"大马"是冥冥中的缘分

1997年1月，林致华来到中国崇礼看塞北滑雪场，雪场虽然简陋，但是雪质好，他佩服雪场开发者的勇气和进取精神。当时，农民住在太子村，一道沟、二道沟、三道沟、四道沟、五道沟一带没有电，农民到这里种圆白菜。林致华突然发现这里的山叫大马群山，马来西亚的别称叫作大马，这是冥冥中的缘分啊！

热爱滑雪的人都有一种共同的境界，喜欢挑战，喜欢户外运动，喜欢大自然。林致华在万龙滑雪场滑得很惬意，萌发了在张家口崇礼的山区中投资建滑雪度假区子承父业的念头。他说："崇礼是一个贫穷的地方，有冬奥会我来干，没有冬奥会我仍然要干好。"

崇礼原名西湾子，是"张库古商大道"的必经之地，这里有草原天路和优质的滑雪场。

林致华敏锐地发现崇礼具有发展冰雪运动的6个优势条件：第一，冬季降雪早、存雪期长，10月初就开始降雪，存雪期长达150天；第二，积雪厚，降水量大，全域降水量465.2毫米，积雪深度一米以上；第三，温度、风速适宜；第四，山形地貌丰富，境内80%为山地，海拔从814米延伸到2174米；第五,生态环境良好,森林覆盖率67%,赛事核心区周边高达81.5%;第六,空气质量优良,环境空气质量综合指数为2.59左右,PM2.5每立方米19微克。

崇礼虽然贫穷,植被却很茂盛。从一道沟到五道沟像一个阶梯逐步上升,一道沟在最外面,五道沟在最里面。他走进五道沟山谷之后,顿时觉得这是一个很隐秘的地方,进入山谷的入口很小,经过入口之后,里面却很大,并有一番美景。茂密的森林郁郁葱葱,绿色的草坪分外养眼,空气格外清新,宛如走进了瑞士。

把密苑做成北京的后花园

2007年刚来崇礼时连路都没有,到处都是荒地,山路十分颠簸。几辆越野吉普车开进来,林致华拿着对讲机叮嘱大家:"前面有沟,注意。"

大家捏了一把汗:咱们在这么落后的地方怎么能搞国际滑雪场,还要搞成中国的达沃斯,这个马来西亚拿督是不是异想天开?

张家口市的领导关切地问道:"林先生,你们在崇礼建滑雪场有什么要求?"

林致华说:"第一,张家口要有飞机场;第二,北京到崇礼的高速公路上要给我们密苑云顶滑雪场留个口子;第三,要保证水源。"

张家口市的领导果断地说:"可以把张家口的军用机场改为民用和军用两用机场。京礼高速公路给崇礼留出口,附近有个云都水库,可以给你们云顶滑雪场供水。"

密苑云顶滑雪场地处太行山和燕山交会的大马群山之中,这里年平均气温只有3.3摄氏度,夏天22摄氏度~25摄氏度左右,积雪时间长达150天。得天独厚的地理优势为密苑云顶乐园冰雪娱乐项目创造了绝佳条件。这里设有单板、双板娱乐区,高、中、低级雪道,还有儿童雪道,可以满足不同滑雪者的需求,是中国极佳的赏雪、玩雪、娱雪的旅游胜地。

把国际奥委会官员请到崇礼

2008年北京奥运会，国际奥委会官员海博格曾经帮助过中国，因为与北京奥运会结缘，海博格成了中国的常客。他出生于挪威首都奥斯陆，1963年毕业于美国加利福尼亚州立大学工商管理学院，获工商管理硕士，精通四国语言。

海博格曾经担任1994年挪威利勒哈默尔冬奥会组委会主席，国际奥委会执委，挪威奥委会主席，1998年日本长野冬奥会、2002年美国盐湖城冬奥会、2006年意大利都灵冬奥会协调委员会成员，国际奥委会执行委员，国际奥委会市场开发委员会主席。2018年正式退休，现在是国际奥委会名誉委员。

北京奥运会举办后秋高气爽，林致华邀请海博格来崇礼考察，领略崇礼的大好河山。海博格到处游说："我去了中国一个叫崇礼的地方，这里的雪好，中国有成功申办冬奥会的可能性。如果申办冬奥会成功，可以把雪上项目放在崇礼，把冰上项目放在北京。"

从1997年到2007年，林致华盯崇礼的小气候有10年了，这里的雪太好了，得天独厚，是天然的滑雪良场。他滔滔不绝地向海博格讲述崇礼冰雪的美。看到林致华热情地陪同海博格走访，河北省的领导诧异地问他："你拉个老外来，跟我们河北有什么关系？"

林致华一本正经地说："海博格可不是一般的外国人，他是国际奥委会执委。"

林致华在国际上广交朋友，开始酝酿动议协助中国政府申办冬奥会。他是因为爱才到崇礼建雪场，他与国际友人沟通、协调、争取、推广，为中国政府申办2022年北京冬奥会摇旗呐喊。

2013年11月3日，中央电视台《新闻联播》晚7点钟播报中国准备申办冬奥，刚巧林致华从吉隆坡去香港，崇礼密苑云顶乐园首席执行官兼总裁肖焕伟看到电视后，怀抱一束鲜花去机场接林致华，并告诉他这个喜讯："林先生，恭喜你，我们的努力成功了！"

林致华高兴地接过鲜花，脸上露出了喜悦的笑容。他感慨地说："我选择崇礼是考虑到此地靠近北京，既然申办冬奥会就一定要成功！"

林致华代表马来西亚卓越集团与河北省政府在香港特别行政区的招商会上签约。张家口常务副市长来了，就在建设雪场的燃爆点奠基，没有路、没有水，密苑云顶的建设者就迎难而上。

2008年10月，密苑云顶乐园在崇礼奠基，林致华的朋友科威特公主前来参加了奠基剪彩，沙漠国家的人也有滑雪的爱好。科威特气候炎热，夏季气温曾经达到73摄氏度，科威特公主自然非常喜欢崇礼五道沟这个凉爽的天然氧吧。

北京为了冬奥会修建了高架桥、京礼高速、京张高铁。奥运场馆赛后再利用很难，而崇礼云顶滑雪场很多雪道老百姓都能玩，春夏秋也有滑草、热气球、徒步、山地自行车、天文知识普及观星、儿童夏令营、卡丁车、UTV/ATV穿越、滑板、国学讲堂、健康管理和养生、山地植物知识普及和花草标本制作、音乐节、电音节、马拉松、蔚县非遗打树花表演，以及各类会议接待，北京冬奥会后仍然能够吸引大量的游客和滑雪爱好者。

林致华是中国在吉隆坡三百人的申办冬奥会代表团成员。在北京申冬奥成功庆祝晚宴上，担任马来西亚卓越集团主席、密苑云顶乐园创始人兼董事局主席林致华拿督和马来西亚云顶集团主席丹斯里林国泰与时任国务院副总理刘延东合影留念。

北京冬奥会对京津冀一体化及张家口地区的经济发展起到巨大的推动作用，带来了几万亿元的资产投入。

在吉隆坡，林致华答记者问时讲，中国代表团为什么要申办冬奥会，他是第一家在张家口崇礼区投资冰雪产业的国际企业，他真心希望中国能够成功举办冬奥会，促进冰雪产业的发展。

给崇礼带来机器的轰鸣

作为2022年北京冬奥会的比赛场地之一，张家口崇礼区为我国冰雪产业的发展做出了极大的贡献。从热爱到不舍，爱国华侨林致华给崇礼带来机器的轰鸣，改变了崇礼人的命运，改变了周边乡镇的经济，推动了冰雪产业的发展。

世界上有多少绝美的风景，林致华就有多少探索的心，然而探索之初的道路是艰苦曲折的，甚至是枯燥乏味的。他是个求真务实的人，投入大量资金一分一分开发。探索开发的路既具有挑战性，又富有魅力，当林致华脚踏实地在崇礼奋战了十几年之后，崇礼回报给他的不再是荒山野岭，而是一大片洁白的雪场和绿色的"翡翠"。

林致华先在四道沟建了云顶世界酒店，有32个房间；后来又开发了云顶大酒店，仿照美国Vall滑雪小镇一栋酒店的模样建造，有行政套房、单人间、

建设中的崇礼华侨冰雪博物馆

双人间等不同规格的房间可以接待游客；最后又在一道沟建造了太舞滑雪小镇。密苑现有3432个房间，5760个床位接待游客。

从一道沟到五道沟是大密苑，一道沟区域是体育公园和规划馆，二道沟区域是太舞滑雪小镇，三道沟区域是云顶大酒店，四道沟区域是云顶世界酒店、丽苑公寓（俗称八匹马）、国家滑雪公园里的6个冬奥竞赛场地，五道沟区域是别墅和康养项目。

漫松园的畅谈

我应邀来到五道沟林致华的住处，发现门口的石头上刻有"漫松园"三个字，环顾四周，满山松树，绿草环绕，林先生告诉我"密苑"和"漫松园"的名字是他起的，我感到他很有文人情怀和浪漫雅兴。他的家布置得很雅致，车库的墙上挂着滑雪板、高尔夫球杆和山地自行车，一眼看出是一个正宗的户外运动爱好者；他把崇礼的各种野花做成标本压在玻璃板下，展示着一个植物学家的爱好；墙上挂着一幅画，是北京三不老胡同至德胜门西大街的图案，白底红花，旁边是绿色的竹子，体现了一个建筑学家的品位。

我推开落地门走到平台，面前是一个绝妙的高尔夫球场，草的质量很好，一尘不染，空气中飘散着青草的芬芳。望着眼前绿草如茵、鲜花盛开的景色，我赞叹道："这里真像瑞士和奥地利的小镇。"

林致华高兴地说："是的，我几十年的付出都值了！"

他送给我一本关于崇礼野花的书，看得出他对崇礼的爱既有滑雪胜地，也有草原天路，还有山上的烂漫野花，更有2022年北京冬奥会，他是一个充满了生活情趣的人。探寻他的精神世界，我明白了他为什么能够在24年前一眼就相中了一贫如洗的崇礼，这里的自然环境、文化底蕴、悠久历史、淳朴民风、东西方文化的荟萃深深地吸引了他，他的慧眼识珠源于丰厚的知识、广阔的视野和精明的商业头脑。

他始终坚持做良心滑雪场，器械、设备都要最好的。在崇礼投资滑雪场是赔钱的，他已经投了93亿元，用的都是最好的品牌。密苑云顶滑雪场里有一台奥地利生产的红色多贝玛丽牌缆车,这样的一台缆车需要花1.2亿元人民币,而他购买了不同规格的5台。德国专家来了后赞叹:"密苑云顶乐园的硬件条件比德国好,来滑雪的中国人穿得好。"

作者在竣工的张家口赛区"雪如意"前采访

面对国际奥委会考评团的精彩回答

2015年3月，国际奥委会18个人来崇礼密苑云顶乐园考评比较顺利，在山下酒店吃早餐时，有人问："为什么业主不上来？"

林致华和肖焕伟闻讯立刻就上了金花阁。有一个委员问道："密苑云顶乐园跟政府有默契吗？是为了申办冬奥会才建设的吗？为什么专门让我们来看云顶滑雪场？"

陪同考评团的北京奥申委副主席杨树安说："正好业主在这里，我们听业主回答这个问题吧。"

林致华没有一点思想准备，事先没有人让他发言，陪同考评团的其他领导都有些紧张，有人从背靠座椅到起身端坐，目不转睛地盯着他。林致华坦然地用英语回答："我是个马来西亚人，热带地区的人，我喜欢滑雪。之所以到崇礼投资建滑雪场，是因为中国的经济发展了，我从1997年1月就多次来这里考察雪况，发现这里雪很好。我们家族是投资经营主题公园的，所以就想在这里做个主题公园，做一个滑雪度假区，密苑云顶乐园就是滑雪旅游度假区和主题公园。到2007年，我听说政府要在这里开通北京到崇礼的高速公路了，就决定在这里投资。中国的市场在高速发展，谁都知道人均GDP超过一定的量以后，滑雪运动就会有很大的发展。更重要的是这里靠近北京，北京是中国最大的消费市场。至于政府申办冬奥会，如果能申办成功，那对我们滑雪度假区的发展将有很大的推动作用，我很幸运；但是如果没能如愿，我也会继续按照原计划投资建设好这个滑雪度假区，这和申办冬奥会没有关系。"

他的回答十分清晰，在座的国际奥委会官员都听懂了，他赢得了18位考评委员的热烈掌声。在场陪同的中方领导听完林致华的回答后，放松地将身体又靠在椅背上。

伦敦政治经济学院创立于1895年，是英国久负盛名的世界顶尖公立研究型大学，为伦敦大学联盟成员和罗素大学集团成员，被誉为英国G5超级精英大学。教学和科研集中在社会、政治、经济学领域，著名社会学家费孝通就是这所大学的博士。林致华毕业于伦敦政治经济学院，具有深厚的造诣。他的回答既不是说教，又不是空喊口号，而是合情合理。我觉得林致华绝不是一个单纯的商人，他很有政治头脑，有外交家的智慧，也有文人的情怀。

相关领导都觉得林致华的话很有水平。考评团团长是俄罗斯副总理，他主动与林致华交流，说不办北京冬奥会，崇礼就显得没有生气。

这一刻，林致华明白，自己多年的心血付出终于得到了认可。他的密苑云顶项目总规划46.88平方公里，总投资超过180亿元。云顶滑雪场规划共开发了88条、总长度70公里的滑雪道，配备22条总长度约30公里的缆车。现已开放41条适合不同滑雪者的专业雪道，建有5条全进口高速索道，缆车配备电加热座椅及防风罩，成为中国顶级山地度假胜地、世界级雪上乐园。

林致华对我说："密苑云顶滑雪场虽不是世界最好的滑雪场，却是最舒服、服务最到位的滑雪场，游客一到，从买雪票、订餐厅、帮助滑雪客穿鞋、抬滑雪板、教滑雪、录像都是一条龙服务。加拿大的惠斯勒滑雪场服务很好，就是餐馆缺少中餐，而云顶金花阁上的兰州拉面特别好吃，又很便宜。"国际奥委会主席巴赫来崇礼看雪场，要去太子城村，村民们向他热情地招手。办冬奥会一是要有效，二是要充分利用奥运遗产，从夏奥会到冬奥会，奥运场馆完全可以再利用，改造利用并不难。

云顶的夏天格外富有魅力，热气球、缆车餐厅、徒步越野、山地自行车、夜晚观星……丰富多彩，引人入胜。包括冬季滑雪度假、春夏秋季的高尔夫和户外运动以及四季皆宜的中医养生馆、高科技种植和酿酒等众多项目，配套建设五星级标准山顶酒店和乡村酒店式俱乐部等服务设施。凭借区域内优越的山地、林地、雪地和气候资源，利用位于京畿西北的便利地缘，整体项目建成后，成为集冰雪度假、消夏避暑、休闲养生、生态观光于一体且功能齐备的生态旅游休闲度假区，年可接待游客180万人次以上。密苑云顶乐园的落成，让多年来隐秘于深山中的崇礼一跃成为全国乃至全球游客的焦点，更是带动了整个张家口地区旅游度假市场的深层次发展。

精彩绝伦的冰雪盛宴

在北京冬奥会期间，崇礼云顶滑雪公园共产生自由式滑雪和单板滑雪项目20枚金牌，这是张家口赛区的一大亮点。其中U型场地、障碍追逐、障碍技巧、平行大回转的4条雪道是利用现有雪道进行改造，雪上技巧和空中技巧2条赛道是在新的坡道上建成。测试赛高度拟真冬奥会，运动员和国际雪联对云顶滑雪公园给予高度评价，在进入冬奥会开幕前的冲刺阶段，6条赛道的场地造雪和塑形是首先要完成的两大重点，所有的造雪工程12月下旬完成，国外塑形师12月下旬和1月上旬到达，对赛道进行塑形。

此刻，隆隆作响的造雪机在24小时不停地工作着，塑形车辆在U型场地塑形。这里是中国雪上优势项目的大本营、中国健儿的大秀场，大家熟悉的刘佳宇、徐梦桃、谷爱凌、蔡雪桐、张可欣等运动员都在这里亮相，向金牌发起冲击。自2006年都灵冬奥会之后，中国选手还没有在冬奥会雪上项目的比赛上夺取过金牌，我期盼北京冬奥会中国选手能够有所突破，憧憬着这里呈现出精彩绝伦的冰雪盛宴。

云顶滑雪公园是自由式滑雪和单板滑雪项目所在地，有U型场地技巧、坡面障碍技巧、障碍追逐、平行大回转、空中技巧、雪上技巧6条赛道，坡面障碍技巧场地被制作成"雪长城"，颇有新意，这里共产生20枚金牌，场地海拔最高达2042米。中国运动员的强项集中在云顶滑雪公园，北京冬奥会期间，中国运动员在张家口赛区创造了雪上项目3金3银的佳绩，全部是在云顶滑雪公园创造的，云顶滑雪公园是中国运动员的福地。

挪威人的脚下长着滑雪板

世界冰雪运动强国在欧洲和北美，指的是挪威、瑞典、芬兰、奥地利、德国、瑞士、俄罗斯、加拿大、美国。他们的优势项目是滑雪、冰壶、冬季两项、冰球、高山滑雪、北欧两项、雪车雪橇、花样滑冰、速度滑冰、短道速滑等。

北京冬奥会期间，挪威队以16枚金牌、8枚银牌、13枚铜牌的好成绩荣膺奖牌榜榜首。首个比赛日，挪威运动员约海于格就以44分13秒的成绩摘取越野滑雪女子15公里双追逐决赛首枚金牌。挪威的人口只有500多万，但是爱好冰雪运动的人数却遥遥领先。挪威人开玩笑说："我们是生长在滑雪板上的国家，我们是带着滑雪板出生的。"

越野滑雪和冬季两项在挪威颇受欢迎，国内有1万多家滑雪俱乐部。他们想在越野滑雪、跳台滑雪和北欧两项上一定要保持绝对优势。挪威队在北京冬奥会上夺取了37枚奖牌，高居金牌榜首是实力的证明。就在我采访挪威的当年，挪威儿童参加冬季运动的比例为93%，挪威的冰雪运动从娃娃抓起，全民热爱冰雪运动，这就是他们冰雪运动强盛的原因。

美国单板之王肖恩·怀特的故事

美国单板之王肖恩·怀特于1986年出生，属虎。他的单板滑雪动作编排富有创造性，20岁时在都灵冬奥会首次获得冬奥会金牌。他连续三届获冬奥会单板U型池滑雪冠军，是获奖牌最多的冠军。2022年北京冬奥会，他以36岁的年龄开启了自己的第五次冬奥之旅，妥妥的五朝元老。在过去的一年，他努力克服伤病和新冠疫情的影响，最终获得北京冬奥会入场券，成为美国冬奥代表团史上年龄最大的U型场地滑雪选手。

来中国之前，他受到西方污蔑中国的影响，对中国存在偏见。在北京冬奥会期间，他受到热情接待，感受到中国人真诚友好，服务周到，赛道完美。他是大龄选手，说自己最后一次参赛搏一下，希望能拿奖。他的主要对手是日本的平野步梦，平野步梦只有24岁，也属虎，他孩提时代崇拜的偶像就是肖恩·怀特。远在美国的肖恩·怀特激励平野步梦在富士山下不断挑战自我，追求极限。北京冬奥会，两只老虎在张家口云顶滑雪公园相遇，展开了精彩对决。平野步梦发挥出色，在决赛中完成了超高难度的动作，战胜了自己童年时的偶像，荣登冠军宝座。肖恩·怀特看到对手的精彩跳跃，也竭尽全力上难度动作，毕竟是年龄大一轮的老虎，体力不及年轻老虎，当肖恩·怀特最后一跳时摔落池壁，失利后，山谷里上千名观众向他报以鼓励的掌声。他获得第四名，掌声却经久不息，一直到他离开赛场，中国观众舍不得这位正式告别冬奥会舞台的老将。他非常感动，一路抹着眼泪离开赛场。赛场上的失利赢得的不是嘘声，而是中国观众热心的鼓励和安慰。

日本自由式滑雪U型池运动员平野步梦拿到单板U型池冬奥会冠军。他是亚洲首枚单板滑雪冬奥金牌的获得者，在最后一跳实现对对手的反超，在张家口云顶滑雪公园圆梦。比赛结束，肖恩·怀特走向平野步梦，对他夺冠表示热烈的祝贺。平野步梦的脸笑得格外灿烂，他真诚地说："肖恩·怀特永远是我不断挑战的最大动力。"

说来也怪，肖恩·怀特和平野步梦不但在运动项目上酷爱的都是单板滑雪U型池，连吃饭的口味也有相似之处，都喜欢吃虾球和麻婆豆腐。肖恩·怀特住在崇礼的云顶大酒店，酒店青龙餐厅每天做麻婆豆腐和虾球，他还发视频展示在中国吃的一桌子的美食并称赞道："糖醋里脊、宫保虾球、宫保鸡丁、麻婆豆腐、担担面……真是太棒了！"云顶大酒店青龙餐厅的菜在运动员中声誉很好。

平野步梦也被口感香甜、鲜香脆嫩的宫保虾球所征服，特别喜欢吃云顶大酒店的宫保虾球和麻婆豆腐。临走时，他向中国厨师要了这两道菜的菜谱和配料，带回日本让家人做给他吃。

两只老虎在云顶滑雪公园展现了世界男子单板滑雪U型池的最高水平，小老虎平野步梦因为有了大老虎肖恩·怀特的标杆才立下目标，不断超越自我；大老虎肖恩·怀特因为有了小老虎平野步梦的成长才摩拳擦掌宝刀不老，强者喜欢对手像龙，弱者喜欢对手像熊，这两只老虎互相欣赏、互相激励、互相竞争，推动了世界男子自由式滑雪U型池运动水平的提高。他们在洁白冰雪前的握手和拥抱诠释了奥林匹克的含义。

友谊才是奥林匹克真正的意义，体育带给人的勇气和欢乐是独特的。北京冬奥会结束，肖恩·怀特看到云顶有一所滑雪培训学校，主动与云顶滑雪公园管理人员联系说："我爱中国，看好这所滑雪学校，我退役后每年都要来中国，帮助你们培训单板滑雪教练员和运动员。"

回国后他积极与云顶集团沟通，决定与崇礼云顶滑雪公园共同办滑雪培训学校，合适的时机签署合作协议。

  云顶滑雪公园在申办北京冬奥会成功后和全世界做过冬奥会的滑雪场逐个建立"姐妹雪场"关系，目前已经与美国、澳大利亚、瑞士、日本、法国、意大利等国的7家雪场建立了合作关系。其中有美国的斯阔谷滑雪场，斯阔谷是美国加利福尼亚州内华达山脉间的一块盆地，是美国著名冬季运动中心之一，体育设施完善，有一个可以容纳1.1万名观众的冰场。曾经举办过1960年斯阔谷冬奥会。北京冬奥会后，云顶滑雪公园命名了一条斯阔谷滑道，斯阔谷滑雪场也命名了一条中国云顶滑道。建立"姐妹雪场"后，双方持有雪季卡可以免费进入雪场。北京冬奥会参赛的各国滑雪运动员大多都在美国斯阔谷滑雪场训练过，他们看到崇礼有斯阔谷滑道感到非常惊讶。

云顶滑雪公园

第五章
CHAPTER 05

奥运精神兴国运

作者与四川抗震救灾英雄少年在北京

作者陪同四川抗震救灾英雄少年参观"鸟巢"

作者在什邡红白镇的大山里找到失学儿童郑小鹏

作者2009年春节与奥运冠军一起赴汶川灾区慰问

作者采访北京厨师免费为汶川灾民做饭

作者在汶川灾区

在彭州营救地震婴儿

彭州龙门山镇九峰村与汶川县只有一山之隔，地震发生时巨大的板块冲撞形成山的突起，山体埋没了家园，村庄顷刻间化为乌有。路断了、桥断了、水断了、电断了、通信断了，堰塞湖横空出世，九峰村音信全无，银厂沟变成孤岛。

得知住在深山里的九峰村七组谢家店子的灾民断水断菜，每天只能喝粥度日，有个地震婴儿没奶吃时，（原）成都军区149师通讯营的几名退伍老兵决定冒险进山，给灾民送去温暖。这些老兵有的是公司老板，有的是著名律师，有的是公务员，有的是工程师，有的是工人，其中公司老总刘锋和著名律师吴皓专程自费从北京赶来灾区救灾。

人与人之间是有磁场的，你是什么样的人，就会碰到什么样的朋友。我到汶川是为了写报告文学，走到哪里都背着照相机，突然有一天我的照相机出了故障，便打电话向我的中学同学刘锋请教。他问我在哪里，我说在绵竹，他说他也在那里，我和他在北京都不常见面，却在汶川抗震救灾中不期而遇。他曾经在（原）成都军区149师当兵，说起彭州银厂沟灾区的事情，我们相约与他的战友一起去救助地震婴儿。

2008年6月3日一大早，我跟随刘锋等人从成都向九峰村赶去。灾民于迎春是一位产妇,地震缺衣少食使她营养不良。她的奶水很少,刚出世的婴儿饿得哇哇大哭。

老兵们自费从成都买了下奶的鲫鱼、鲜猪肉、腊肉、花生油、香油、猪油、郫县豆瓣、矿泉水、牛奶、花生奶、莲花白、豇豆、西红柿、黄瓜、冬瓜、南瓜、萝卜、茄子、莴笋、雪碧、可乐、手电筒、蚊香、驱蚊水、糖果、衣服、水枪、游戏机、桃子、西瓜、苹果、药品、碘酒、棉签等物品,把两辆汽车的后备厢塞得满满当当。

到了蔬菜批发市场,我觉得买菜是自己的强项,自告奋勇跑下车向摊位跑去。刘婷婷说:"你别买,你不会说四川话,肯定吃亏。"

我用四川话问小贩:"好多钱一斤噻?"

小贩说20元钱卖给你四颗莲花白,我急赤白脸地说:"太贵了,多给点儿。"

小贩看了我一眼,心疼地说:"那你再拿两颗吧。"

我说:"两颗哪够?我们是给灾民送去。要不我加点钱,你多给点儿。"话音刚落,小贩说:"给灾民送?我这车上的菜你随便拿,能拿多少拿多少!"听了这话,我反而多给他付了钱。

两辆汽车的后备厢已经饱和了,我们驱车向龙门山镇驶去。

中途我们风卷残云般填饱了肚子后,继续驱车向九峰村七组谢家店子赶去。走了一段,突然看到路边有一个红色的横幅,上面写着:"北京美食联盟支援灾区饮食点"的字样。我走下汽车,向援助点走去。只见灾民们拿着铝制脸盆排队在打饭。厨师问道:"几个人的?"

一位灾民说:"三个人。"

厨师就用勺子往她的脸盆里舀了三大勺肉片炒西葫芦和黄瓜,米饭随便盛。地上支着几口大铁锅,厨师们用铁锹那么大的铁铲在炒菜。天气热得出奇,每个厨师都是汗流浃背。尽管如此,厨师们工作服、厨师帽、口罩戴得严严实实,十分规范。

红色的横幅上写着全聚德、便宜坊、鲍鱼王子、无名居、梅州东坡餐饮集团、九头鹰、大鸭梨集团、三只耳餐饮、田源鸡、友仁居、李老爹、花家怡园、蜀国演义的字样。这群厨师的领头人姓林，是花家怡园的厨师。他告诉我：自从汶川发生特大地震后，北京十多家餐饮集团的老总决定集体派人奔赴灾区救援。救灾人员必须具备厨师资格，年富力强。他们已经来了两批了，每天给灾民免费提供午餐和晚餐。中午12点开饭，晚上6点半开饭。光米饭一天就要蒸几千斤。连洗菜洗米的人都是正规厨师。他问我："大姐，您从哪儿来？"

我诚恳地说："我从北京来，我们这里还有几个人也从北京来。"

他惊喜地叫道："北京？我们也都是从北京来的！"

一种他乡遇故知的感觉袭上我的心头。我问道："你们都在哪里有点儿，一直待下去吗？"

他说："彭州一个点儿，都江堰一个点儿。我们有可能调防，因为咱北京的任务是对口支援什邡，我们可能要调到那里。"

我好奇地问道："你们住在哪里？"

他指着旁边的帐篷说："就住在帐篷里。"

我关切地问道："今天32摄氏度，这么热的天能睡觉吗？"

旁边的几十个厨师异口同声地说："别说睡觉，白天连进都进不去，热得像蒸笼。"

我心疼地问道："你们能洗澡吗？"

他们说："只能用脸盆里的水擦擦身子。"

我穷追不舍地问道："蚊子叮咬怎么办？"

他们说："只能忍着，帐篷里点蚊香怕着火。"

厨师们问我："大姐，您要到哪里去？"

我爽快地说："进山，深山里的灾民没有这里的灾民幸运，路断了，他们没有肉和菜吃，嘴上都起疱了。山上还有一个婴儿，没奶吃都快饿死了。"

厨师们立刻说："我们这里有鸡蛋，您给他们带去吧。"

一个小伙子拿出一沓淡绿色的宝宝装递给刘婷婷说："这是北京人捐来的，你们给孩子带去吧。"

我们千恩万谢地告别了厨师们，马不停蹄地向深山进发。银厂沟到了，这是怎样的一幅场景啊！美丽的大山疮痍满目，到处是残垣断壁，到处是乱石废墟。昔日苍翠欲滴的青山仿佛被蛀虫咬得尽是大窟窿，这里原来森林覆盖率为93%，现在滑坡造成大面积坍塌，青山变成了斑秃山，令人惨不忍睹。当我们快走到九峰村时，突然看到了山体滑坡。

汽车在弯弯曲曲的山路上颠簸着，路面裂开了大口子，有的地方一半的路都坍塌了，只能够一辆车前进。中午时分，我们终于来到了谢家店子。大家开始卸货了。地震把房子震倒了，从汽车到空地要上一个土坡，土被震松了，踩上去直打趔趄。我说："咱们站好队传吧，这样就不用来回上坡了。"

作者在汶川救助的地震婴儿

当兵出身的人最会排队，大伙儿马上整齐列队开始传递。乡亲们接过食品和衣物，忍不住热泪盈眶。于迎春抱着婴儿向我们走来。

地震从天而降，于迎春还在月子里，在地震的一刹那她机敏地抱着婴儿冲出了家门，儿子小杰熙才捡了一条命。如今新房墙上贴着的大红喜字还在，可房子塌了，家园没了，襁褓中的小杰熙也住进了帐篷。小家伙不懂得帐篷和砖房有什么不同，只要躺在妈妈温暖的怀抱里，在哪里都是甜的。

杰熙是谢家店子的焦点人物，大家都想抱他。我从于迎春的怀里接过了杰熙，于迎春感慨地说："你们带来了牛奶和奶粉，我的孩子有救了。"

郭仁慧把鲫鱼递给于迎春，我说："你赶紧煮鲫鱼汤喝，这东西下奶。"

刘婷婷指着小杰熙屁股蛋上的一块胎记对我说："你看，这块胎记多像一个巴掌，这是送子娘娘拍下来的孩子。"

这4位男子汉都是粗线条的人，可恰恰是他们，此时此刻心却细得像绣花针。谢昊天爱喝可乐是吴皓想起来的，我们到了目的地光顾了去抱菜，而他却马上把可乐递给了孩子，他要在第一时间让孩子感到快乐；蚊香和手电筒是刘锋想起来的，这位成功的企业家这次来四川的目的是为灾区的孩子捐建学校。当我向他谈起学校的豆腐渣工程时，这位文雅的儒商气得一个劲儿地骂娘。吉洛卫和门蜀生家住双流，一大早就爬起来驱车到成都接我们。他们把自己最喜欢吃的腊肉一股脑儿都贡献出来了。从成都双流到彭州九峰村来回将近三百公里，这一趟两辆车光汽油钱就花了400多元。

乡亲们看着菜喜不自胜，我用四川话对乡亲们说："天热得恼火，这些菜别放烂了。你们先捡容易蔫的菜吃，可以用泡椒、盐巴、葱姜和花椒煮成水，把莲花白和豇豆做成泡菜。还可以挖一个坑，像我们北方的菜窖那样储藏菜。没得关系，你们缺啥子就说话！"

大伙儿坐在那里与乡亲们聊天，我和刘锋、门蜀生一道背着照相机在谢龙的陪同下向深山走去，谢昊天像一头小鹿在我们身边来回蹦跳着。

我看了一眼谢昊天，他脖子上挂着一个玉佩，是奶奶留给他的，也许是奶奶的在天之灵保佑了他。刘锋、吴皓紧紧地搂着他，像怀抱着自己的孩子。吴皓有点儿秃顶，我们把吴皓抱着谢昊天的照片从照相机放给小昊天看，他惊讶地喊道："我和北京的秃爷爷在里面。"

我来到谢龙家，看到他住的是白色帐篷，帐篷是双层的，有门窗，底下有隔潮层。在灾区，我发现灾民的住房五花八门，有隔热保温彩钢板做的活动板房，有军队捐助的迷彩军用帐篷，有民政部门捐助的蓝色帐篷，也有国际捐赠的帐篷，还有老百姓用蛇皮彩条布搭建的简陋帐篷。我们向谢昊天赠送了礼物，变着法儿地逗他玩儿，小家伙脸上一扫多日阴霾，拎着两兜沉甸甸的礼物跷着脚开怀大笑，这是久违的开心。刘锋感慨地说："这是最实际的心理干预。"

作者在汶川地震的震中映秀镇

北京市劳动模范向卧龙灾区捐赠药品

汶川之行，我一路上都在收获感动。出发前的那天晚上，女友刘继凤大夫给我送来200盒用秘方配置的脚气药。她说："晶岩，我的一个病人从电视上看到解放军在抗震救灾中由于长期穿胶鞋脚气很严重，非要买我的200盒脚气药捐助灾区。我怕到不了解放军手里，就没给她。这回好了，你帮我把这200盒药带给解放军吧。"

我拎了一下药，死沉死沉。急忙说："我这回下灾区既有行李又有电脑、照相机、录音机，实在拿不了这么多，我给你带100盒吧。"

刘继凤高兴地说："晶岩，带100盒也行。我这回可放心了，你一定会交给解放军的。"

继凤的善良真诚令我感动，我到达四川后做的第一件事就是把这100盒药送到时任武警四川省森林总队总队长张京科大校手里。地震发生的一刹那，他正在卧龙武警部队视察，是当时党政军在卧龙职务最高的首长。当时，有很多外国游客在卧龙看大熊猫，他马上组织部队抢险救灾，安排外国旅客安全转移，保护大熊猫，几天几宿没合眼，累得筋疲力尽。

张总队长感激地说："孙作家，我们的战士在卧龙、汶川抗震救灾，天老下雨，路断了，没有肉和蔬菜，战士们一天只能喝两顿粥。洗不上澡，每天20个小时的救援胶鞋不离脚,你带来的这些脚气药真是太及时了,谢谢你!"

我说:"你别谢我,应该谢刘继凤。她是北京市劳动模范、全国'五一'劳动奖章获得者。曾任北京市、海淀区人大代表,荣获北京市劳动技能勋章。"

在汶川灾区,我看到无数的志愿者在无私地奉献着。在一辆从北京开往成都的列车上,喇叭里突然广播:车上有到灾区当志愿者的军人或退伍军人请注意,请你们马上到某号车厢会集,大家组织起来到灾区去。

几分钟后,这节车厢聚满了正在当兵或曾经当过兵的人。有来自重庆某军校的,有来自北京海军部队的,有来自河南农村的退伍老兵,有来自武警某消防支队的……有正在休假的现役军人放弃休假赶来,有转业复员老兵从家乡赶来,他们带着干粮自费赶赴灾区抗震救灾。一到现场立刻与红十字会及当地政府取得联系。这支由军人组成的志愿者团队是半军事化管理,早晨6点起床,点名后开始工作。从事过医务工作的帮助救助伤员,从事过教师工

作者在汶川采访北京美食联盟支援灾区

作的帮助照看孩子，其他人去帮助搭建帐篷、运送物资、挖掘废墟、运送伤员、分发救灾物资。晚上，男志愿者大多睡在自己带来的帐篷或睡袋里，女志愿者大多集体睡在一个大帐篷里。

在绵竹市汉旺镇，黑龙江省志愿者宋文魁把家里仅有的一台17英寸的液晶台式电脑卖了1700元钱，作为盘缠请假来四川当志愿者。一个毕业于上海戏剧学院叫黎仁卿的女孩儿从北京买了三箱药品和一台心电图机，扛着沉重的机器登上火车奔赴灾区；一个毕业于中央戏剧学院叫高嘉的小伙子推掉片约，到灾区来当志愿者。他是演武行的，身强力壮，在灾区专捡苦活累活干。5月31日，他们在绵竹市汉旺镇的一块空地上为孩子们搭建了迎接"六一"儿童节活动的帐篷，砌好了升国旗的台子，自费到成都联系放映队给孩子们放映电影。没有音箱，宋文魁自告奋勇跑到绵竹某单位，把人家开学典礼用的音箱借来了；在都江堰幸福家园心理关怀站，我看到来自华南师范大学心理系的研究生郝文卓、戎梅和来自成都中医药大学的研究生吴皓旭正在陪灾区的孩子做游戏，及时了解孩子们的心理，有针对性地给予安抚和引导。戎梅告诉我："当志愿者很快乐，可以学到很多在书本上学不到的东西。"

我抓拍了这些志愿者和孩子们的照片，孩子们调皮地举着椅子做着滑稽的动作。看着他们欢快的笑脸，你很难相信这是些劫后余生的孩子。

回到北京，为庆祝北京奥运会成功举办，我带领四川的抗震救灾少年儿童参观奥运建筑，孩子们问我北京什么东西好吃，我向他们讲述了全聚德、便宜坊、鲍鱼王子、无名居、梅州东坡餐饮集团、九头鹰、大鸭梨集团、三只耳餐饮、田源鸡、友仁居、李老爹、花家怡园、蜀国演义等餐厅的厨师在彭州、都江堰、什邡等地义务做饭援助灾民的故事，讲述了北京市劳动模范刘继凤为抗震救灾的武警官兵捐赠脚气药的故事，讲述了北京筹办奥运会的故事。全聚德、便宜坊、鲍鱼王子等13家餐饮集团的厨师之所以自愿到汶川抗震救灾无偿给灾民做饭送饭，正是北京奥运精神的体现。刘锋、吴皓、刘继凤等人正是北京抗震救灾的优秀代表。爱国、创新、包容、厚德是北京的城市精神，愿奥运精神照亮汶川灾区孩子的心。

奥运精神带你走出心理阴影

采访汶川地震期间，在华西医院，我见到了一个女孩子，她穿着一件淡粉色的衣服静静地躺在病床上，她就是四川省绵竹市东汽中学高一（3）班学

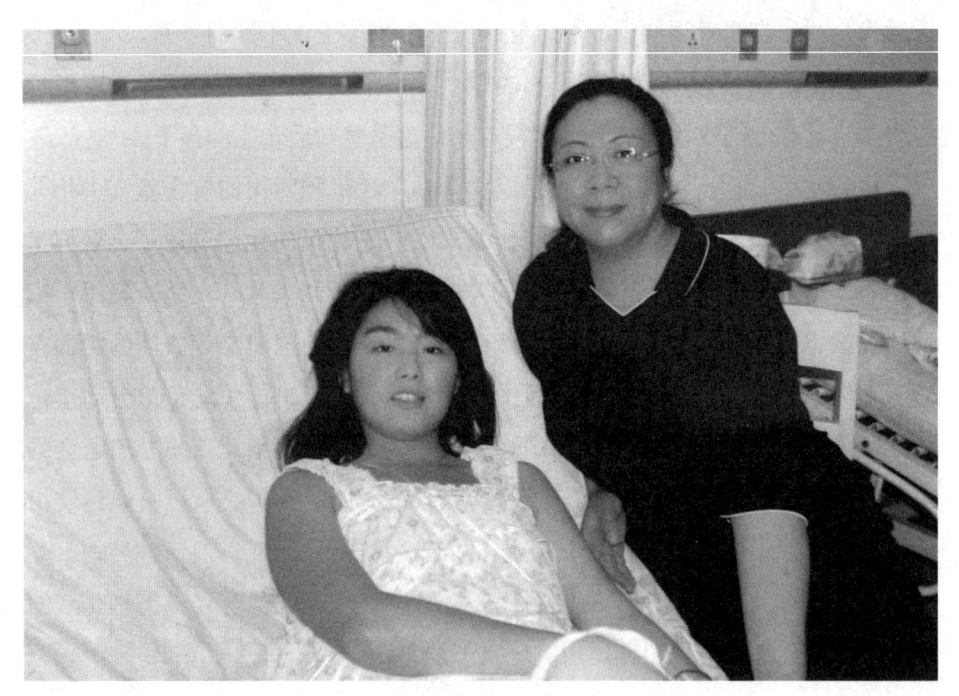

作者到医院看望卿静文

生卿静文。

地震把她震倒在废墟中,身上压着瓦砾,两条腿都骨折了。在黑暗中她没有忘记救助同学。张钰珩同学念叨着:"我憋气……"她就用牛奶吸管接起来给她的嘴里吹气。

坐在她腿上的杨阳说:"我吸不到空气。"她就用手从头上掏开瓦砾。

当武警总医院的主管护士张艳君走进洞里给她打止痛针时,她用微弱的声音说:"阿姨,快出去吧,这里太危险了。"

救援队员进来给她送吃的,她关切地说:"叔叔,你们小心点儿,快点儿出去!"

她在骨折的情况下却在惦记别人的安危,后被送到成都华西医院。她做了5次手术,右腿做了高位截肢,心情有些忧郁。

我坐在她的病床前,趴在她身边跟她聊天,讲北京筹办奥运会的故事。她听得特别认真,眼睛闪闪发亮。我问她有什么心愿?她说:"孙阿姨,我想去趟北京看天安门和奥运场馆。"

我眼含热泪深情地说:"静文,阿姨一定带你去北京!"

陪同四川抗震救灾英雄少年参观"鸟巢""水立方"

在北京召开全国抗震救灾英雄少年表彰会时,来自德阳的英雄少年紧紧地簇拥着我,这些孩子都是我在灾区采访过的。我也紧紧地搂着孩子们,仿佛搂着劫后余生的花朵。我见过卿静文在爸爸妈妈面前掉眼泪,我答应过静文要带她逛北京,真的陪同他们去了天安门广场,登上天安门城楼、走进人民大会堂,参观了"鸟巢"和"水立方"等奥运建筑,参观了清华大学,观摩了儿童话剧……

我向他们讲述奥运建设者的不易、奥运建筑的伟大,孩子们喜笑颜开。林浩是四川省阿坝州汶川县映秀镇渔子溪小学二年级学生,地震发生的那一刻,林浩正走在教学楼的走廊里,他被从上面滑落的两名同学砸倒在地。作为班长,在被埋废墟时,他带领同学一起唱歌,战胜恐惧。爬出废墟后,发现一名昏倒的女同学,他立即把同学背到安全地带。紧接着,他又一次返回废墟,救出了另一名受伤的同学。在抢救同学的过程中,林浩的头部被砸破,手臂严重拉伤。医生给他检查完身体后,他拒绝救助站人员的帮助,自己穿好衣服,和姐姐、妹妹一起从映秀镇步行7个多小时,安全撤离到都江堰。9岁的林浩头上缠着纱布,笑起来露出了豁牙。漩口中学的马健举着右臂对我说:"阿姨,我一定会坚强!"

第五章 奥运精神兴国运

作者陪同四川抗震救灾英雄少年参观"水立方"

彭州市白鹿中心学校的阳玉洁在"鸟巢"前向我诉说:"孙阿姨,您讲的'鸟巢'和'水立方'的故事我会记一辈子,看到奥运建筑,我现在浑身有力量!"听了孩子们的话,我深切感到奥运精神是巨大的精神力量,能够帮助孩子们走出心理阴影,重振奋斗的力量!

作者陪同四川抗震救灾英雄少年参观"鸟巢"

春节，我和奥运冠军在德阳板房学校

2009年1月17日，"风云携手，众志成城"2008年度CCTV体坛风云人物评选的提名奖系列公益活动进入重头戏，春节期间我正在汶川灾区采访，应邀参加了在四川德阳东汽中学举办的板房运动会。2008年北京奥运会拳击冠军邹市明与东汽中学的同学进行了一次别开生面的互动，祝愿灾区人民远离灾难，重建家园。

这次提名奖揭晓系列活动由中央电视台和四川省委宣传部共同主办。众多体坛风云人物分赴四川绵竹、什邡、安县、北川等地震重灾区进行一系列公益活动，为灾区人民带去最诚挚的春节问候。

1月17日上午10点，四川德阳的气温仍然很低，在德阳东汽中学，我见到邹市明高唱歌曲，无形中给寒冷的冬天带来暖意。

在北京奥运会上夺得拳击48公斤级金牌的邹市明成为最受关注的明星，这已经是他第二次来到德阳的板房学校，他对我说："这里的一切都让我感觉到很亲切。"

参加活动的体育明星每人带领一支队伍参加运动会，邹市明是"高二年级代表队"的队长。他意气风发地阐述了体育精神："成绩并不是最重要的，重要的是在运动中体会运动的乐趣，体现团队合作精神，争取好的成绩。"

邹市明带领的高二年级的队伍最终获得了第二名的成绩,这让他非常开心。"真的很好玩,刚才我还代替女生参加了俯卧撑比赛,一上去我就唱'我是女生'。"话音刚落,把周围的同学都逗乐了,虽然比赛已经结束了,但邹市明仍旧沉浸在欢乐当中。

东汽中学高二年级的同学知道会有奥运冠军来,提前折好了千纸鹤,女孩子还在小纸条上写上祝福,全部放在一个玻璃罐子里。邹市明真诚地说:"她们很用心,我非常意外,也非常感动。"

东汽中学是受灾最严重、条件最艰苦的学校之一,搜狐网作为本次活动的牵头媒体之一,向东汽中学捐献了两个篮球架和一些篮球、4个乒乓球台以及球拍、乒乓球、单杠、双杠等体育设施。

我在汶川地震时担任东汽中学的校外辅导员,而德阳的"邻居"什邡正是我多次采访过的地方。我帮助过的孩子郑小鹏、张强都是什邡人,郑小鹏家住在红白镇,张强家住在蓥华镇,我到什邡蓥华镇张强家看望了张强,又

作者在活动板房前给孩子们演出节目鼓舞孩子自强不息

来到什邡方亭四小。刘国梁、杨扬、张宁、张怡宁、潘晓婷5位体育明星受聘成为什邡方亭四小的校外辅导员，体育明星们为小学生们上了一堂生动有趣的体育课——张宁教羽毛球，刘国梁和张怡宁教乒乓球，潘晓婷与孩子们一起抖空竹、踢毽子，杨扬给孩子们演示基础体育训练。小学生们十分踊跃，不仅认真接受了体育明星们的技术指导，而且与他们心目中的英雄一对一过了招儿。

张宁天赋出众，15岁进入国家羽毛球队，代表国家出战各种大赛，29岁时成功获得2004年的羽毛球奥运单打金牌，紧接着在2008年奥运会卫冕成功。张宁曾经与羽毛球队在绵阳资助了一所有羽毛球队的小学，但什邡却是她第一次来。张宁原来以为什邡的孩子们脸上会是非常恐惧的表情，但是所见所感却让她出乎意料："跟我想象中完全不一样，孩子们都这么兴奋，也让我非常高兴。"

与奥运冠军一起灾区行，我深切地感受到奥运精神对灾区重建起到了非常大的推动作用。

作者与汶川的孩子们

孩子，我多想看到你的笑脸

2020年10月7日子夜零点6分，我正在写作，突然接到汶川抗震救灾英雄少年郑小鹏发来的微信，告诉我他结婚了，感谢我多年来对他的帮助。我的眼眶湿润了，新婚之夜的零点应该是新人最甜蜜的时光，可他却想到了要问候我，这是多么深厚的感情啊！

往事如烟。2008年5月，汶川大地震爆发，我第一时间从北京赶到灾区，冒着余震、泥石流的危险跑了8个极重灾区，在危房里住了一个多月。东汽中学位于绵竹市汉旺镇，我担任德阳东汽中学校外辅导员，给灾区儿童讲课、做心理疏导、调拨教材，还给孩子们捐赠书籍、花露水、蚊香、衣物。还采访了上百名抗震救灾少年、老师、志愿者、解放军，在灾区创作了8篇战地报告文学。

我在什邡见到了郑小鹏，他在抗震救灾中英勇救人，我把他写进了长篇报告文学《震不垮的川娃子》里。

郑小鹏个子不高，到我胸前，是一个非常懂事的孩子。2008年6月末的一天是他的14岁生日，我和他一起过的。后来，抗震救灾英雄少年来北京，我陪同他们登天安门城楼，参观"鸟巢""水立方"和清华大学，观看儿童剧，彼此结下了深厚的友谊。

2009年春节,我从北京买了礼物再赴汶川灾区,看望我资助过、采访过的抗震救灾英雄少年、老师和灾民,逐一寻找我写过的英雄少年。其他都找到了,唯独没有找到郑小鹏。我到汉旺镇武都板房薛枭家看望薛枭和王波,到东汽中学板房学校给孩子们讲课,与奥运冠军一起和孩子们做游戏,鼓励他们自强不息。

2009年"5·12"地震一周年,我从北京再次来到汶川灾区,在德阳大礼堂向孩子们捐赠300本我的抗震救灾长篇报告文学《震不垮的川娃子》,做重建家园的演讲,我重走了北川、安县、映秀、都江堰、彭州、德阳、绵竹、什邡、青川等灾区,在映秀又见到了阿坝州抗震救灾副总指挥长郎建扎西。费尽周折打通了郑小鹏的电话,手机里传来带有哭腔的声音:"孙阿姨,我现在在什邡红白镇的家里。"我问他为什么不去上学。我知道这哭声有很多委屈、很多无奈,一种强烈的责任感袭上心头:不管你在哪里,我一定要找到你!

此时我才晓得当年这群孩子评上抗震救灾英雄少年后,四川的好学校向他们抛出了橄榄枝,而郑小鹏听信了别人的话到了北京,没想到那个人把他送到怀柔的学校就不管他了。无奈之下,他到乐山投奔大姐,大姐在外打工,没有能力收留弟弟,他又回到什邡农村,不好意思跟当地政府说,便辍学在家。得知真相后,我坚定地对他说:"小鹏,阿姨去找你,你一定要上学!"

北京市对口支援什邡,红白镇在什邡的大山深处,由于地震震毁了道路,路没有修好,我乘坐的汽车被堵在半道,怎么也开不进去。我到什邡蓥华镇看望了抗震救灾英雄少年张强,只得返回德阳。我不死心,第二天继续到什邡寻找,终于如愿。当我见到他的一刹那,我简直不敢相信自己的眼睛,他很瘦弱,脸上有一块淡淡的虫斑,表情肌在剧烈地颤抖着,嘴角似乎有点扭曲,这是孩子在受到极大委屈时特有的表情,瘦弱说明他营养不良,虫斑说明他肚子里有蛔虫,表情肌颤抖、嘴角扭曲说明心情激动有很多话想说,我一把将他搂在怀里,眼泪瞬间扑簌簌滚落下来。

我带他来到了什邡中学,找到了校长胡晓明,把我写的书《震不垮的川娃子》送给他，含着眼泪向他讲述了郑小鹏的经历，恳求他无论如何一定收留这个孩子念书。听了我的诉说，胡校长真诚地说："孙老师，我被您对灾区孩子的爱感动了，我一定收留他，但我这里是高中部，他应该上初中，初中部在另外的地方。"

我马上带领郑小鹏找到什邡中学初中部王明琼校长，我那天就像个祥林嫂，一说起郑小鹏就泪水涟涟。王校长激动地对我说："孙老师，您放心，我一定收留他。"

那天是2009年5月一个星期四的中午，王校长把我们带到了教室，郑小鹏对我说："孙阿姨，快到周末了，我干脆回家吧，收拾东西下周一来上课。"

我虎着脸说："你一个小孩儿收拾什么东西，缺什么阿姨给你买，我必须看到你今天就注册学籍，下午就上课。"

我之所以不给他面子，是因为我知道孩子在社会上流浪了一段时间闲散惯了，必须有人盯着他到学校念书，否则，如果我离开了，他一旦回村碰到有人拉他不念书，未必能返回学校，后果不堪设想。我看着他注册了学籍，分到了教材和课桌，才放心地离开了。小鹏初中毕业后升入什邡高中，我不断鼓励他好好念书。过了几年，他给我打电话，说高考成绩出来了，我一听分数有点儿尴尬，急忙拨通了领导的电话，恳求他帮助郑小鹏选择一所合适的学校。我从来没有为自己的孩子念书求过人，但是为了郑小鹏，我可以舍得一切！

经过不懈努力，郑小鹏上了江西信息应用职业技术学院，我就像自己的亲人上大学那样高兴。我对他说："小鹏，你的父亲和二姐在地震中去世了，妈妈腿受伤了，你是家里唯一的男子汉，你要努力学习，学好本领为国家效力，撑起你自己的家！阿姨就送给你两个字：'责任'。记住这两个字，你一定会有出息！"

小鹏没有辜负我的期望，大专毕业后又读了本科，到广东工作，现在又找到了生活伴侣，开始了人生新的旅程。

当年我坚定不移要从大山的皱褶里找到郑小鹏送他到学校念书，就是要给他一个光明的前程。最近，郑小鹏当选为广东省某县政协委员，我打心眼儿里为他高兴，人永远要做善事，你救助过的孩子，说不定哪天就会给你带来意想不到的惊喜。人要有爱心，勿以善小而不为。2018年，我在江西省设立了孙晶岩老区工作室，连续5年到兴国县东村乡小洞村驻村调研，给兴国县6所学校的孩子们讲课，给东村乡小洞小学全校学生捐赠书籍、文具、画笔、儿童画、篮球、羽毛球、乒乓球、毽子、跳绳，建立孙晶岩老区工作室图书馆；2022年，我又应邀在江西省赣州市建立孙晶岩赣南老区工作室，与北京文学期刊中心一道给江西赣州市、兴国县、瑞金市、于都市、龙南市、都昌县，河北兴隆县等地的少年儿童捐赠2.1万册杂志和几百本我写的书籍；北京广播电视台城市广播、人民文学出版社和爱心观众、听众还给我的赣南老区工作室捐赠了500本书籍和足球等体育用品，我在江西省兴国县建立的老区工作室图书馆收到全国各地爱心人士捐赠的5500本书籍。在大家的帮助下，孙晶岩赣南老区工作室向老区的孩子捐赠了价值50万元的衣服、书籍、文具和体育用品，虽然微不足道，爱就是在这涓涓细流中体现出来。我想对郑小鹏和我帮助过的农村留守儿童说："孩子，我多想看到你们的笑脸！"

作者和同道一起在汶川地震当月给孩子们赠送书籍

冬奥冠军关心汶川灾区孩子参与冰雪运动

绵阳是汶川地震的重灾区,北川县就隶属于绵阳地区。在一个没有冰场的南方城市,绵阳市剑南路小学校轮滑队日常是在露天轮滑旱地场里训练,这里的孩子从一年级开始上轮滑课,只有在轮滑训练中脱颖而出的才能"由轮转冰",开始学习驾驭冰刀。但这些从来没有击退孩子们的热爱和向往,他们的理想就是在冰场上获奖。

2016年5月,当时担任短道速滑国家队主教练的李琰在了解到这所学校有一群努力上冰的南方孩子后,她带着包括武大靖在内的13名中国短道速滑队队员来到四川绵阳,对学校的轮滑队员进行一对一的指导、交流。这对于孩子们来说是非常大的鼓舞,越来越多的孩子想要在"轮转冰"后拿出成绩。

四川孩子第一次去黑龙江还不太适应,不习惯穿冰鞋滑冰,轮滑在旱地上的摩擦力要比冰鞋在冰上的摩擦力大一些,为此娃娃们没少在冰上摔跤。但是经过黑龙江教练几番指导后,孩子们进步非常快,因为他们本身就具备轮滑最基础的技术,掌握起来也比较容易。那边的教练亲眼见证过这群孩子展现出的实力后,觉得他们非常有前途,有的还曾问过他们愿不愿意留在黑龙江。此后,学校就趁着寒暑假期间将孩子们送到黑龙江冰上基地训练。

2019年左右,四川省体育局正式批复设立冬季运动管理中心,在成都规划出一个专业的冰上训练中心。从2020年开始,剑南路小学的队员就在成都进行冰上专业训练,但平日里孩子们还是在学校周边的轮滑场地进行训练。这个轮滑场占地700平方米,每周有近200名学生分时段、分项目在此训练。川娃子能吃苦,他们进步得飞快,队员宋佳蕊在2019年入选中国短道速滑队。2021年10月,她在2021—2022年度北京青少年短道速滑联赛首站比赛中夺得U16女子组短道速滑500米、1500米双冠军。

  武大靖是党的二十大代表,2022年10月16日,在代表大会开幕前的"党代表通道"采访活动上,武大靖提到了这段南方孩子热衷于冰上运动的故事:"我们在四川绵阳看到小朋友们在滑冰,他们的动作很标准,他们说是看了我们的比赛喜欢上了短道速滑,喜欢上了滑冰。我觉得如果能有更多的人加入进来,祖国未来一定会涌现出一批更优秀的冰雪人才。"

尾声

五星红旗代表中国，五环旗代表奥运，五星邀五环，时代造就了双奥之城。

2008年北京筹办、举办奥运会时，我有机会和外国记者一起参加了100多场新闻发布会。最初外国记者问："你们中国人一个月吃几次肉？"

我觉得他们太不了解中国了，但这不怨他们，因为我们还没有完全向世界敞开大门。北京奥运会最大的意义不是我国运动员夺了51枚金牌，而是我们敞开大门让世界重新认识中国，这是我的切身感受。

这次写冬奥会，我最关注的是京张两地联手办冬奥，对京津冀一体化的促进，对老百姓脱贫致富的促进。我到冰雪运动强省黑龙江也不是就写好人好事，我在想冰雪运动馈赠给黑龙江的不仅有美景，还有多样的运动资源，漫长的冬天和遍地的冰雪不再是让人敬而远之的肃杀寒冷，而是涌动着巨大的热情，这就是经济发展带来的好处。

中国不是冰雪运动强国，北京办冬奥会，应该虚心学习世界冰雪运动强国的长处。要想给读者一瓢水，作家必须拥有一桶水。我的初衷是让世界了解中国，让中国融入世界。为了写这本书，我跑了世界8个冰雪运动强国，不仅采访了两代萨马兰奇——老萨马兰奇和小萨马兰奇，而且还采访了热爱奥运的国际友人。上至外国元首、国际奥委会高官，下至最普通的农民、志愿者，我都去采访了，拍摄了上千幅的照片，收集了大量的第一手资料。

2008年北京奥运会，中国代表团获得48金、21银、28铜，首次位列奥运会金牌榜第一，奖牌榜第二。

2008年北京残奥会，中国残奥代表团位列金牌榜第一，奖牌榜第一。

2022年北京冬奥会，中国代表团获得9枚金牌、4枚银牌、2枚铜牌，位列金牌榜第三，金牌数和奖牌数均创历史新高。

2022年北京冬残奥会，中国冬残奥代表团位列金牌榜第一，奖牌榜第一。

两个奥运从展示博大精深的中华文明，彰显以人为本的奥运精神，凝聚"一起向未来"的伟大力量三个层面，集中体现了奥林匹克运动的精神内涵，表达了世界各国人民追求人类美好未来的共同愿望，展示了中华儿女面向世界的博大胸怀。

北京是全球首个"双奥之城"，是大国首都用奋斗与超越创造的新荣光。"双奥之城"，闪耀世界，两个奥运会都显示了中国体育发展的新高度，展示了中国综合国力的跨越式发展，亲历其中，我能感受到体育的荣耀和国家的强盛，见证了北京和张家口城市的飞跃发展。

北京冬奥会是我国重要历史节点的重大标志性活动，是展现国家形象、促进国家发展、振奋民族精神的重要契机，是体育战线在"两个一百年"奋斗目标历史交汇的重要节点的一场"大仗""大考"，是为实现2035年建成体育强国目标起好步、开好局的关键战役。

据国际奥委会统计：世界各地的观众在由国际奥委会授权的频道上观看了总计7130亿分钟的北京冬奥会报道，与2018年平昌冬奥会相比增加了18%。2022年世界总人口约78亿人，北京冬奥会全球转播观众超过20亿人，相当于世界每4个人当中就有1个人观看了北京冬奥会。

当今世界，体育已经成为社会发展和人类进步的重要标志，是综合国力和社会文明程度的重要体现。社会要发展，人类要进步，国家要强大，民族要复兴，都需要体育作为精神力量的支撑，体育超越民族和国界。两个奥运

尾 声

会，让各个国家、不同种族的人们相聚在五环旗下，共赴奥林匹克之约，"双奥之城"灿烂辉煌。

作为世界上唯一一个举办过夏季奥运会和冬季奥运会的城市，北京见证并绘制了奥林匹克盛景，传承和弘扬了奥林匹克精神，留下了丰厚的奥运文化遗产，创造了北京奥运精神和北京冬奥精神。

"双奥之城"，熠熠生辉。

后　记

出版了长篇报告文学《中国冬奥》后,在家里整理两个奥运的采访素材时,我突然发现收藏有很多关于两个奥运的纪念品,这其中包括:时任中国登山队队长王勇峰送给我的"2008北京奥运火炬接力珠峰传递成功纪念盘"、时任国家游泳中心董事长康伟送给我的"水立方竣工纪念章"、国家速滑馆设计师郑方送给我的他亲手设计的"冰丝带"纪念书签和纪念章、上百个两个奥运的采访证、北京市2008工程建设指挥部送给我的奥运建筑工程巡礼光盘、首钢宣传部送给我的首钢园纪念光盘、国家体育总局送给我的全民健身光盘;我还找到了2007年参加"全日空"杯国际马拉松赛的证书,收藏的历届奥运会纪念章、纪念卡、邮票、吉祥物、奥运服装、福娃游北京纪念套章、奥运场馆观摩票、京张高铁列车票;我的笔记本上有两个奥运众多奥运人士的题字,其中包括奥运冠军、国际友人、国际奥委会成员、国家体育总局领导、中国侨联领导、奥运场馆领导的题字,以及我拍摄的关于两个奥运的上千幅照片。我觉得这是一笔巨大的精神财富,应该向世人展示出来。

当时,我的长篇报告文学《中国冬奥》刚刚问世,虽然北京广播电视台和全国各地的报刊铺天盖地地宣传,可我心里有杆秤:那只是中国申办、筹办北京冬奥会的记录,北京究竟是怎样举办冬奥会的?中国运动员是怎样为国拼搏摘金夺银的?中国教练员是怎样卧薪尝胆因人施教的?中国裁判是怎样一丝不苟忠于职守的?中国餐饮是怎样制作精良贴心美食的?著名艺术家是怎样呕心沥血打造精彩纷呈的开闭幕式盛典的？国际友人是怎样全力以赴帮助中国举办奥运的？奥运精神是怎样振兴国运的？这是北京冬奥会的现在进行时，只有将北京举办两个奥运的精彩呈现出来，才能完整地记录两个奥运的风采。

15年前，我应北京奥组委邀请，有幸全程跟踪采访2008年北京奥运会，出版了42万字的长篇报告文学《五环旗下的中国》。15年后，我再续前缘，书写北京冬奥故事，出版了53万字的长篇报告文学《中国冬奥》。能够用八年时间采访两个奥运是上苍对我的恩赐，既然两个奥运我亲历，我见证，我就应该把她完美地记录下来。于是，我奋笔疾书撰写了30万字的长篇报告文学《见证中国双奥》，书中收录了大量的照片，除了注明照片提供者和有我的照片外，所有照片均为我拍摄。感谢中国出版集团有限公司党组成员、中国出版传媒股份有限公司总经理李岩的慧眼识珠，感谢中国出版集团研究出版社赵卜慧社长的大力支持，感谢责任编辑朱唯唯的精心编辑，感谢我的先生对我的热情鼓励，《见证中国双奥》即将付梓，愿拙作告诉您一个真实的中国双奥的故事。

"鸟巢"上空盛放的焰火、赛场内的速度与激情，已定格在世人记忆中，我想让自己的双奥著作持久闪耀着艺术的辉光。中国与世界的奥运之约，比赛胜负之外的鲜活生命，应该得到浓情而丰满的文学呈现。我是喝北京的水长大的，对北京充满感情，对北京双奥充满感情。奥运会和中国是互相成就的。体育之于社会文化的驱动力、之于人类精神的塑造力，不仅仅体现于两次盛大的赛会。我不是就体育而写体育，而是想用奥林匹克精神去鼓舞人心，呼唤爱心，振奋人心。

北京是世界上唯一的"双奥之城"，《见证中国双奥》是《五环旗下的中国》和《中国冬奥》的姊妹篇，我用这三部125万字的长篇报告文学向双奥之城献礼，向奥林匹克致敬！

孙晶岩于北京

2023年2月